LUCIA BERLIN, 1936–2004, schrieb im Laufe ihres Lebens 76 Erzählungen, wovon die meisten in den achtziger und neunziger Jahren veröffentlicht wurden. Dennoch war sie zu Lebzeiten kaum bekannt. Durch ihre Wiederentdeckung 2015 mit dem Band *A Manual for Cleaning Women*, der auf Anhieb ein *New-York-Times*-Bestseller wurde, fand sie endlich die weltweite Anerkennung, die ihr gebührt. Die 2016 unter dem Titel *Was ich sonst noch verpasst habe* veröffentlichte Auswahl daraus stand zehn Wochen auf der *Spiegel*-Bestsellerliste. 2017 folgte der zweite Band *Was wirst du tun, wenn du gehst*. Kurz darauf erschienen 22 weitere Erzählungen – *Abend im Paradies* – sowie Lucia Berlins Memoir *Welcome Home*, alle übersetzt von Antje Rávik Strubel.

KENWARD ELMSLIE, 1929–2022, war Autor, Performer, Librettist und Verleger, verbunden mit der New York School. Er war Textdichter am Broadway und veröffentlichte über 30 Bücher mit Poesie und Prosa. Elmslie gründete das *Z Magazin* und Z Press, einen Verlag, der Kunst und Literatur unter einem Dach vereinte.

MARION HERTLE, geboren 1977, studierte in Erlangen und Nordirland Deutsche und Englische Literaturwissenschaft. Sie hat u. a. Patricia Highsmith übersetzt, freut sich aber auch immer, in die Welten zeitgenössischer Autor*innen wie Tice Cin oder Deborah Levy einzutauchen. Sie lebt mit ihrer Familie in München.

ANTJE RÁVIK STRUBEL, geboren 1974, studierte Literaturwissenschaften, Psychologie und Amerikanistik in Potsdam und New York. Sie veröffentlichte u. a. die Romane *Tupolew 134* und *Kältere Schichten der Luft*, für die sie vielfach ausgezeichnet wurde. Ihr Roman *Blaue Frau* erhielt 2021 den Deutschen Buchpreis. Im Juli 2022 erschien ihr Essay-Band *Es hört nie auf, dass man etwas sagen muss*. Sie übersetzt aus dem Englischen und Schwedischen u. a. Joan Didion, Virginia Woolf, Monika Fagerholm und Lucia Berlin. Antje Rávik Strubel lebt und arbeitet in Potsdam.

CHIP LIVINGSTON, geboren 1966, ist Schriftsteller, Dichter und Lehrer. Er war ein Student und später enger Freund Lucia Berlins und ging auf ihren Vorschlag hin nach New York, um von 2003–2011 als Kenward Elmslies Assistent zu arbeiten. Die hier vorliegende Briefsammlung ist ihm zu verdanken: Er sortierte die über tausend Briefe, die Lucia und Kenward sich während 10 Jahren geschrieben hatten, nahm eine Auswahl vor, transkribierte und annotierte sie. So wie Lucia und Kenward es sich gewünscht hatten. Chip Livingston lebt heute in Montevideo, Uruguay.

LUCIA BERLIN
KENWARD ELMSLIE

Love, Loosha

BRIEFE

Aus dem Englischen von
Marion Hertle und Antje Rávik Strubel

Herausgegeben von Chip Livingston

AKI

für Lucia und Kenward

INHALT

Vorwort von Antje Rávik Strubel   9

Teil I   1994–2000   19

Teil II   2000–2001   129

Teil III   2001–2003   183

Teil IV   2003–2004   253

Nachwort von Chip Livingston   307

Danksagung von Chip Livingston   309

»Who'll Prop Me Up in the Rain«   311

Anmerkungen   313

Editorische Notiz   333

VORWORT
LUCIA BERLINS BRIEFE

Antje Rávik Strubel

Briefe bewunderter Schriftstellerinnen und Schriftsteller öffnen mehr als eine Tür. Sie erlauben den zuweilen intimen Einblick in eine Privatsphäre, zu der es oft nur einen literarisch vermittelten Zugang gibt. Das Lesen solcher Briefe erscheint mir zugleich heilig und frivol, beglückend und beschämend. Mein Interesse kommt mir ungebührlich vor wie die Zudringlichkeit eines Paparazzo, dann wieder notwendig wie die liebevolle Neugier einer Verwandten. Denn die Briefeschreiberin hat mich durch ihre literarische Sprache, ihre Art zu erzählen und ihre Sicht auf die Welt zuvor bereits auf eine Weise berührt, die den Menschen in meinem Umkreis nicht immer möglich ist. Schon ihre Abwesenheit und Unverfügbarkeit machen mich leichter berührbar. Und für die Dauer des Lesens bin ich tatsächlich auch die (einzige) Empfängerin von Briefen, in denen sich mir jemand unverstellt und unverblümt zu erkennen gibt, Sorgen, Sehnsüchte und Ängste mit mir teilt, sodass ich, auch wenn ich die Antwortbriefe schuldig bleiben muss, am Ende meine, sagen zu können: Ja, wir haben einander gut gekannt. Jedenfalls solange es sich nicht um Schriftsteller handelt, die bereits beim Briefeschreiben an den Nachruhm denken, jedes Wort auf Gewicht und Wirkung hin überprüfen und also schon zu Lebzeiten nicht ihre Briefpartnerin, sondern vor allem sich selbst meinen. Zu ihnen gehörte Lucia Berlin nicht. Ruhm war ihr zu spät vergönnt. Erst nach ihrem Tod im Jahr 2004 wurde sie einem größeren Publikum bekannt.

Ab den sechziger Jahren veröffentlichte sie ihre Erzählungen zunächst verstreut in Zeitschriften. Einen Roman hatte sie da bereits geschrieben, der ihr allerdings in Mexiko gestohlen worden war. Einen weiteren hatte sie verbrannt, zu ihrem späteren Bedauern. 1977 erschien ihr erster eigener Erzählband in einem kleinen Verlag. Sieben weitere Bände folgten, die letzten drei bei Black Sparrow Press. Dieser Verlag, in den sechziger Jahren gegründet, brachte unter anderem Werke von Charles Bukowski oder Paul Bowles heraus. Auch Beat-Autoren wie Jack Kerouac publizierten dort, der Black-Mountain-Dichter Robert Creeley und der Autor und Künstler Fielding Dawson. Doch erst 2015 kam der von ihr lang erhoffte und nicht mehr erlebte Durchbruch. Im renommierten New Yorker Verlag Farrar, Straus & Giroux erschienen 43 von insgesamt 76 Erzählungen aus ihrem Nachlass unter dem Titel *A Manual for Cleaning Women*. Die ab 2016 auf Deutsch herausgebrachten Titel *Was ich sonst noch verpasst habe* und *Abend im Paradies* standen monatelang auf der Bestsellerliste. Seit ihrer späten Entdeckung zählt sie zu den wichtigsten und aufregendsten Stimmen der amerikanischen Literatur.

Ungeachtet dessen, dass sie zu Lebzeiten nur einem kleinen Kreis glühender Bewunderer bekannt war, gehörte Lucia Berlin nicht zu jenen, die auf den Effekt hin schreiben, die auf die Wirkung bei den Leserinnen und Lesern bedacht sind. Für sie zählte ausschließlich das Erfassen des Moments. Sie wollte den Moment in seinem wahren Gefühl aufscheinen lassen, und zwar bei allem, was sie schrieb.

Ein Gefühl in seiner ganzen Schlichtheit und Klarheit erkennbar zu machen, das war ihr Schreibantrieb, es so nackt und echt wie möglich zur Anschauung zu bringen, es im Augenblick des Erscheinens festzuhalten. Von diesem Gefühl wollte sie auch dann erzählen, wenn es nicht der gesellschaftlich anerkannten Moral entsprach oder wenn es an Tabus rührte. Die Gebrochenheit des Menschen war ihr Thema, und die verhandelte sie mit Herzenswärme und einem Witz, der im Schrecklichen das Komische aufleuchten lässt. Das Abgründige des Lebens in einem dunklen Lachen aufzufangen, beherrschte sie wie kaum jemand sonst. Ihr großes Vorbild war Anton Tschechow. »Er lässt die Dinge offen. Er löst sie nicht auf: Jemand stirbt oder eine Liebe geht zu Ende, und nichts wird zusammengeschnürt, man bleibt einfach damit zurück, mit dieser Trauer oder Sorge oder um welches Gefühl es sich auch immer handelt.« Auch Charles Baudelaires Prosagedichte waren für Berlin Inspiration für eine solche Poetik des klaren Gefühlsmoments. Ehrlich sein, wahr sein, nah dran sein. Daraus resultiert zuweilen ein so ungekünstelter Ton, dass man sich in ihren Erzählungen oft noch in einem skizzenhaften Entwurf wähnt, während sich schon die ganze Tiefe und Vielfalt eines Lebens auffächert, festsetzt und im Kopf bleibt. Wie ein Song, eine gute Liedzeile.

Für Lucia Berlin waren das Leben und das Schreiben eine einzige fortlaufende, sich wechselseitig entzündende Bewegung. Als Tochter eines Bergbauingenieurs wuchs sie in den Minenstädten der Rocky Mountains auf, in Montana, Idaho, Arizona. Als ihr Vater während des Zweiten Weltkriegs bei der Marine diente, zog die Mutter mit ihr und der jüngeren Schwester zu Verwandten ins texanische El Paso. Nach dem Krieg siedelte die Familie nach Chile über, wo der Vater für eine große Bergbaufirma arbeitete, mit dem Handel von Erz zu Geld kam und Lucia Berlin die chilenische Oberschicht kennenlernte. Später, als alleinerziehende

Mutter von vier Söhnen, schrammte sie oft an der Armutsgrenze entlang. Geldsorgen begleiteten sie bis an ihr Lebensende. Sie arbeitete als Krankenschwester, als Putzfrau, Spanischlehrerin oder als Telefonistin in einer Abtreibungsklinik. Mit dem Jazzmusiker Paul Newton und mit dem Lebenskünstler Buddy Berlin war sie verheiratet, lebenslang litt sie an der Krankheit Skoliose, die sie als Kind zwang, ein Metallkorsett zu tragen, und im Alter an ein Sauerstoffgerät fesselte. Es gab Phasen, in denen sie nur mit Alkohol durch die Tage kam, ehe ihr schließlich der Entzug glückte. Zeit ihres Lebens wechselte sie die Wohnorte, ging nach dem Studium in New Mexiko nach Berkeley, dann nach Oakland, kehrte immer wieder auch nach Mexiko zurück, schließlich unterrichtete sie als Professorin für Kreatives Schreiben in Boulder, Colorado, bevor sie an ihrem 68. Geburtstag in Los Angeles starb. Spuren all dessen finden sich in ihren Texten. Auch das ständige Unterwegssein ist ihren Geschichten eingeschrieben. Sie spielen in den rauen Landschaften des amerikanischen Westens und Südwestens und in Südamerika; in Albuquerque, El Paso, in Mexiko und Chile.

Was für ihr literarisches Schaffen wesentlich ist, gilt umso mehr für ihre Briefe. Auch in den Briefen geht es darum, das Erlebte in seiner Momenthaftigkeit zu erfassen, das wahrzunehmen, was da ist, sei es noch so flüchtig, so ungreifbar, noch so absurd oder phantastisch, und zwar unabhängig davon, ob es gut oder schlecht ist und worauf es hinausläuft. »Man muss die Dinge so nehmen, wie man sie in diesem konkreten Moment sieht.« Ehrlich sein, wahr sein, nah dran sein. Das spiegelt sich in Lucia Berlins Umgang mit der Form. Ihre Briefe zeichnen sich durch besondere Eigenarten aus. Da sind zum einen die aus ihrer Literatur bekannten, scheinbar flüchtig entworfenen Szenen, die Emphase der Sätze, die elliptischen Strukturen, die wie hingeworfenen Wortfolgen und zum anderen das Schriftbild. Wenn sie etwa Wendungen kursiv setzt, Satzzeichen verschwenderisch streut oder mit der Groß- und Kleinschreibung einen ganz eigenen Umgang pflegt. Ein fast mündliches Sprechen schlägt sich hier nieder. Auf den Worten in Großbuchstaben, die in der Übersetzung weitestgehend kursiv wiedergegeben sind, liegt eine besondere Betonung. So ist das Lesen ihrer Briefe immer auch ein Hören, als hörten wir, wie sich die Briefeschreiberin mit uns unterhält.

In Kenward Elmslie fand Lucia Berlin ihren wohl vertrautesten Brieffreund. Mit dem Lyriker, der zudem Libretti und Lieder für Musicals und Opern schrieb, unterhielt sie einen langen und ausführlichen Briefwechsel. Über einen Zeitraum von zehn Jahren hinweg schrieben sie sich regelmäßig bis zu zweimal die Woche, später in etwas größeren Abständen, aber nicht weniger intensiv. Kennengelernt hatten sich beide 1994 an der Sommeruniversität der Naropa University, einer privaten Universität in Boulder, Colorado. Sie unterrichteten dort einen Sommer lang als Gastdozenten Kreatives Schreiben. »Zwischen uns hat es sofort gefunkt«, sagte Lucia Berlin in einem Interview 2002. »Als würden wir uns schon ewig kennen, wir saßen unter einem Baum und konnten nicht aufhören zu reden ... es war, wie sich zu verlieben oder wie die Begegnung mit einem besten Freund aus der ersten Klasse, diese irgendwie pure Freundschaft.«

Lucia Berlin lebte damals in Boulder. Von 1994 bis 2000 unterrichtete sie an der University of Colorado Kreatives Schreiben. Kenward Elmslie lebte in New York und in Calais im Bundesstaat Vermont. Der Briefwechsel, der aus ihrer ersten Begegnung resultierte, dauerte bis kurz vor Lucia Berlins Tod. Wie wichtig ihr dieser Austausch war, zeigt sich auch darin, wie sehr sie Elmslies Antworten vermisste, sobald seine Briefe seltener und sporadisch wurden, was seinem großen Arbeitspensum und daraus folgenden Erschöpfungszuständen geschuldet war. Der Enkel Joseph

Pulitzers veröffentlichte nicht nur zahlreiche Bände mit Gedichten, adaptierte unter anderem *Die Grasharfe* von Truman Capote und Tschechows *Die Möwe* für die Opern- und Musicalbühne, sondern gründete außerdem wichtige Zeitschriften wie das *Z Magazine* und den Verlag Z Press – zwei wesentliche Anlaufstellen für Lyrikerinnen und Schriftsteller der New York School, um eigene Texte zu publizieren. Das Werk jener Dichterinnen und Dichter, die in den fünfziger und sechziger Jahren in Downtown Manhattan lebten und arbeiteten, darunter Frank O'Hara oder John Ashbery, zeichnete sich durch Lebensnähe, Witz und einen Zugang zur Alltagssprache aus und wurde von experimentellen Malern dieser Szene wie Jackson Pollock oder Willem de Kooning beeinflusst. Elmslie und Berlin waren die Namen vertraut, man kannte sich, einigen waren sie persönlich begegnet.

Mit den Jahren verschlechterte sich Lucia Berlins Gesundheitszustand immer mehr, was einen Umzug erforderlich machte. Die Höhenluft Colorados erschwerte ihr das Atmen, sodass sie schließlich zu ihren Söhnen nach Los Angeles zog. Die Tatsache, dass eine Autorin ihres Ranges hier wie dort in einem Trailer wohnte, ist bezeichnend für eine Gesellschaft, die kaum soziale Netze und wenig staatliche Unterstützung für ihre Künstlerinnen und Künstler bietet. Diese Trailer sind zwar etwas größer und komfortabler eingerichtet als der geläufige Reise-Wohnwagen, aber eine solche Wohnsituation verweist doch auf die schwierigen Lebensumstände Berlins, die immer wieder auf die Hilfe von Freunden angewiesen war und, nachdem sie ihren Job an der Universität wegen der unheilbaren Krankheit aufgeben musste, von Medikamenten- und Arztrechnungen fast in den Bankrott getrieben wurde.

Nach diesem ersten Sommer 1994 sind sich Kenward Elmslie und Lucia Berlin nur noch vier- oder fünfmal persönlich begegnet. Die Nähe hielten sie im Schreiben lebendig. Das Sprechen in Briefen machte ihre enge Beziehung aus. Zahllose Kartons füllte die Korrespondenz, über die Lucia Berlin, wie sie einmal sagte, irgendwann den Überblick verloren hatte. In eine Ordnung brachte diesen gewaltigen Briefwechsel erst Chip Livingston, ein ehemaliger Student Berlins, der zu Elmslies Assistenten wurde. Die vorliegende Briefauswahl ist ihm zu verdanken. Die Briefe zu veröffentlichen, war Lucia Berlin schon selbst in den Sinn gekommen, vor allem Elmslies Briefe, die sie so schätzte. Mehrmals sprach sie ihn darauf an. Seine poetische Sprache, seine sprachlichen Kapriolen bezauberten sie so, dass sie häufig sogar in ihren Seminaren aus seinen Briefen zitierte. Es war die Poesie dieses Lyrikers, die es ihr trotz aller Unterschiede in ihren Poetiken angetan hatte.

Aber es war wohl gerade diese besondere Freundschaft, die Möglichkeit, sich umstandslos mitteilen zu können in dem Gefühl, verstanden und angenommen zu werden, die zwischen beiden von Anfang an ein so großes Vertrauen herstellte, dass sie sich über die einfachsten, alltäglichen, manchmal lächerlichen Dinge ebenso austauschen konnten wie über die Schwierigkeiten, selbst die finanziellen, die der Alltag als freischaffende Künstler*innen mit sich brachte. Das literarische Schreiben war für beide natürlich ein zentrales Thema, die Schreibblockaden, die unerwünschte oder schlechte Kritik, Einflüsse von außen, Erfolg und Misserfolg, die Sehnsucht nach einem ungestörten Schreiballtag, vor allem aber die Zweifel und die Angst davor, nicht schreiben zu können. Und immer wieder die tröstliche Hinwendung zu großen literarischen Vorbildern, Tschechow allen voran, oder ihren Lektüreerfahrungen. Das Vertrauen zwischen beiden reichte so weit, sich auch Spott leisten zu können, Klatsch und Tratsch über Freunde, wobei eine große Herzenswärme alles durchdringt. Elmslies Leben war reich an Ereignissen, an Theatervorstellungen, Opernaufführungen, Reisen, Lesungen, und seine lebendigen Schilderungen ließen Berlin am zeitgenössischen Kunstalltag teilhaben, der ihr aus gesundheitlichen Gründen verwehrt blieb. Aber auch sie war eine begeisterte Besucherin von Ausstellungen und ging auf Lesungen, so oft es ihr möglich war.

Mit dem Terroranschlag vom 11. September 2001 brach das Politische brachial in ihren Briefwechsel ein. Spätestens von da an waren beide zunehmend wachsame und kritische Beobachter*innen des Zeitgeschehens, wenn es etwa um Bill Clintons Affäre mit Monica Lewinsky geht oder um die Rhetorik eines George W. Bush. In den kleinen Beobachtungen jedoch, in den Szenen, die das Leben schreibt, die aber erst durch den gekonnten literarischen Zugriff glaubhaft zur Anschauung kommen, funkelt die Meisterschaft Berlins einmal mehr auf. Wenn sie etwa von ihrem Ausflug zur Rollstuhlreparatur erzählt oder vom Bus voller Durstender direkt vor ihrer Haustür, denen sie aus dem Gartenschlauch Wasser zu trinken gibt.

Die Freundschaft mit Kenward bot Lucia Berlin nicht zuletzt eine Geborgenheit, nach der sie sich – im kalten Schatten einer alkoholkranken, emotional abwesenden Mutter aufgewachsen und früh aus der Sicherheit eines Elternhauses vertrieben – lebenslang sehnte. Und es ist kein Zufall, dass sich der Raum dieser Geborgenheit ausgerechnet im Schreiben öffnet. In einer ihrer wenigen poetologischen Äußerungen sagte Berlin einmal: »Wenn du einen Satz schreibst, dann ist er da, und er ändert sich nicht, und er bewegt sich nicht, und so wird er zu einem Ort für mich. Die Geschichten sind festgehalten in der Zeit, das ist ein wichtiger Teil des Schreibens, eine Wirklichkeit oder einen Ort zu finden.« Schreiben bedeutete für sie eben auch, einen Ort zu finden, an dem sie bleiben konnte. Und der Briefraum bietet die Möglichkeit, an genau diesem Ort der Sprache nicht allein zu bleiben.

Die Briefe mögen für eine, die in den letzten Lebensjahren nicht ohne Sauerstoffflasche auskam, so existenziell gewesen sein wie die Luft zum Atmen. Doch allen Widrigkeiten zum Trotz hatte sie sich eine Leichtigkeit des Herzens und einen Sinn für das Absurde bewahrt und beendete den letzten Brief an ihren Freund mit einem weisen, fast ahnungsvollen Witz, der ebenso viel über den Tod wie über das Schreiben sagt; alles eine Frage der Perspektive:

Zwei Frauen. Jede auf einer Seite des Flusses. Die eine ruft der anderen zu: »Wie komme ich auf die andere Seite?« und erhält zur Antwort: »Sie sind auf der anderen Seite.«

TEIL I
1994 – 2000

Briefe aus der Maxwell Avenue, Boulder, Colorado
Briefe aus Calais, Vermont, und New York, NY

Boulder, Colorado
Dezember 1994

Lieber Kenward,

als ich begriff, dass tatsächlich du es warst, der [beim Musical] gesungen hat, berührte mich das so, dass ich wirklich nicht wusste, was ich sagen sollte – ich hoffe, ich habe Danke gesagt.

Als ich dich kennenlernte, habe ich dir erzählt, wie viele, viele Menschen mir von deinem Werk vorgeschwärmt haben. Ich weiß nicht, was ich erwartet habe – die Adjektive waren: großartig, geistreich, poetisch, magisch, witzig, schön, mit nichts vergleichbar. *Postcards [on Parade]*[1] war all das. Auf die Zärtlichkeit in deinem Schreiben war ich nicht vorbereitet gewesen.

Tiefe Gefühle der Liebe auf leichte Weise darzustellen, ist so selten & so schwierig. Ich weiche tiefen Gefühlen immer aus, normalerweise mit einem Witz, weshalb ich deine Fähigkeiten & deinen Mut bewundere.

Verdammt. Ich wollte eigentlich sagen, dass ich hoffe, deine Weihnachtsferien sind nicht schwierig & dass du unter Freunden bist. Ich hoffe auch, dass dir das nächste Jahr Freude bringt.

Lieber Mann – ich »kenne« dich nicht, aber ich habe dich sehr, sehr gern.

Love, Lucia

Calais, Vermont
Ende September 1995

Liebe Lucia,
eine wunderbare Tagundnachtgleiche für dich!
Ich danke dir sehr für deine Grüße. Meine ruhige Isolation in Vermont wird so selten durch etwas Brutaleres als dem widerhallenden Heulen einer Motorsäge unterbrochen, dass ich vom Überfall auf Ivan [Suvanjieff][2] während des Sturzes der burmesischen Regierung richtiggehend schockiert war. Ich habe mit ihm gesprochen – er verlor die Fassung, schluchzte, aber sammelte sich dann wieder. Ich habe mal ein Collagenbuch für Joe [Brainard][3] gemacht, vor zwei Jahren, auch wenn es mir länger erscheint, zu seinem ersten Krankenhausaufenthalt in Burlington, Vermont. Also habe ich jetzt ein Collagenbuch für Ivan gemacht.

Wenn jemand, an dem einem etwas liegt, verwundet ist, muss man etwas Schönes herstellen. Nur dass Ivan vermutlich Schmerzen hat, seine Lunge ist angeschlagen, also wird es ihm Mühe bereiten, sich mit einem sehr visuellen Buch auseinanderzusetzen, wenn er doch das Material für einen Film auszuwählen hat ... Ich habe ihm ein bisschen Z-Press-Knete[4] geschickt, offiziell für *New Censorship*[5], aber natürlich eigentlich, um ihn in dieser schwierigen Zeit zu unterstützen. Die Dichter im Z-Press-Vorstand haben zugestimmt, die Guten. Es ist eine Non-Profit-Organisation, die nicht mehr publiziert, also kommt sie hin und wieder zu Hilfe geeilt, eine Gefälligkeit des klugen & geheimnisvollen Dichter-Vorstands. Wenn du Ivan besuchst, dann lass dir bitte, bitte das Buch zeigen, das ich für ihn gemacht habe, okay? Ein schnelles Projekt, nicht wirklich ausgearbeitet, aber es zeigt mein neues Bildmaterial ziemlich gut.

Das war meine Entdeckung des Sommers, dass ich mich auch über postkartengroße Collagen hinauswagen kann bis hin zu

Bildern, die man an die Wand hängt. Ich habe sie für meine Performance und Ausstellung im St. Johnsbury Athenaeum gemacht, wo sie in den Fluren prangen sollten, wie Ikonenbilder. Bill Corbetts[6] Tochter Marni machte die Hängung. Ich schwor mir, Standing Ovations zu bekommen, probte wie der Teufel, fügte noch Pantomime hinzu und füllte die Dialogszene auf. Mein voriger Auftritt letztes Frühjahr (Michigan University, Ypsilanti) war eines dieser immer wiederkehrenden Desaster, die mich zu Tode erschrecken. Das Honorar ist toll, aber die Kids sitzen auf ihren Händen wie hirntote Roboter. Zum Glück stehe ich nicht auf irgendeiner Liste für College-Auftritte und – schluchz – habe überhaupt keine anstehenden Auftritte! Muss mich aufraffen, Klinken putzen gehen, aber ich bin grottenschlecht im Selbstmarketing.

Die Ohren der Vermonter sind großartig. Normale »Leute«. Liebten *Postcards on Parade*, haben nichts mit »literarischem« Smog überzogen, es ist eine »Show« – Unterhaltung. Punkt. Sie schrieben wunderbare Sachen auf Karten – wie bei einer Sneak Preview –, von denen mir die Sponsoren Kopien schickten. Positives Feedback, ahhh!

Offenbar bin ich wieder im Kontaktmodus. Letztes Wochenende habe ich mich bei meiner Big Sis Viv[ien Elmslie] gemeldet, nach einem Jahr Funkstille. Sie ist single, freut sich über Ironie genau wie ich, 71 Jahre alt, bei guter körperlicher Gesundheit – und trotzdem in vielerlei Hinsicht noch ein nettes Vassar Girl[7]. Das klappte ganz gut, wobei geholfen hat, dass ich meine Emotionen ehrlicher & direkter gezeigt habe als je zuvor. Und dieses Wochenende kommt Cynthia [Elmslie Weir], meine Big Big Sis aus Cambridge. Viv hat sich Joes Findling[8] angeschaut, auf dem Feld oben am Berg, wo seine Asche verstreut ist, und jetzt will Cynthia das auch tun. Sie trägt ein Korsett, ihre Hüfte ist schlecht und sie hat einen kläffenden Köter und eine ziemlich zerrissene Persönlichkeit, Anfälle

& Stimmungsschwankungen, die ermüdend sind. Sie ist 81, bald 82, also ist das wohl ihr gutes Recht, oder?

Daumendrücken. Ich habe mich vor dem Loch gefürchtet, in das man nach den Standing Ovations fällt, aber bisher hat es mich nicht erwischt.

Gestern hat Karole Armitage[9] aus Florenz angerufen. Sie wird, wie ich sehr, sehr hoffe, meine neue Projektpartnerin. Choreographin. Mit eigener Tanzgruppe.

Sie hat mich gefragt, ob ich den Text für ein abendfüllendes Tanzstück über [Michael] Milken, König der Junkbonds, schreiben will. Wir treffen uns, um uns mal zu unterhalten, am 18. Oktober in NYC. Ihr Konzept rutscht immer wieder ab zu tanzsymbolischer Bedeutungsschwere, aber ich habe gesehen, wie sie an einem Video gearbeitet hat und es war unglaublich inspirierend – noch nie habe ich so temporeiche, aggressive Beinarbeit gesehen. Der menschliche Körper verwandelt sich in ein erstaunliches Arbeitsgerät. Ich hoffe, es gelingt mir ein postpostpostmodernes Musical zu schreiben, Worte, bei denen ihre Tanztruppe die Hauptrolle spielt, plus drei Schauspieler / Sänger, für meine Seite. Ich weiß nicht, wer genau meinen Text präsentieren wird, aber ich schicke ein Stoßgebet zum Himmel, dass er so gut & angenehm im Umgang ist wie der einzige, der *wahre* Steven Taylor[10].

Ich habe Bill Bamberger[11] gebeten, eine Sammlung meiner Gedichte zusammenzustellen, wie es sich für jemanden meines Alters gehört – auch wenn ich kein Volltreffer in der Welt der Dichtkunst bin –, und wir haben Listen hin und her geschossen, wie beim Badminton. Er hat sich einen Titel ausgedacht – *Routine Disruptions* –, der mir sehr gut gefällt. Er ist der eine Mensch in der Welt, der mich für einen großartigen Schriftsteller hält, er scheut keine Kosten und Mühen & schmeißt sogar noch mehr Geld zum Fenster hinaus & veröffentlicht mich (jeder Dichter sollte EINEN solchen

Unterstützer haben. Sonst sind sie »kaputt« – das hat ein Kleinverleger mal bei einem Kaffeeklatsch an der Naropa University[12] gesagt vor ein paar Jahren). [...] Er hat ein paar Kleinverlage im Kopf, an die er meine gesammelten Gedichte schicken will, vergebene Liebesmüh ... und ich *meine* vergeben. Aber – man weiß ja nie! Ich habe ihm verboten, sie selbst zu verlegen. Er braucht ein neues Auto. Nummer eins auf seiner Liste ist Alicia von Cornfleur von Mocha Mug ... besser bekannt als Coffee House Press, Babe.

Rehe schleichen über meinen gemähten Rasen und blicken sehnsüchtig zum Haus – so nah bei den Fenstern, voller Vertrauen, immer noch high von einer Rekordernte an noch knackigen, säuerlichen Äpfeln hüpfen sie nur langsam weg. Sie wollen High Heels tragen, Jane Russell auf Kabel sehen, das Bambi-Stereotyp niedertrampeln, zu einer Mall laufen und Stiefel von Ferragamo kaufen, um besser zu den tropischen Sonnenuntergängen und den Ameisenbären in den Arroyos trampeln zu können.

Es freut mich, dass deine Schüler und Schülerinnen dir Freude machen, ich hoffe, dein Herbst läuft gut & dein Atem kommt und geht, ohne dir Sorgen zu bereiten.

Maxine Chernoff[13] hat mir *New American Writing* geschickt, deswegen konnte ich gestern Abend deine Geschichte lesen. Du und Paul Auster, ihr seid mir ein Rätsel darin, wie ihr es schafft, Seiten zu Papier zu bringen, die nicht »geschrieben« wirken und mir trotzdem so eine Lesefreude bereiten. Wie James Cain, ganz früher. Oder Barbara Pym. Oder Elizabeth Bishop als Dichterin.[14] Ein Rätsel, das ich sehr genieße. Als würde man so natürlich singen, dass das Lied nicht gesungen wirkt.

Lass bald von dir hören. Ich denke so oft an dich & bin froh, dass es dich gibt.

Alles Liebe von deinem Calais-Kumpel, Kenward

Boulder, Colorado
29. September 1995

Lieber Kenward,

dein Brief hat mich sehr glücklich gemacht. Du hörst dich so gut an.

Ich habe den Teil über die Rehe in beiden meiner Seminare gelesen. Eine Studentin fragte: »Ist das ein Gedicht oder ein Prosagedicht?« Ich sagte, es sei einfach nur Teil eines wundervollen Briefes, einfach ein Beispiel dafür, wie ein großartiger Künstler die Welt sieht.

Ich bin froh, dass du Ivan Geld geschickt hast. Abgesehen davon, dass er sich lausig fühlt, ging es ihm wegen des Umzugs & der Krankenhauskosten ziemlich schlecht. Ich war noch nicht bei ihm, um mir deine Collagen anzuschauen. (Der Druck der Collage, den du mir geschickt hast, hat mir gut gefallen.)

Ich werde dir bald einen anständigen Brief schreiben. Mein Ex-Mann ist gestorben. Ich war eine Woche in Oakland. Es war traurig & schön. Meine Söhne sind so gut und liebevoll zu mir & zueinander. Er (Buddy) war ungeheuer wichtig für unser Leben.[15] Er hat mich jeden Tag angerufen, seit ich hergezogen bin. Erst, als ich wieder hier war, habe ich den Verlust gespürt. Das Schöne am Tod ist, dass nur die zärtlichen Erinnerungen bleiben und neue wieder auftauchen, die man vergessen hatte.

Danke, dass du mich mit James M. Cain & Elizabeth Bishop verglichen hast. Als ich sieben oder acht war, habe ich *Mildred Pierce*[16] fünfmal gesehen – nannte mich von da an Sherry. Ich liebte die Antwort von Mildred Pierce auf die Frage: »Was möchtest du trinken?« Sie sagt: »Ich nehme Sherry – mit nach Hause.«

Ich habe dich gern, Lucia

Boulder, Colorado
26. Dezember 1995

Lieber Kenward,

tja, ich habe wieder eines dieser mysteriösen Lyrikstipendien erhalten.[17] Und wieder, ziemlich unheimlich – nicht nur, weil mein Auto komplett den Geist aufgegeben hat –, scherte ich mich überhaupt nicht darum. Ich hatte endlich all die Hausarbeiten begutachtet & die Doktorarbeiten gelesen & nur noch einen zehnseitigen Brief zu schreiben, um einen Kollegen für die Tenure-Stelle zu empfehlen.

Fragte mich – werde ich die Zeit fürs Schreiben nutzen? Habe ich schon vergessen, wie es geht? Habe ich überhaupt noch etwas zu sagen? Sitze nur rum und fühle mich musetot … Das letzte Mal bin ich so beschämt gewesen – ach, ich habe so wenig gearbeitet – ich habe es nicht verdient etc. Diesmal betrachte ich es als Zeichen von oben, Husten der Götter.

Wie ging dieses Lied: »I found my million dollar baby at the five & ten cent store«? Ich erinnere mich an alle Worte in »Paper Doll«. Du auch? Ziemlich seltsam, im Grunde genommen … Eine Puppe, die andere Kerle dir nicht klauen können.

Na, jedenfalls bin ich sehr, sehr froh. Mein neuer Computer stammt, wie sich gezeigt hat, aus einer schlechten Serie, also musste ich zurück zum Hersteller … Aber ich habe eine Geschichte, an der ich in diesem Notizbuch arbeiten werde – falls ich sie später noch lesen kann –, tut mir leid, dass ich dir meine Handschrift zumuten muss.

Der Mazda-Mann, der im letzten Frühjahr das Getriebe eingebaut hat, riet mir, es schnellstmöglich loszuwerden. Also werde ich das sofort machen. Nicht jetzt, morgen – & mit großer Dankbarkeit.

Verbrachte schöne Weihnachten bei den Dorns mit den Hollos,

Sidney Goldfarb, Dorns Tochter. Liebe alte Freunde.[18] Hatte Lunch mit Bobbie [Louise Hawkins][19], die glücklicher ist, als ich sie seit vielen Jahren gesehen habe.

Mein jüngster Sohn & Familie waren zu Thanksgiving hier. Herrlich. Dann ein zweiwöchiger Besuch von meiner lieben Nichte Monica & Freund. Jetzt ihr Mann. Sie haben hier geheiratet. Dieser Besuch war nett, aber zu lang & sie sind Mexikaner & sind ans Abendessen um zehn gewöhnt und an Hausmädchen etc. – also sehr, sehr anstrengend.

Meine Söhne[20] waren zusammen mit ihren Familien in Kalifornien. Ich hatte nicht einmal (viel) Heimweh. Es gibt mir ein gutes Gefühl, dass sie sich alle lieben & es ihnen allen gut geht – nicht nur gut – sie sind fröhlich & lustig & liebevoll.

Ich habe Buddy vermisst – mit ihm und unseren Kindern zu reden –, wie er über seine Schwester & meine Nichte Monika lästert, die H heiratet. Er ist Deutscher, »schlocht«, sortiert den Gewürzschrank nach Alphabet.

Danke für deine Hilfe & dafür, dass du in mein Leben gekommen bist.

Alles Liebe.

Happy New Year, Lucia

Boulder, Colorado
1. Februar 1996

Lieber Kenward,

der neue Computer, der mit meinem Vertrag geliefert wurde, war eine Schrottkiste, hat drei Monate beim Hersteller auf Ersatzteile gewartet. Ich versuche jetzt zu lernen, wie man ihn benutzt. Ich schreibe immer noch von Hand, ehe ich die Geschichten auf diese neumodischen Apparate übertrage. Ich habe Probleme mit Maschinen. Einmal haben sich dort, wo ich gearbeitet habe, Krankenschwestern über Vibratoren unterhalten, und eine von ihnen fragte mich, ob ich einen besäße. Gott, nein, sagte ich, ich habe nicht mal einen Staubsauger.

Meine Katze ist eifersüchtig, gerade ist sie über die Tastatur gelaufen und hat dir einen Absatz geschrieben. Ich habe ihn gelöscht. Ich bin immer noch gegen diese Maschinen wegen der LÖSCH-funktion. Es ist zu einfach geworden, Gesagtes zurückzunehmen. Ich erinnere mich noch, wie man, wenn man einen WIRKLICH falschen Satz hatte, die ganze Seite rausnehmen musste, sich seinen weißen Cashmere-Pullover überall mit Druckfarbe beschmierte und die ganze verdammte Seite nochmals zu tippen hatte. Ich bin sicher, ich war von Anfang an viel aufmerksamer, und vermute, das Schreiben war viel reicher. »Minimalistische Prosa« ist einfach das Ergebnis des selbstzerstörerischen, pulsierenden Cursors.

Was für ein negatives Wort – *cursor, curse*. Fluch.

Habe diesen Morgen mit Ivan geredet, und *of course* (siehst du, fast hätte ich *curse* geschrieben) redeten wir über dich. Ich würde so gern mit ihm nach New York gehen, und wir drei könnten herumsitzen und lachen, reden. An Ivan gefällt mir, dass wir über Baseball, Schuhe, Schnee, Autos plaudern können … aber darunter liegt als Untertitelung das Verständnis für das, was eigentlich los ist, und Mitgefühl. Er arbeitet wirklich hart, bringt das ganze [Peace-Jam]-Projekt[21] zu Wege. Spielt seinen eigenen Erfolg herunter, wie immer. Heute Abend gibt er bei sich zu Hause eine Party für den irischen Nobelpreisträger. Ich kann nicht hin … es schmerzt mich, dass es nicht klappt. Nach den Stunden im Büro und dem Seminar bin ich erledigt. Sobald ich das geschrieben habe, bin ich im Bett. So hart es ohnehin schon ist, krank zu sein, mögen die Leute keine Kranken, verstehen es nicht. Ed Dorn[22] zum Beispiel glaubt, ich wäre süchtig nach Sauerstoff.

Es schneit wieder! Mein altes Auto schaffte es schon vor dem Schnee nicht bergauf. Dank dir habe ich einen soliden Jetta leasen können, mit Heizung, Entfroster, Spikes. Das ist so toll, besonders, weil ich an O2 gefesselt bin, so muss ich keine Angst haben, nicht rechtzeitig zu Hause zu sein.[23] Danke dir nochmals, so sehr.

Ich war in zwei herrlichen Schneestürmen in Manhattan, als keine Autos mehr fuhren. In den Fünfzigern. In einem davon habe ich meine zwei Söhne auf einen Schlitten verfrachtet (auf der Thirteenth Street, glaube ich, direkt bei dir um die Ecke), und wir sind den ganzen Weg zum Museum mitten auf der Fifth Avenue gegangen. Die Rothko-Ausstellung hatte gerade eröffnet, aber wegen des Schnees waren nur wenige Leute da. Aber gerade wegen des Schnees und des klaren kalten Himmels war das Licht, das durch die Dachfenster kam, auch ein göttliches Licht, und die Gemälde pulsierten vor Farbe. Meine beiden älteren Söhne erinnern sich genauso lebhaft daran wie ich.

Der nächste Schneetag war der Tag der Amtseinführung von John F. Kennedy. (Inauguration, »in-agua«? Wurden diese Jungs ins Wasser getaucht, wie ein texanischer Baptist? Das übertrifft die Rauchwolke.) Ich kam mir wie eine Schriftstellerin vor. War mit Peter Davison[24], meinem Lektor bei der Atlantic Monthly Press, Mittag essen. (Sie boten mir $ für eine Option auf den Roman an, aber ich habe ihn nie geschrieben.) Dann sind wir in den Harvard Club gegangen, um die Amtseinführung mit all diesen Harvard-Männern zu sehen, die auf [den Antrittsdichter,] den alten Robert Frost[25] wütend waren. Ich glaube nicht, dass das Wort Dekonstruktion bereits erfunden war, aber das haben sie während der ganzen Zeremonie in einer sehr witzigen, gemeinen Harvard-Art betrieben. Ich war begeistert, von allem, ihnen, dem Fernsehen, der Zeremonie, dass ich dort war, vom Schnee.

Oh, oh … etwas ist los, irgendeine Art E.-E.-Cummings-Effekt[26] auf meinem Bildschirm. Ich glaube, ich höre auf, und hoffe, dass er normal druckt und die Arbeit tut ... die darin bestand, Hallo zu sagen und liebe Grüße zu schicken.

Lucia

Boulder, Colorado
20. Oktober 1996

Lieber Kenward,

nichts von dir gehört. Dachte: »Oje, ich habe ihn mit dieser Geschichte, die ich geschickt habe,[27] beleidigt. Jetzt kann er mich nicht mehr ertragen.« Dann sagte neulich abends Ivan: »Ich kann Kenward nicht erreichen – ich vermute, er hasst mich.«

»Meine Güte, Ivan, sei nicht so neurotisch«, sagte ich.

Ich weiß, dass du uns nicht hasst. Entweder laufen die Dinge sehr gut oder schlecht?? Hast du deine Wohnung verkauft? Bist du in Tasmanien? Schreibst du? Bitte sei versichert, dass ich hoffe, es geht dir gut.

Mir geht es so lala. Die Seminare laufen großartig. Ich liebe das Unterrichten. Gesundheit ist lausig, sehr schwach & müde. Kann nicht weit laufen etc. Weshalb das Arbeiten langsam vorangeht. Und was ich dann schreibe, ist nicht besonders gut. Durch Krankheit wird man so selbstbezogen. (Wie schön, dass meine Handschrift schlecht ist; ich schrieb »man«, aber es sieht aus wie »ich«! Es macht mich selbstbezogen!)

Aber wenn ich an Menschen denke, die mir etwas bedeuten, bist du da. Schick eine Postkarte. Pronto.

Love, Lucia

New York, NY
Dezember 1996

Liebe Lucia,
heute ist mein letzter Tag allein, bis – ich weiß es noch gar nicht genau. Mitte Februar? Die meiste Zeit über ist es dunkel, bitterkalt draußen, und morgen fahre ich in mein Provinz-Domizil nach Vermont, wo ich sechs Tage mit meiner Nichte, Vivien Russe[28], und ihrem Kontrollfreak-Gatten Willie – freilich sehr liebevolle Kontrolle – verbringe. Sie sind zu der Familie-die-ich-nie-hatte geworden, »Zieh-dir-was-Warmes-an«-mäßig. Und nun, tja, es wird sich wie eine Pioniertat anfühlen – ich glaube, im Winter war ich zuletzt mit Joe da (viele, viele Jahre vor Aids) – und der Schneepflug kam & schob riesige Hügel zusammen, sodass es unmöglich war zum Auto oder zum Werkzeugschuppen zu gelangen. Also blieben uns nur Pfannen für den Kampf gegen die Schneewehen, und in dieser misslichen Lage erwischte uns Ralph [Weeks][29], der vorbeikam, um nach uns zu sehen. Dass er uns so ertappt hat: unsagbar peinlich. Purer Dilettantismus.

Ich habe keinen Laptop und das Flugzeug ist so winzig, dass ich gar nicht daran denken mag, meinen Apple Classic II hier hochzubringen, was bedeutet, dass ich vom Schreiben abgeschnitten sein werde. Handschriftlich – unmöglich – so primitiv wie die Pfannenschippen. Deswegen treibt es mich so sehr, dir zu schreiben, jetzt sofort, obwohl ich dich gerade erst am Telefon gehört habe. Es ist fast sechs Uhr früh, Sonntag, und dazu auch die Sache mit Ivan, außerdem macht es mir furchtbar Angst, mich auf diese Weise in die Rolle eines engen Vertrauten zu begeben, bei diesem Februarbesuch. Letztes Mal, als er hier im Osten war, sah er so sehr wie Prinz Eisenherz aus, er war fast peinlich. Ich kehre zu den guten Manieren der Kindheit zurück, distanziere mich, suche das Weite, um nicht Gefahr zu laufen, frontal konfrontiert zu werden, und die Geliebtwerden-Angst verblasst.

Vielen, vielen Dank für die Einladung. Der Holländer CW[30] kehrt am 30. Dezember von seinem anderen Leben in Amsterdam zurück, und hier steht, dass wir bis Mitte Februar als Paar herumzockeln, und dazu gehören auch die Rockies in deiner Nähe. CW liebt Katzen, die kommen und gehen. Ich auch. Aber passen ein korpulenter älterer Knabe und ein dürrer Holländer in dein Gästezimmer? Wir teilen ein Bett. Er hat gute Manieren, macht guten, starken Kaffee, verehrt Gedichtbände, manchmal als Bücher, manchmal als Lyrik. Sie ist ein bisschen Sitcom-mäßig, diese *Beziehung* – ein Wort, das sein holländischer »Tutor« ausführlich gebraucht: »How iss ze relationship?« Also sei ehrlich. Ich (wir) wären wahnsinnig gern deine Gäste für drei Nächte, wenn das Pärchengetue dich nicht stresst. […] Aber egal, wo wir wohnen, Bed & Breakfast oder bei dir, ich will mit dir Zeit verbringen.

Der Grund, warum ich nach Boulder komme, ist folgender: Meine Schwester Cynthia ist vergangenen Oktober mit 82 Jahren verstorben. Cynthias Tochter, Vivien Russe, und ihr Mann haben es sich in den Kopf gesetzt, ein Werk in memoriam an Cynthia in Auftrag zu geben, und zwar bei mir. Deshalb dachte ich *Night Emerald*, das [Oscar-]Wilde-Musical[31] mit Steven wäre gut geeignet. Ich muss mich mit Steven beratschlagen, der mir einen ekstatischen Dad-Brief geschrieben hat, den Patty Padgett[32] seinem kinderbedingten Schlafmangel zuschreibt. Ist das so? Unsere Theaterstücke scheinen nie voranzukommen, wenn man mal von den Randgebieten (Parkplätze, Flohmärkte, vergessene U-Bahn-Tunnel) absieht. Aber ich arbeite sehr gern mit ihm, und wie man bei *Postcards on Parade* sieht, hat seine Musik eine wunderbare Wirkung, wenn sie »theatralisch« orchestriert wird. Also – ein Mal noch.

Ich habe wieder Gedichte geschrieben – immer ein großer Spaß, denn es gibt kein Publikum, um das man sich Gedanken machen müsste, sodass man einfach für sich selbst schreiben kann, ganz unbefangen. Ich wünschte, ich hätte den Mut, das zu tun, was du machst, so eindrucksvoll über vermeintliche Tatsachen zu schreiben, wodurch das »Schreiben« im Werk selbst verschwindet. Ich weiß nur nicht, wie du es anstellst – kunstvoll von ganz allein. Es ist so besonders. Vielleicht hat mich die lange Zeit, in der ich mich Tschechow gewidmet habe (zwei Libretti[33]), so offen gegenüber deinen Tatsächlichkeiten gemacht, dass ich sie kaum mehr »Stories« nennen kann, auch wenn sie welche sind.

Nun also – eine wunderbare erste Gedichtzeile hat gestern bei mir angeklopft. Nun also, schöne Ferien. Das beigefügte Foto zeigt meine Mama, Constance Pulitzer (Tuberkulose, also Colorado)[34] & ihre Busenfreundin Alice, die Mutter eines Busenfreundes aus meiner Dichterkindheit, Gerrit Lansing[35]. Er hat mir das Foto geschickt, das ich mir habe vergrößern lassen. Meinst du, sie haben Alkohol getrunken? Aus demselben Glas? Und hängen die Bilder so unregelmäßig, um Flecken auf der Tapete zu überdecken?

Alles Liebe, Kenward

Boulder, Colorado
28. Dezember 1996

Lieber Kenward,

der liebe Ivan ... Ein Grund, warum er uns beide gern hat, ist, dass wir Geliebtwerden-Angst haben. Er auch. Er mag mir vielleicht die ganze Zeit sagen, dass er mich gern hat, und mich fragen, ob ich ihn gern habe. Aber wenn ich ihn einfach anrufen und ihm sagen würde, ich hab dich gern, würde ich wochenlang nichts mehr von ihm hören. Er war nur zweimal bei mir zu Hause, seit ich hierhergezogen bin! Es scheint für ihn sehr wichtig zu sein, dass du und ich einander gern haben.

Ehe ich deine Arbeit kannte, wurde ich deine Freundin, eines

Nachmittags, als wir an einem kleinen Metalltisch auf dem Gelände der Naropa University saßen. Wir redeten nur ein bisschen miteinander. Und das war das Schöne daran, wie wir gemeinsam schweigen konnten, während wir dort saßen.

Ich antworte DIR so schnell, um dir für das unschätzbare Foto von deiner Mutter zu danken. Sie ist so schön, schamlos! Hilflos! Oder war es jedenfalls, kurz bevor das Foto gemacht wurde.

Was das Übernachten hier betrifft … auch das war Ivans Idee, damit du dich wie zu Hause fühlst. Ich fürchte, du könntest dich zu sehr wie zu Hause fühlen. Ich habe kein Gästezimmer. Ich schlafe auf dem Sofa, und Gäste schlafen in meinem Bett. Üblicherweise fangen die Gäste schon am nächsten Tag an, um das Sofa zu betteln, weil die Katze die ganze Nacht rein- und rausgeht. (Ich mache zum Schlafen die Tür auf.)

Ich dachte, es wäre toll, dich hier zu haben, aber es wäre ziemlich eng und unprivat mit CW. (Ich ziehe es vor, ihn so zu nennen, wie in den alten Romanen oder Tagebüchern, wegen der Diskretion.) Wir werden sehen, ein oder zwei Nächte im Bed & Breakfast und du kannst dir meine Räumlichkeiten anschauen. Nabokov und Henry Green[36] sind meine Liebsten. Mein Sohn nahm sich viel von Nabokov, als er hier war … Mein Lieblingsbuch *Gelächter im Dunkel*, das ich letztes Jahr im Seminar benutzt habe, ist verschwunden. Diese bergsteigenden Möhrensaft-Kristallköpfe von Studierenden *hassten* das Buch, fanden es grausam und unmoralisch. Arme Kinder … wie können sie überhaupt rebellieren? Unsere Generation und die Generation ihrer Eltern haben das ganze Saufen, den Sex, die Drogen und den Rock 'n' Roll gehabt, und so bleibt ihnen nichts weiter übrig als exzessives Recycling und Magersucht. (Ich habe jetzt mehrere männliche magersüchtige Studenten. Neu für mich.)

Habe *großes* Problem, über mein Leben zu schreiben, von der

Liebesgeschichte mit Terry.[37] Das Geschehen verschwindet einfach nicht ins Schreiben hinein. Die schlichte Tatsache ist die, dass er siebzehn war und ich fünfunddreißig. Ich habe meine Stelle als Lehrerin verloren, wurde rausgeworfen, mein Ex-Mann hat meine Söhne mitgenommen ... Meine Freunde waren empört, sahen es als Kindesmissbrauch, und so werden es auch meine Leserinnen sehen, besonders, da er sich das Leben nahm. Ich kann meine Leserinnen und Leser nicht zur Sympathie mit der Frau (mir) »verführen«, aber ich muss diese verdammte Geschichte einfach schreiben, ehe ich sterbe. Ich mag dein Wort »Tatsächlichkeiten«.

Ich hab dich wirklich gern. Du machst mich so glücklich. Einmal war es die Beschreibung der Rehe, und jetzt ist es die Vorstellung von dir und Joe mit Bratpfannen im Schnee. Und das Problem, warum die Bilder auf diese Weise aufgehängt wurden. Vielleicht Flecken. Bröckchen im Tapetenleim? Standen Betten darunter, als die Kinder noch zu Hause wohnten? Um die Farben des Sonnenuntergangs im August einzufangen? Damit sie der heißen Sonne des Augusts entgehen?

Tja, also ... bis bald.

Love, Lucia

New York, NY
Januar 1998

Liebe Lucia,

vier Uhr morgens. CW schläft oben. Katzengeräusche. Klopf. Klopf.

Montag. Jean Boulte[38] krank, brasilianischer Künstler-Kumpel, der sich seit einer Ewigkeit um meine Bude kümmert und im oberen Stock wohnt. Aids seit acht (?) Jahren. Hat sich eine Erkältung von einem Besucher geholt, eine richtige Katastrophe für sein angeschlagenes Immunsystem. Gestern ist er rausgegangen (CW hat ihn auf der Treppe gehört), was bedeutet, dass sein Schüttelfrost wohl nachgelassen hat, ich hoffe es, ich hoffe es.

Weihnachten & Neujahr in Vermont waren schön. Meine Nichte Vivy und ihr katalogtauglicher Ehemann Willie machen sich gern nützlich, ein seltener Wesenszug in meiner näheren Familie, weshalb ich autofrei unterwegs sein und so dem Eisstraßen-Jammer entgehen konnte. CW hat seinen Blizzard bekommen und ich Ruhe und Frieden, um an meinem schrecklichen *Selected [= Routine Disruptions]*[39] arbeiten zu können, mein Albatros, der mit den staubigen Flügeln schlägt und immer wieder auf meinen Schultern landet und seine Klauen in mein gepeinigtes Hirn bohrt. Eine schicke Art, im großen Stil die ersten Fahnen in Empfang zu nehmen und zwei Wochen – viele, viele Stunden lang – damit zu verbringen, eine wirklich erstaunliche Ansammlung von Fehlern zu korrigieren, computergeneriert zwar, aber […] Ich hätte sie am liebsten wieder zurückgeschickt, die Fahnen waren so übel. Zum einen standen die Titel alle noch bündig am Rand, genau wie die Gedichte mit kurzen Zeilen, sodass alles völlig aus dem Gleichgewicht geriet – ich bin immer noch im tiefsten Buchdesignschock und stinksauer, dass es so wahnsinnig, wahnsinnig lange dauert, dieses Coffee-House-Chaos zu bereinigen.

[…]

Zu unserem zehntägigen Weihnachtsfest in Vermont gehörte ein riesiger Bio-Truthahn aus Maine, gebraten von meiner Nichte Vivy, von dem CW und ich viele Tage lang aßen. Ich habe Reste-Truthahnsuppe gemacht – lecker.

Die Ferienlogistik war relativ stressfrei, direkt Harold Camp[40] getroffen, der sich um die Wohnung und mich kümmert. Alter Vermonter, 74, seit 51 Jahren mit einer dicken, unförmigen Dame, Pauline, verheiratet, wunderbar schräg – mit ihrem inkontinenten neunzigjährigen Vater wohnen sie gemeinsam in einem Trailer […].

Harold erinnert sich noch an die Zeiten, als mein Haus eine richtige Farm mit Kühen und einer Scheune war, alles schon lange abgerissen. Er ist in Rente, früher war er Lastwagenfahrer für Capitol Candy Co. und hat Lebensmittel und Getränke an altmodische Lebensmittelläden im Norden von Vermont geliefert, von Grenze zu Grenze, New York bis New Hampshire. Heute repariert er Fahrräder nebenbei und recycelt dafür alte Ersatzteile, die er auf Schrottplätzen findet. Das hat sich herumgesprochen und hält ihn abends beschäftigt, wenn er im Schuppen arbeitet und Zeit ohne Pauline verbringt, der er sehr liebevoll zugetan ist. Auch sie wiegt wohl um die hundert Kilo, und er nennt sie sein »großes Mädchen«, voller Respekt und Liebe.

[…]

Ich hoffe, deine Zeit ohne *Schtudenten* gefällt dir gut, und dass du ein bisschen Söhne-Zeit genießen konntest und wieder Lust aufs Geschichtenschreiben hast.

6:30 Uhr früh, Zeit um ins Café[41] ein paar Türen weiter zu gehen und mir Waffeln zu bestellen. Ich habe kein Gramm zugelegt – trotz schlimmer Schlemmerei. In den letzten paar Tagen habe ich mich gemäßigt. Pinke Grapefruit schmecken echt gut.

Schreib bald, damit ich weiß, was du so treibst, ins Jahr 1998 verstrickt.

Das muntert mich auf – ein Startschuss für einen Neuanfang. Habe gerade Rilkes[42] Krallen geschnitten. Ein Durchbruch – dagegen hat er sich immer wild gewehrt.

Alles Liebe, Kenward

Boulder, Colorado
10. Januar 1998

Lieber Kenward,

als Kind habe ich viele Stunden damit verbracht, über die Bedeutung von »Das ist ein weiter Weg«, »Kleine Kessel haben große Ohren«, »Zeig dich von der besten Seite: *Mind your Ps and Qs*« nachzudenken. Endlich, am Lebensabend, habe ich verstanden, dass *P* und *Q* für *peace* und *quiet* stehen, für Ruhe und Frieden. Jetzt, wo mir beides mehr und mehr fehlt. Manuskripte und Anfragen stapeln sich immer höher. Ehemalige Studierende haben gewartet, bis mein zermürbendes Semester vorbei war. Ach. Aber, wenn ich es ihnen übelnehme, fühle ich mich schuldig. Ich sollte stolz sein, dankbar etc. [Anna] Achmatowa[43] hat ein kleines Gedicht geschrieben, etwas wie: *Ich habe alle zum Schreiben ermutigt. Wie bringe ich sie zum Aufhören?*

Dann gibt es auch noch folgende Panik: Was, wenn ich, sobald ich ein paar Ps und Qs bekomme, nichts mehr zu schreiben habe? Ich hatte gerade angefangen, über verschiedene Essays nachzudenken, die ich schreiben wollte, als John Martin[44] beschloss, meinen Erzählband für zu kurz zu halten … er will hundert weitere Seiten. Mir scheint er fertig zu sein. Die Erzählungen ergeben eine Art Ganzes. Na ja, ich werde mich nicht beklagen. (»Ich kann mich nicht beklagen« ist so ein alberner Ausdruck … natürlich kann ich!) Dem Himmel sei Dank, dass er nie ein Wort austauscht oder auch nur infrage stellt, und Bücher werden von unserem lieben Freund Graham MacIntosh[45] gesetzt, der meine Geschichten seit den späten Siebzigern und *Angel's Laundromat* setzt. Wenn ich Sachen wie »'n Ohrring« sage, weiß er, das liegt daran, dass die Figur das so sagt. […]

Kenward, jeder Absatz deines Briefes ist eine perfekte kleine Geschichte. Die traurige erste über Jean Boulte, seinen Schüttelfrost. Deine Hoffnung.

[...]
Ich hoffe, ich habe das nächste Mal Neuigkeiten etc. Ich bin ziemlich ans Haus gefesselt. Die größte Aufregung hier waren die Wespen, die letzte Woche, als es einen Tag lang so warm war, aus ihrem Nest auf der Veranda und durch die offenen Türen in meine Wohnung gekommen sind. Am selben Tag versagte die Batterie des Rauchmelders, sodass er nicht aufhörte zu zwitschern. Mit dem trägen Gesumme der Wespen und den Zikaden und dem Sonnenschein war es wie Juli in Alabama. Jetzt schneit es. Zwei Grad minus letzte Nacht. So viel zur globalen Erwärmung.
Fröhliches neues Jahr. Liebe Grüße an dich und cw
Lucia

New York, NY
7. Februar 1998

Liebe Lucia,
mitten im Winter halten einige wohlerzogene Leute ihren Blähungen nicht stand, und ihre Neigung zum Verfall verlangsamt sie ganz fürchterlich. Sie machen Nickerchen, kehren wiederhergestellt an ihren Tisch zurück, nur um dort auf irgendein Memo zu starren, völlig benebelt, auch wenn sie keine bewusstseinsverändernde oder stimmungssteigernde »Auffrischung« zu sich genommen haben.

In guten wie in schlechten Zeiten packen sie vielleicht ihre Überseekoffer, haken Listen mit nötigen Accessoires sauber ab und ziehen in ein mildes Klima, das dieses Leiden des Geistes, das sie Winter-Irgendwas nennen, besiegt.

Dort angekommen, erwachen sie wieder zum Leben, setzen sich goldglitzerverzierte Mützen mit flotten Sprüchen auf – *If it's broke, try coke* – und melden sich für Shuffleboard-Wettbewerbe an, stellen sich tot oder gehen bei Rot über die Ampel, führen sich, hinterhältig glotzend, gebräunte junge Muskelmasse zu Gemüt und schlürfen bizarre Milchgetränke: Pissgrüne Pistazie, um ihre Zungen zu kühlen und andere Mäuler, unaussprechliche Öffnungen, die man wie einen Fluch nur unter den stahlharten Follikeln von Monstern aus der Eiszeit findet, glücklich und seit Langem ausgestorben.

[...]

Meine unmittelbare Aufgabe, nachdem CW geduscht hat, ist, in den Keller zu gehen, vor dem ich mich schon immer fürchtete. Dort unten ist alles Unverkaufte, vor allem LPs, die ich vor Urzeiten mit der Z-Press veröffentlicht habe, mit der unwahrscheinlichen Hoffnung, dass sie trotz allem »laufen« würden, was nicht passiert ist. Claibe Richardson[46], Komponist der *Grasharfe*[47] und lieber alter Freund, ist letzte Woche mit einem CD-Menschen vorbeigekommen, der ein winziges Label besitzt, aber kein Geld. Er wird eine CD herausbringen von einer Show, die Claibe & ich geschrieben und auf LP produziert haben – über Lola Montez, namens *Lola*[48]. Irgendwo in den schrecklichen Tiefen des Kellers könnten die Original-Studioaufnahmen dieses Musikstücks liegen, oder auch nicht, mit Eins-a-Broadway-Stimmen, sinnlich, volle Orchestrierung – Streicher, keine Synthesizer. Falls ich es in dem archivarischen Geröll da unten aufstöbere, werden Claibe & ich je $ 2500 auftreiben, und der Mann wird diesen Titel in seinen kleinen Katalog aufnehmen. Pat Padgett, eine kluge Frau, hat mir geraten, »nicht zu streng mit mir selbst zu sein«, loszulegen, dieses »tote« Werk aufzuerwecken und die zweieinhalb Riesen hinzublättern.

Nächste Klage: Es ist mir furchtbar schwergefallen, Teile eines Werks auszusortieren, das vielleicht wieder zum Vorschein kommt oder auch nicht, komplett überarbeitet, für ein Literaturmagazin namens *Arshile*[49], in das ich mich ziemlich verguckt habe – weil es so hübsch zusammengestellt ist. Ich stecke im ersten Teil fest – in einem Monolog einer Lady O'Higgins, die vielleicht oder vielleicht auch nicht Schuld ist an dem ersten Teil dieser weitschweifigen dornigen Rose von einem Brief. Also kehre ich zurück zu Lady O'Higgins, die am liebsten in einem Marx-Brothers-Film wäre, und dann schaue ich, was passiert.

Ich bin gerade etwas anti-familienmäßig gestimmt. Es gab ziemlichen Krawall, als meine doofe Jungfernschwester aus L. A. (Vivien Nr. 1) von meiner süßen Künstlernichte (Vivien Nr. 2 aus Maine)[50] erfahren hat, dass das Tagebuch unserer Mutter veröffentlicht werden soll. Lee Ann Brown[51], Steven Taylors Ex, hat einen winzig kleinen feministischen Verlag, Tender Buttons, & hat beschlossen, im kommenden Mai das Tagebuch meiner Mutter zu publizieren, zusammen mit einem Familien-Memoir von mir – obwohl ich, wie ich auch Lee Ann deutlich gesagt habe, einen Schniedel habe. Egal!

Jedenfalls: V aus L. A. hat mit einer Klage gedroht, kein Scherz, weil sie sich »außen vor« fühle und in rasende Wut entbrannt ist, als sie von diesem Veröffentlichungsvorhaben von V Nr. 2 aus Maine erfahren hat, auf die sie eifersüchtig ist, weil V Nr. 2 aus Maine … sich herausnimmt … Hackordnung. Öde. Bist du schon eingeschlafen? Alles *Schatten-der-Leidenschaft*-Seifenopernmaterial ohne den Amnesie-Twist, durch den es funktioniert. Worauf es hinauslief: Lee Ann hat jetzt offenbar vor, das Tagebuch ihrer Großmutter zu veröffentlichen, anstatt sich mit diesem dysfunktionalen Haufen von White-Trash-Memmen abzumühen. Und ich hasse es, meine Worte dieser DNA-Brühe zu unterwerfen, aus der ich mich zum Teil befreien konnte, indem ich – du hast es sicher schon erraten – so frei schreibe, wie ich kann, zur Hölle mit der Sippe. Schluss mit dem Gejammer. Das Projekt liegt auf Eis, vorerst zumindest, und vielleicht kann ich meine Schreibblockade in Bezug auf Oscar & den Text für den so, so geduldigen Steven bezwingen.

Gejammer: Ende. Ich hoffe, dein Sabbatical führt zu neuen Geschichten. Ich habe mir, um nicht am ausgestreckten Arm zu verhungern, deine alten wieder vorgenommen, weil mir dein letzter Brief, der denselben Sound hat wie deine Geschichten (Wochen zuvor), so unglaublich viel bedeutet hat, und genau wie erwartet stehen sie da wie eine Eins, die Geschichten. Das kann eine harte Prüfung sein, Geschichten wieder zu lesen, wenn Zeit vergangen ist und der Geschmack sich verändert und weiterentwickelt hat. [Evelyn] Waugh[52] hält sich zum Beispiel nicht so gut. Babs Pym schon. Geständnis: Dieser schräge alte Vogel sagt dir – du bist erste Klasse. Ehrliche & ehrenwerte Arbeit, so unmittelbar & frei sowohl von gebrochener Künstlichkeit als auch Wortspielereien, um schwarze Löcher zu verdecken. Es gibt einfach keine schwarzen Löcher – eine unglaubliche Leistung.

Mir ist, bei der Arbeit an zwei Libretti, Tschechows Werk so ans Herz gewachsen – und jetzt stehst du, völlig überraschend, Seite an Seite mit Anton. Anton, darf ich vorstellen – Lucia. Lucia, darf ich vorstellen – Anton.

Also: Ich hoffe, ich bekomme die neuen Texte zu lesen, je schneller, desto besser ... andererseits, nein, auf gute Sachen lohnt es sich immer zu warten. Außerdem hoffe ich, dass du nicht dazu gedrängt wirst, den ganzen Aufbau der Sammlung nach den Vorstellungen eines anderen zu ändern. Der CD-Mensch wollte, dass Claibe & ich noch Songs aus *Lola* (dumpfes Demo-Zeug?) hinzufügen, weil auf eine CD mehr passt als auf LPs. Wie CW so schön sagte – »lächerlich«.

Bleib gesund, ich hoffe, der Februar ist gut zu dir.
Alles Liebe, Kenward

Boulder, Colorado
11. Februar 1998

Lieber Kenward,

danke dir für deinen wunderbaren, großzügigen Brief. Ich werde nie in der Lage sein, ihn in *gleicher* Weise zu beantworten ... Mönchischer Zustand hier (reizend ... ich arbeite).

Schenke Vivien Nr. 1 keine Aufmerksamkeit. Ach Gott, da haben wir uns all die Jahre Gedanken wegen unserer Eltern gemacht (»Oje, was werden sie sagen?«), und dann sind es die Kinder oder Geschwister. Einmal musste ich VOR MEINEM EIGENEN HAUS rauchen, damit sich die Enkel beim Besuch nicht vergiften.

Meine Ehemänner haben meine Texte nie gelesen, weshalb ich mir ihretwegen keine Sorgen machte. Aber ich muss mir ernsthaft Sorgen um meine Söhne machen. Sie waren wütend, wenn eine meiner Erzählerinnen nur ein Kind hatte ... Wieso hast du über Mark geschrieben? Klar. Über vier Kinder zu schreiben, ist zu kompliziert, man muss sie füttern, anziehen etc. Sie sind verletzt, weil ich eine Geschichte über eine Frau geschrieben habe, die von zu Hause abhaut. Wie könne ich so was auch nur *denken*, wo sie und meine Enkelsöhne mich doch liebten? Zu ihrer Verteidigung muss ich sagen, trostlose Geschichten über meine Zeit als Trinkerin stören sie nicht. Aber die Vorstellung, was sie zu der Geschichte [»Let Me See Your Smile«] über eine 36-jährige Frau mit einem sehr jungen Liebhaber, 17, im neuen Buch sagen werden, lähmt mich. Einige gute Freunde finden das schockierend und unmoralisch. Ich habe ihnen nicht mal die »wahre« Geschichte erzählt ... nicht aus Furcht davor, was irgendwer dazu sagen wird, es war einfach zu schwierig.

Aber hey, es ist großartig, dass Tender Buttons das Tagebuch deiner Mutter veröffentlichen will! Was geht es Vivien Nr. 1 überhaupt an? Verdammt noch mal. Mich schaudert der Gedanke an *ihr* Tagebuch, wie trostlos. Vivien Nr. 2 gefällt uns mehr. Du musst mit

Vivien Nr. 1 reden. Das Foto deiner Mutter hängt jetzt in meinem Schlafzimmer … jedes Mal, wenn ich sie sehe, wünschte ich, sie könnte sprechen. Lee Anns Mama muss es ziemlich gut gegangen sein. Ich mag Lee Ann. Habe nur ein paar Mal mit ihr geredet, aber beide Male haben wir viel gelacht. Sie ist der einzige andere Mensch, den ich kenne, der die Igel in der Tierhandlung besuchte, und mit mir einig war, dass wir nicht *einen* Igel wollen, sondern den ganzen Käfig. Mich hat es dazu inspiriert, das Tagebuch MEINER Mutter aus Kentucky zu kopieren, wo wir in einer Pension wohnten. Sie hatte sich in einen Maurer verguckt, der sich als übler Typ entpuppte. Sie zitierte mich, wie ich mit drei sagte: »Guck Mama, der Wind liest mein Buch.« Sie war ein schlechter Mensch, aber genial und lustig … wie Oscar Levant[53].

Also, ich schreibe ein paar leichte Texte für das Buch, das im Herbst herauskommt. Sie werden es nicht ruinieren, ihm vielleicht ein wenig nötige Sanftheit verleihen.

Ich bin in William Hazlitt[54] verliebt … in seine Essays. Scharf und witzig. Frei. Zu seiner Zeit, seine bekloppten Schwestern, Tradition. Ich glaube, meistens bin ich das … bis auf *Dutzende* Geschichten, die ich nicht schreiben kann, denn wenn ich es täte, würde das die Erinnerung meiner Söhne an ihre Väter beschädigen (Buddy hat meine ältern beiden Söhne adoptiert). Und ein paar beängstigende Geschichten über die Zeit, als ich als Beraterin in einem Methadon-Programm in New Mexico arbeitete. Ein paar von diesen Mafiosi leben immer noch, verdammt.

Mein jetziges Problem ist, dass ich trocken bin, einen guten Job habe, meine Söhne alle wohlauf sind und glücklicher als die meisten Leute, die ich kenne, mit guten Ehen, ich habe liebe gute Freunde. Ich denke, ich habe all die schmerzhaften Bereiche meines Lebens »niedergeschrieben«. Von meiner Katze gibt's im Grunde nicht viel zu erzählen. Ich fürchte, ich habe keine Geschichten mehr übrig. Ich habe noch Essays im Kopf, die ich schreiben möchte, über Alkoholismus, Inzest etc., mit einem sehr anderen Blick auf diese Dinge.

Monica L[ewinsky][55] tut mir leid. Sie hat es nicht fürs Geld gemacht. Sie war ein armes, früher einmal zu dickes neurotisches Kind, das dringend Aufmerksamkeit wollte. Wie auch immer es ausgeht, für sie wird es *schrecklich* sein, dass die Öffentlichkeit so viele unvorteilhafte Dinge von Freunden, Liebhabern, Präsidenten etc. erfährt. Plus, wo wird sie einen Job bekommen? Und sie möchte einen echten Job, um die Leute zu beeindrucken, nicht Geld von der Illustrierten *Enquirer*.

Habe gerade eine Stunde damit zugebracht, die Patrone des Druckers zu wechseln. Habe am Ende das Handbuch aufgeschlagen, und in der letzten Zeile stand: *Schalten Sie den Drucker wieder ein.*

Genug für heute von diesem Hightech-Kram.

Love, Lucia

Boulder, Colorado
2. Juli 1998

Lieber Kenward,

was für ein Elixier dein Brief ist, eine sanfte Brise, und erst »Screen Treatment«[56]. Danke dir. Das Gedicht ist fabelhaft ... Ich habe laut aufgelacht, sowohl vor Vergnügen als auch, weil es so lustig war. Ab der »fleißigen Frottage der Azaleen« bin ich einfach mitgegangen, wurde zurückgerissen von »Sein Enkelsohn war Apothekerassistent in Ypres«. Auch sonst ein witziges, umwerfendes Buch, allerdings noch weitaus mehr als das ... Es ist wunderbar gebaut, wie ein Musical, voller reizender Refrains und Echos und Verwicklungen. Rhythmus und Tempo sind grandios, es tobt einfach wild voran, ein großartiges Bild jagt das nächste. Der Clou ist, dass es, trotz seiner Raffiniertheit, so viel Spaß macht [...]

Ich bin derzeit niedergeschlagen und traurig und hasse meine Arbeit, bin mir sicher, dass ich nie wieder etwas schreiben werde, und das einzig SCHLECHTE an deinem (auch sehr schön gemachten) Buch ist, dass ich mich frage, wie kann ihm MEIN einfach gestricktes Zeug gefallen? Aber ich weiß, dass es dir wirklich gefällt, und kann dir unmöglich sagen, wie viel mir das bedeutet. Und danke auch dafür, dass du mich gegenüber Wall Street und der Finanzwelt erwähnt hast.[57] Ich bin ernsthaft pleite und musste gerade einen Riesenbetrag für falsche Zähne bezahlen. Noch eine Demütigung des Alters. Es greift mich diesen Sommer emotional an, dass ich so dick und alt und an diesen Sauerstofftank gefesselt bin. Ich würde so gern in einen Fluss oder einen Pool springen. Geldsorgen haben zu Hundstagen der schlechten Laune beigetragen, also ... tja, danke dir.

Ich kenne *Arshile* nicht, werde dem aber nachgehen und es abonnieren, damit ich auf jeden Fall die Herbstausgabe bekomme. Es stimmt – normalerweise ist es nicht klug, mit Schriftstellerfreunden über die Arbeit zu reden. Ich würde ein bisschen mehr zu diesem Thema hervornuscheln (gute Freundin erhielt soeben großes Stipendium für etwas, das ich angefangen hatte, ihr zeigte etc.), aber dein Buch hat mich in eine so gute Laune versetzt. Ich möchte sie nicht verderben. Schriftstellerinnen und Schriftsteller sind im Grund genauso schlimm wie Kritikerinnen und Kritiker. Ich habe gerade die Briefe der Brontës gelesen (habe vergessen, die verdammte Karte zum Buchklub zu schicken). Ich mag nur Emily, aber sie hat keine Briefe geschrieben. Charlotte lebte nur einmal auf, und zwar, als sie die arme Jane Austen verrissen hat – hat sie einfach auseinandergenommen. *Provinziell, oberflächlich, belanglos und langweilig* etc. etc.

Ich bin froh, dass du mit Ron Padgett[58] befreundet bist, mit *ihm* würde ich jederzeit darüber reden.

Diverse Unterbrechungen, seit ich hiermit angefangen habe, habe den Postboten verpasst. Aber sie wurden sowohl von deiner Magie als auch meinem Beschluss verursacht, dieses milde Wetter zu nutzen. Erst rief ein Freund an, gute Nachrichten über die Biopsie ... ihm hatten sie letztes Jahr die Prostata entfernt, Chemo etc. Er ist wohlauf. Unverdrossen. Er nimmt ein Impotenz-Mittel namens *Die Muse*, was mich auf alle möglichen Ideen für Cartoons bringt. Der Dichter sagt zur Dame an der Leier auf der Wolke ... »Nein, verdammt noch mal, nicht noch ein Gedicht, ich will einen Ständer.« Er sagte, der einzige Nebeneffekt bestehe darin, dass der Penis kalt wird. Bei dieser dreistelligen Außentemperatur klingt das erfreulich erfrischend und kühl. Ach, und um auf deine Frage zu antworten: Was ist eigentlich aus dem Coitus interruptus geworden? Nichts. Verstehst du? Haha.

Und gerade, als ich meinen Schlauch bewegte, wumms, bumms, stieß ein Sonderbus mit einer *orientalischen* Dame in einem Saab (schwarze Fenster) zusammen, direkt an meiner Straßenecke. Der Bus war voller besonderer, sprich behinderter Erwachsener mit anderen Gebrechen, die in die Reha-Abteilung des Krankenhauses gegenüber gebracht werden sollten. Ich bot an, sie den Rest des Weges zu fahren, aber der Fahrer sagte, sie müssten an Ort und Stelle bleiben, bis sie untersucht worden seien. Es gab ein köstliches kleines Spektakel, als Feuerwehr, Krankenwagen, Polizei, der Ehemann der *orientalischen* Dame im Mercedes und drei Sonderbusse ankamen.

Das Beste war, dass die Passagiere (keiner von ihnen war verletzt worden ... sie hatten gesagt, sie wären es – deshalb rief er den Krankenwagen) alle heulten und schrien und aus den Fenstern hingen, weil es so heiß war. Die Feuerwehr lieh sich MEINEN Gartenschlauch aus, um das ausgelaufene Frostschutzmittel wegzuspülen, »damit es keine Haustiere schädigt«. (Es wurde alles zu den Haustieren am unteren Ende der Straße gespült.) Als er mir meinen

Schlauch zurückgab, bot ich einem Burschen mit Downsyndrom etwas zu trinken an, und er trank. Dann wollten alle was zu trinken. Es macht mich überglücklich, etwas zu tun, irgendwas, was ich nie zuvor getan habe, etwa vier oder fünf seltsam aussehende Leute, die aus Busfenstern hängen, Wasser aus meinem Gartenschlauch trinken zu lassen.

»Bleiben Sie sitzen! Lösen Sie NICHT die Anschnallgurte!«, rief der arme Fahrer, der sich Sorgen machte wegen eventueller Klagen und wegen seines Jobs. Er war definitiv schuld, hatte ein Stoppschild überfahren ... aber eigentlich hätte er sich um den Saab und den Mercedes Sorgen machen sollen.

Erschöpft von all dem Tumult kam ich ins Haus und nahm mir ein Glas Wasser mit Eis. Cosmo, mein lieber tauber Kater, beschwerte sich ebenfalls über die Hitze, also warf ich zwei Eiswürfel in seine Wasserschüssel. Er trank – KALT!, wie man am Knacken der Eiswürfel hören konnte. Er machte einen Satz, fauchend und spuckend wie eine Katze aus einem Halloween-Cartoon. Das Ganze hat Cosmo erschreckt. Jetzt sitzt er auf meinem Bett, Gesicht zur Wand. Das Leben steckt voller Gefahren.

Schicke dir ein paar Zeitschriften. Hoffe, das habe ich nicht schon getan. In einer davon, »Carmen«[59], sehr düster.

Danke fürs Glücklichmachen.

Unterzeichnet,

mild in Boulder

Calais, Vermont
14. Juli 1998

Liebe Lucia,

happy fête nationale. Draußen sonnig, und Harold Camp, der Verrückte Grasmacher, hat gerade seinen Pick-up herausgeholt,

8:30 Uhr morgens. Grüne Plakette kostet extra, personalisiert – da steht PAPPY. Seine riesige Frau, Pauline, deren Körpermaße eine wunderbare freie Form ergeben, hat irgendwelche Steine entfernt bekommen und erholt sich derzeit. Harold hat die Hausarbeit gemacht – sein Brustmuskelproblem wird besser, und sein »Prost-tata Krebs« ist besiegt (Operation im Frühling). Unten ist Ron wieder auf dem Tennisplatz, was bedeutet, dass sein Fußleiden am Abklingen ist. Patty, seine Liebste, die früher mal mit Ted Berrigan[60] (der nach New Orleans gegangen und mit einem Mädchen namens Sandy durchgebrannt ist, das er gerade kennengelernt hatte) verlobt war, hat eine neue »Butch«-Frisur – kurz geschnitten, kein Knoten mehr, nix mehr lange Haare. Keine Farbe mehr. Sie hat eine geheimnisvolle Kinderkrankheit hinter sich namens Ringelröteln – irgendwas mit Ausschlag und Fieber. Meine Zuckerwerte waren in letzter Zeit ziemlich hoch. Ich schaue Kabelfernsehen, alte Filme mit vielen Zigaretten und Kleidern, die ein bisschen glitzern in Schwarz-Weiß. Ich esse zuckerfreie Süßigkeiten, Waffeln, Eis am Stiel, die nicht wirklich ohne Zucker sind. Heute – neues Blatt.

Patty und ich gehen spazieren, bisher zwei Mal, am Anfang nicht übertreiben. Die Felder und Wälder sind feucht vom unablässigen Regen, also halten wir uns an die Feldwege. Patty ist schlau, aber verbirgt das vor der Außenwelt. Katholische Kindheit, Tulsa, voremanzipatorisch? Meine steifen Knie reagieren auf diese ganze Aufmerksamkeit. Ich finde, ein Körper sollte sich um den Menschen kümmern, nicht andersrum. HA! Das bringt dich auf den neuesten Stand bei unseren Alteleuteleiden.

Gestern habe ich eine Postkarte von einem Layouter bei Coffee House bekommen, von dem ich seit ein paar Monaten nichts gehört habe […] Es gibt immer noch Problemzonen, inklusive des Umschlags, aber ich bin ein ganzes Stück zuversichtlicher, dass aus dem Buch – ein Buch wird.

Heute ist meinem Drucker die Tinte ausgegangen, und mein alter Computer, der Mac Classic, hat beschlossen, mal wieder zu krepieren. Also arbeite ich an cws Compaq, mit Blick auf den großen Teich mit dem Wasserfall, angeschwollen vom wochenlangen schweren Regen.

Ich plane eine Reise nach Boulder im November, eine Show mit Steven bei El Teatro Judy [Hussie-Taylor], Boulder Art Musée[61], und eine Lesung an der Naropa, ein paar Songs mit Steven als Abbinder. Ich hoffe, ich kriege ein paar Stunden echte Lebenszeit mit dir […]

Danke für die zwei Geschichten. »Carmen« ist stark, ich weiß nicht, was ich davon halten soll, dass sie aus dir herausgeströmt ist. Ihr stiller Compadre hat mich in erinnerte (und immer noch existente) Traueruntiefen, dunkle Orte und Stillen gelockt. Ich war ergriffen von dem Geisterteil und dem kleineren Detail, das sich zu einer Erinnerungsübernahme aufbläst und den zeitlichen Abstand auslöscht.

Dein Bericht von dem Vorfall mit dem Bus war so irrsinnig witzig, ich habe ihn zu meiner Nichte Vivy und ihrem Mann Willie mitgenommen und ihnen nach dem Essen vorgelesen. Sie haben sich ein riesiges New-England-Herrenhaus gekauft, das einer Kochbuchautorin (Mrs. Appleyard[62]) gehört hat, die schon lange tot ist. Ich saß in einem Lazyboy in einem langen, langen Salon ohne Möbel abgesehen von drei Sitzen und las ihn vor, ganz schlecht leider, weil das Lachen, das ich immer zurückhielt, hervorquellen wollte, ungefragt. Höhepunkt des Abends. Ich hoffe, du machst etwas daraus, verwendest ihn irgendwo.

Der Wall-Street-Mann [Dyke Benjamin] hat neulich angerufen, gleich nachdem ich deinen Brief und die Geschichten bekommen habe. Er wollte deine Adresse. Er sagte, die Sache *sei am Laufen*. Meine Rolle (unschuldig!) sah so aus: Einmal im Jahr lädt er mich zum Lunch in die Stadt ein (sehr teuer), und diesmal erzählte ich, dass Lee Ann Brown einen feministischen Verlag hat und ich dort veröffentlichen sollte (Mutters Tagebuch plus meine Familienmemoiren, ein Doppelauftritt). Das war noch vor der schwesterlichen Klageandrohung. Und er hat mich übertrumpft, indem er erzählt hat, dass er Sitzungsvorstand ist ... und es endete damit, dass ich ihm einige deiner Bücher zukommen ließ, die CW aufgetrieben hatte und die ihm sehr gut gefallen. Ende des Einsatzes. Ich hoffe, er dringt durch, und wenn es eine Lotterie ist, super, und wenn es eine Weltreise ist, super, dann habe ich zumindest diesmal nicht das Gefühl, dass ich an der falschen Strippe gezogen habe.

Mittag. Zeit, diese zweite Seite auszudrucken und herauszufinden, ob dieser Technikzauber auch funktioniert.

Puh! Es klappt!
Alles Liebe, Kenward

PS: *Anbei ein* Arshile. *Hoffe du schickst ihnen ein* W. E. R. K.

Boulder, Colorado
22. Juli 1998

Lieber Kenward,

danke, dass du *Arshile* geschickt hast. Wirklich schöne Publikation, perfekt für deinen Text. Habe nur die exzellenten Übersetzungen gelesen und das Essay von Alice Notley über Joanne Kyger,[63] zwei meiner Lieblingsfrauen. Ich rief Joanne an, es hat sie wirklich berührt. Wenn ich nur etwas HÄTTE, das ich schicken kann. Allerdings glaube ich nicht, dass ich raffiniert genug bin. Ivan hat mich überredet, ihm die letzten beiden Geschichten für eine Einzelausgabe zu geben. Das wird aber schön sein ... eine gute Kombination. Eine süß, die andere sauer. Ein weiterer Mord. Eigentlich sind einige Morde in meiner Arbeit verstreut … manche verdeckt, wie in »Streuner.« Die Hunde wurden getötet, aber auch zwei meiner Kollegen im Methadon-Programm, also beinahe auch ich … Um nicht vor dem Geschworenengericht aussagen zu müssen, habe ich meine Kinder nach Mexiko geschickt und einen falschen Namen in Kalifornien angenommen, bis sie endlich alle ins Gefängnis kamen oder starben. In einer anderen Geschichte[64] stirbt ein Drogenhändler. Ich habe auf ihn eingestochen, aber er ist nicht gestorben.

Ich bin eine Frau mit einer Vergangenheit! Mit jeder Menge davon. Das meiste von »Carmen« ist wahr, außer natürlich, dass ich nie in einem Trailer gewohnt hätte. Ich habe meinen Mann nicht umgebracht. Er hat mich aber geschlagen, und dann hat er sich selbst aus Versehen eine Überdosis verabreicht. Ich bin ins Krankenhaus gefahren im Glauben, er sei tot. Mein Sohn Dan wog 1,1 Kilo bei der Geburt. Der Arzt glaubte, er würde nicht überleben, riet, ihm keinen Namen zu geben. (Dieses Baby ist derselbe prächtige Dan, 1,90 Meter groß und gut in Form, der gerade mit seinem Sohn hier war.) Ich habe wirklich gesagt, dass niemand zu Hause war. Das war das Ende meiner Ehe. Berlin kam endlich vom Heroin los, nur so ließ ich ihn in die Nähe unserer Söhne. Sie haben ihn jeden Sommer in Mexiko besucht. Im Grunde haben wir ihn alle geliebt, sogar während einer späteren Kokain-Phase, die fast sein ganzes Vermögen schluckte.

Er war Halbinvalide, für mehr als acht Jahre drogenfrei, und wir haben uns alle um ihn gekümmert. Er rief mich jeden Tag aus Mexiko an und später aus Colorado. Ich vermisse ihn sehr. Die Geschichte »Carmen« überraschte mich. Ich schrieb sie nach der Erblassung, als seine Söhne je 100 000 Dollar bekamen, aber alles dem Finanzamt geben mussten wegen seiner Steuerschulden. Ich habe nie Kindesunterhalt bekommen – meine verrückte Entscheidung –, aber ein lächerlich niedriges Treuhandkonto kommt für ihr

College auf. Er hat ihnen kein einziges Mal geholfen, nicht einmal, als er 20 000 Dollar im Monat für Drogen ausgab. Das fehlende Geld hat ihnen nicht geschadet, sie lieben und vermissen ihn immer noch. Ich habe ihnen nie negative Dinge über ihren Vater erzählt. Ich wusste nicht, dass ich sie noch *gespürt* habe, bis ich diese Geschichte schrieb.

Das Coffee-House-Buch kommt also voran! Großartig. Die BESTE Neuigkeit für mich ist deine Reise nach Boulder. Steven hat es mir erzählt ... ich kann es nicht erwarten, dich und CW zu sehen – UND die Show. Ich habe auch Eis am Stiel gegessen. HEISS hier. Ich würde so gern nach Calais gebeamt werden, Vivy und Willy und Ron und Patty treffen. Und Harold und Pauline. Ich wünschte, du würdest über einen Roman nachdenken. Oder mehrere Novellen. Ich liebe deine Prosa. Selbst deine Briefe bringen mir den Ort, die Charaktere nahe. Ich freue mich auf deine Familienerinnerungen. Sag mir, dass du das Tagebuch deiner Mutter machen wirst trotz schlimmer Schwester.

War das nicht hübsch, dieser Unfall des Sonderbusses? Ich habe nie bemerkt, dass die Busse vorbeifahren. Aber jetzt, wenn ich gieße und gieße und gieße oder auf der Verandaschaukel sitze, winken sie alle, wenn sie vorbeifahren. Süß ... Sie müssen in mir die Lady mit dem Schlauch in der Nase und dem Wasserschlauch zum Trinken sehen.

Ich bin heiter ... weiß nicht, warum. Nichts hat sich geändert, und es ist so heiß. Vielleicht nähert sich eine Geschichte. Wenn ich doch nur das Sagen über das Kaleidoskop hätte, das einige Tage so hoffnungslos macht und andere so voll Freude.

Ich habe sogar freundliche Gefühle für meinen Sauerstoff und der Tatsache gegenüber, dass ich nirgendwo hin kann. Das hat mir ein ausgesuchtes Traumleben ermöglicht. (Mein liebstes Ärgernis sind Leute, die mir ihre Träume erzählen, sorry.) Nichts

PASSIERT in den Träumen. Aber ich bin ein Kind auf dem Rücksitz eines Autos, das durch Nadelbäume fährt. Intensiver Nadelgeruch, blaue Raben, Wind im Haar, Haar klebt im Mund. Oder im Meer in Yucatán, schmecke es, lasse mich treiben, schaue zum Himmel. Oder an einem eiskalten Bergsee, laufe über scharfkantige bemooste Steine ... schließlich tauche ich ein. Viele weitere Dreingaben. Ich mag dieses Wort – glaube nicht, dass es wirklich passt, aber jedenfalls sind es pure Empfindungen ohne Kontext.

Eine sehr würdevolle ältere Dame rief mich an und fragte nach meiner Adresse. Sagte, sie sei von der Tinker Association[65]. Dass sie mir hundert Dollar im Monat schicken werden. Ich fragte, warum, und sie sagte: »Weil Sie eine Frau sind, meine Liebe«, und dass sie mir schreiben werde. Nein, das war kein Traum, vielleicht kommt das Geld von The Fountain, äh, Foundation Head?

Ich hätte so gern einen bequemen Sessel. Beim Baseballschauen liege ich auf der Couch, Knie angewinkelt, Füße im Eimer mit Eiswasser. Ich werde mir Kopfhörer besorgen, dann sehe ich aus wie Chak Mo'ol.

Alles Liebe, Lucia

Boulder, Colorado
24. Juli 1998

Lieber Kenward,

ich habe von der Annie Rensselaer Tinker Association einen Scheck erhalten, $ 500. Ich habe meine Kreditkartenrechnung bezahlt, ich hoffe also, dass ich dafür infrage komme. Musste einen detaillierten Fragebogen ausfüllen. Wenn ich die Voraussetzungen erfülle, schicken sie mir hundert Dollar im Monat (die $ 500 waren für zurückliegende Monate).

Ich fühle mich damit nicht ganz wohl. Ich habe ein gutes Einkommen. Ich gebe im Monat tatsächlich etwa $ 800 für Sauerstoff aus & das deckt die Krankenversicherung nicht – sodass ich immer knapp bei Kasse bin. Und trotzdem ... Es gibt bestimmt berufstätige Frauen, die es dringender bräuchten.

Außerdem habe ich die Vorstellung, dass das eine dauerhafte Sache ist – da sie so viel über meine Ersparnisse, Lebensversicherung etc. wissen wollten. Mir wurde eine Lebensversicherung mein ganzes Leben lang versagt. Ich habe jetzt eine, bei der keine Untersuchung oder Krankengeschichte verlangt wird, $ 100 000, für meine Söhne. Und die ist teuer & wird nicht ausbezahlt, wenn ich vor 2001 sterbe. Es scheint so wenig zu sein, was ich meinen Söhnen hinterlassen kann. Ich werde ganz sicher nichts der Stiftung hinterlassen.

Wir werden also sehen. Hundert Dollar im Monat wären großartig, ich hoffe also, dass ich die Voraussetzungen erfülle. Ich würde diese Damen wirklich gern kennenlernen – die, mit der ich sprach, war aus einem Roman von Henry James.

Vielleicht werde ich auf einen Schlag reich – diese geklonten Mäuse haben mich aufgemuntert. (Was halten Tierschützer davon?) Ich werde mir das Klonen von Nerzen patentieren lassen und einen Riesenreibach machen. Haha.

Alles Liebe, Lucia

Calais, Vermont
3. August 1998

Liebe Lucia,

ein Vorrat an perfekten Tagen mit kühlem blauen Himmel. Allerbeste Vermonter Sommertage. Ken Tisa[66], guter alter Kumpel, mit dem ich schon öfter gearbeitet habe, ist Gastkünstler und arbeitet in der Hütte am großen Teich – sie sieht aus wie ein Softeis-Stand, aber hat einen großen Arbeitstisch und bietet viel Privatsphäre. Er macht ein Porträt von mir, das aus einer Reihe kleiner Ölbilder bestehen wird von Dingen, die er mit mir in Verbindung bringt. Er hat nach einem Muscle Man gefragt – und ihn bekommen – und nach einem Foto von Joe Brainard – ebenfalls bekommen –, und er überarbeitet zwei meiner *Postcards-on-Parade*-Collagen, eine davon ein männliches Nippelbild. Gestern Abend bin ich im Außenhäuschen geblieben und habe die Postkarten durchgesehen, zum allerersten Mal seit meiner Ankunft im Mai. Sie durchzublättern ist eine Art visuelle Therapie & innere Auffrischung, die ich dummerweise vernachlässigt habe [...]

Was für eine großartige Tinker-Belle-Episode. Ich habe auf Vegas-Kohle gehofft, ein cremefarbenes Cabrio, ein Dienstmädchen, Urlaub in einem Palast, alles für dich, am Klondike. Verflixt. Ich glaube, das Stipendium/Honorar, was auch immer, gilt *lebenslang*, wenn du also 150 wirst, kommt es zu einem Nullen-000.000-Stau. Aber pfui, babyboomermäßig ist das kein besonders glänzendes System zur Unterstützung.

Ich habe nichts geschrieben, aber die Beziehungen zu Coffee House wieder aufgenommen, sogar konsolidiert. Das Titelblatt ist, wie ich es mir vorgestellt habe. Ich fange langsam an, mich auf *Routine Disruptions* als Buch zu freuen, das ich ohne zu grummeln und zu dampfen in die Hand nehmen kann. Was die Novelle angeht, werde ich auf deinen Rat hören. Mein Gedächtnis ist furchtbar löchrig. Hoffentlich rutscht er nicht wieder durch. Mein Stress-Stau drückt mich gerade sehr viel weniger und ich bin vergnügter wegen cws Rückkehr für sechs Monate am 11. August.

Alles Liebe, Kenward

Boulder, Colorado
4. August 1998

Lieber Kenward,

oje – sie haben mir wieder einen Scheck geschickt, hundert Dollar, & auch den habe ich eingelöst. Das ist gefährlich. Einige ganz ähnliche Damen in diesem Wolkenkratzer-Appartement haben beschlossen, dass ich in der Sauna so witzig war & dann habe ich ihnen gesagt, wie ich heiße. Dann hat eine von ihnen eines meiner Bücher gelesen. Etwas darin hat sie schockiert. Von da an war ich solo in der Sauna. Peinliche Stille im Fahrstuhl. Ausweichende Blicke vor den Briefkästen.

Ich könnte eine Variation von Dr. Faustus daraus machen. Diese Frau verkauft ihre Seele für hundert Dollar, dann muss sie sich weiße Handschuhe & einen Hut besorgen & zu Matineen im Lincoln Center gehen und im Schönheitssalon blau anlaufen.

Oje. Ich bin wirklich nicht sicher, was ich tun soll. Ohne Übertreibung. Ich bin zweimal von Jobs gefeuert worden, nachdem die Leute meine Bücher gelesen hatten ... Ich sehe, dass Nancy (von der Tinker Association) auf mein Werk nicht vorbereitet ist. Ich mag sie wirklich. Ich weiß, ich würde sie alle mögen.

Ach!

Konfus in Colorado

Boulder, Colorado
14. August 1998

Lieber Kenward,

löchriges Gedächtnis. Nette Art, das Problem zu formulieren. Ich habe qualvolle Stunden bei Toys R Us damit verbracht, Geburtstagsgeschenke für Truman, meinen Enkel, aufzutreiben, fünf Jahre alt. Gott sei Dank habe ich sie nicht per Post geschickt, weil mir – nur, weil ein anderer meiner Söhne anrief und fragte, wann Cody Geburtstag hat – einfiel, dass es Codys Geburtstag war. Mein Enkel Cody ist sechs. Ach, wo Truman Action-Spielzeug gefällt, blutrünstige, explosive Videos, Waffen, Panzer etc., gefallen Cody Chemie-Sets, Astronomie-Bücher, komplizierte Puzzles, wissenschaftliche Experimente. Wenn ich mich recht erinnere, ist Bobbie (vor Jahren) tatsächlich zu einem Hypnotiseur gegangen im Versuch, für ein Buch, an dem sie schrieb, Einzelheiten über Guatemala herauszufinden.

Das ist immer noch die Magie des Schreibens. Ich erinnere mich an eine Person oder ein Ereignis und erst, nachdem ich schon in der Geschichte stecke, tauchen Einzelheiten auf und umgeben die Sätze. Menschen und Lieder geraten hinein.

Habe mit Ed und Jenny [Dorn] wunderbare Streicher und Gitarristen gehört, die Cantrells. Sie haben mich an dich erinnert und an alte Postkarten und Motels. Spielten Sachen wie »In my Adobe Hacienda« und »Slow Boat to China.«

[…]

Ivan hat gesagt, dass er mit dir gesprochen hat … dass du dachtest, ich sei verärgert über den Betrag von Tinker Belles. Au contraire. Es ist ein hübscher Betrag, den ich für Bücher ausgeben kann oder, wie Nancy sagt, für den Schönheitssalon. Ivan denkt, mich störe es, in einer Gruppe mit alten Damen zu sein. Nein, nein. Das Problem ist, dass ich diese alten Damen mag. Ich hatte den Ehrgeiz, in Rente zu gehen und in einem Hotel in New York zu leben und mit anderen alten Damen zu Schrafft's zu gehen. Aber sogar jetzt, als alte Dame, gerate ich in Schwierigkeiten. Vielleicht ist es meine Stimme, die weich ist, und die Stimme in den Texten ist ebenfalls weich und offen, weshalb einige Leute und alle alten Damen *schockiert* sind und sich betrogen fühlen, wenn sie von Sex, Drogen, Mord etc. lesen. Selbst du warst von »Carmen« schockiert. Ich habe zwei

SCHLIMMERE Schocker im neuen Buch. Wie können sie das Buch herumzeigen? Nancy mag mich schon ... wir sprachen lange am Telefon miteinander. Sie ist mir ans Herz gewachsen. Ich konnte mich nicht zurückhalten ... Ich schrieb ihr einen netten Brief, erzählte ihr von dem Reh, das sich jeden Morgen unter dem Apfelbaum aufhält etc. Zweimal habe ich gesagt *Nehmen Sie das Geld zurück*. Aber es war schon ausgegeben! Ich muss bald aufhören, denn es IST eine Beziehung, auf die ich mich eingelassen habe, und ich werde sie alle verletzen.

Das war schon mehrmals ein Problem. Ich hatte einen guten Job bei Gefäßchirurgen, die mich zur Arzthelferin ausbildeten. Großartiger Job.

Die Frau, die die Praxis leitete, las *Homesick*[67] und überzeugte die anderen davon, dass ich gefährlich sei, vermutlich auf der Suche nach Drogen oder verschreibungspflichtigen Medikamenten. Seltsamerweise hatten Leute, die ich gewissermaßen als Figuren benutzte, überhaupt nichts dagegen. Das ist definitiv ein ethisches Problem. Beispielsweise würde ich nie *wirklich* über meine Söhne schreiben. Aber, wie Bobbie über ihren Mann sagt: »Einem Schriftsteller hätte er das nicht antun dürfen.«

Paul Theroux' gemeines Porträt von V. S. Naipaul im *New Yorker* hat mich wirklich angegriffen. Schlechter Stil. Schlechtes Karma. Ich habe mein Abo der *New York Review of Books* gekündigt, nachdem dort das beleidigende Essay von Renata Adler über Pauline Kael erschienen war.[68]

Deine Briefe sind unterhaltsam und rufen mir alle diese Menschen vor Augen. Aber jeder Brief ist auch durchdrungen von der reinsten und erlesensten lyrischen Poesie.

Wann also erscheint das Buch? Das waren sehr gute Kritiken, scharfsinnige Kritiken, nicht bloß positiv. Ich bin froh, dass dir das Cover gefällt. Ich muss bei Black Sparrow Press das Cover von

Martins Frau [Barbara Martin][69] nehmen, wie auch immer es ausfällt. Das für *Homesick* war so schrecklich, aber das für *So Long*[70] hat mir gefallen. Ich bekomme langsam Panik vor dem Buch. Ivan und ich tauschen uns über Unsicherheiten und Baseballergebnisse aus. Letzte Woche fühlte er sich nutzlos. Unausgesprochene Regel ist, dass wir uns nicht zur selben Zeit nutzlos fühlen können.

Wie kommt dein Porträt voran? Du klingst wirklich, tja, glücklich.

Alles Liebe, Lucia

Calais, Vermont
Ende August-Anfang September 1998

Liebe Lucia,

wie aufregend! Ich habe Nancy[71] getroffen! Sie war letzten Samstag beim Bauernmarkt vor dem Montpelier-Gefängnis, wo die Stände aufgestellt werden. Handwerker bedrängen die Züchter. Und da war sie plötzlich – mit ihrem eigenen Tisch voller getrockneter Kränze. Ich muss zugeben, manche waren etwas bizarr – der mit dem Totenkopf aus getrockneten roten Rosenblättern und Dornen: mit einer kitschigen Seidenschleife (auf der stand: *I LOVE LUCIA*, in einer Typo, die an eine Lucille-Ball-Sitcom erinnert) –, etwas zu schelmisch für mich. Sie macht eine Liegekur in derselben, äh, »staatlichen Einrichtung«, in der James Schuyler[72] mehrere Monate verbracht hat – in Waterbury, einer etwa 32 Kilometer von Calais entfernten Stadt.

Die Therapie ist erstklassig, habe ich gehört, und es werden viele Experimente für das künftige Wohl der Menschheit durchgeführt. Die meisten Experimentierenden sind nicht offiziell anerkannt, stammen aus dem Ausland, haben obskure Glaubenssätze und bezahlten für dieses Privileg, damit die Einrichtung einen kleinen Gewinn für »den Staat« abwirft – und natürlich der Nicht-ganz-so-allmächtige-Dollar als Währung oben schwimmt. Das Handelsdefizit untergräbt den nationalen Willen via Consumerismo, meiner bescheidenen Meinung nach.

Zurück zu Nancy.

Einmal die Woche Fleisch ist garantiert und ein frisch gewaschenes Laken einmal im Monat. Die abgesperrten Schlafsäle und vergitterten Fenster (es war früher mal ein Gefängnis, in das Hexen, Zauberer, Bürgerkriegspazifisten und »Schwuchteln« eingesperrt wurden) gewähren hervorragende Sicherheit, sowohl für die Insassen als auch für die nervösen Bürger, denen schon oft genug halluzinierende Nackte ins Gladiolenbeet gepinkelt haben. Die Therapie ist grundlegend und arbeitet gern mit »Channeling« und »Schockbehandlungen«, die die Stromrechnungen in die Höhe jagen. Nancys »Ladenzeiten« – sie durfte keine spitzen Gegenstände benutzen und ihre Anfrage, Skalpell-Kunst zu praktizieren, wurde abgelehnt – haben ihr das Leben gerettet.

Ihre Kränze sind echte Blickfänger und sie darf jeden Samstag »raus«, als Belohnung für gutes Benehmen, um ihre Ware für ein Taschengeld zu verkaufen – die Falten lassen sich jetzt nicht mehr leugnen, und obwohl Coldcream und die üblichen Feuchtigkeitscremes nur mäßig wirken, sind sie doch besser als gar nichts. Ihre neue Frisur ist ein gewagtes Experiment – sie ragt auf eine Seite. Sieht aus, als würde sie eine Tonne wiegen, aber ihr gelingt es, den Kopf gerade zu halten. Die Haare hüpfen, wenn sie aufgeregt ist, aber vielleicht ist die alte *Goldener-See*-Hepburn[73] ein Style-Vorbild für Nancy – »Bommel-Hommage« –, eigentlich sehr rührend.

Ich habe nicht alles verstehen können, aber Nancy hat das Wort »Stress« gezischt, sehr bedeutungsschwanger. Dupe[74] hat wieder verrückt gespielt, und das Rasseln von Schneeketten im Boudoir ist der Konzentration, die Nancy braucht und die sie gewohnt ist, nicht gerade zuträglich, wenn sie Wimpernglitzer, Lidschatten und Rouge aufträgt, und dazu ihren ganz individuellen Falten-Concealer, der vor der Inhaftierung wöchentlich eingeflogen wurde. Barrakudas-Sperma zersetzt sich viel zu schnell zu nutzlosem Brei. Ozeanische Mikrotemperaturen sind ja so schwer zu imitieren.

[...]

Genug für heute. Der Ausflug war rappelvoll mit Erledigungen. In L.A. hatte ich ein Radiointerview mit Michael Silverblatt[75] (der deine Arbeiten liebt!) und habe über mein neues Gedicht »Cyberspace« gesprochen. Zum dritten oder vierten Mal in dieser Show. Etwa nach zwei Dritteln sagt er immer etwas über meine Arbeit, das, nun ja, orakelhaft ist. Das ergibt so viel Sinn und setzt meine Arbeiten in Perspektive, und ich muss mich immer selbst zwicken – warum habe ich das nicht gesehen? Ich habe es ja immerhin geschrieben. Also, das Interview lief gut, genau wie auch die Solo-Show im Beyond Baroque[76], einem ehemaligen Gemeindesaal mit einer Bühne, einer Art Bibliothek/Buchladen und oben einem großen Raum, in dem meine Collagen ausgestellt wurden, insgesamt 13 Stück. An weißen Wänden und gut ausgeleuchtet sahen sie, wie ich fand, großartig aus. Plus, allein auf einer ganzen Wand, drei Reihen seitengroßer Collagen aus *Postcards*.

Nach der Aufführung und nachdem ich wieder in meine normale Kleidung gewechselt hatte (ich trug für Teil II eine Art Clownskostüm), waren nur noch vier Menschen beim »Empfang«: CWs niederländischer »Tutor«, ein Ex-Professor von Vergessen-welchem-Fach (Ethik? Jura?), und drei S&M-Leder-Typen, von denen der Tutor einen im Internet kennengelernt und die Reise nach San Fran unternommen hatte, um zu tun-was-sie-tun, klatsch, klatsch, autsch, autsch. Sie waren okay – ich war froh, dass die Galerie nicht leer war. Ein Tag frei und dann ein Workshop (35 Dollar Honorar) in darstellender Kunst, weil ich zu hochnäsig bin für Auftritte ohne Honorar. Das Solo lief gut, meine Stimme war noch da, und obwohl die zweite Hälfte etwas abfiel – »Cyberspace« ist zu lang –, kamen danach ein paar Leute zu mir und waren völlig begeistert, aber es ist schon echt eine harte Nuss.

[…]

Habe gestern mit Vivy aus Maine gesprochen, und es geht ihnen ganz gut. Einfaches Szenario – das Haus in Maine verkaufen (Immobilienmarkt ist noch immer großartig, also dicke Knete) und nach Calais Palais ziehen. Ein bisschen renovieren, damit es im Winter gemütlich ist. Puh! Die Money-Vibes sind wieder ziemlich genau dort, wo sie sein sollten, im Keller eines kleinen Verlages, und wir können endlich alle wieder entspannt & freundlich sein etc. […]

Und das Sahnehäubchen: Weil ich bei dem Dinner in Calais Palais nicht aufgetaucht bin – ich wollte mein Missfallen über die mangelnde familiäre Unterstützung beim Projekt Mutter-Tagebuch kundtun –, ist mein Diabetes-Arzt-Neffe [Gordon Weir] aktiv geworden. Als ihn meine klagefreudige Schwester in seiner Vermonter Ferienwohnung besuchte, holte er sich von ihr ein Erlaubnisschreiben für mich. Jetzt kann ich also weitermachen mit Mums Tagebuch – und meinem »Zeitreise-Bericht«, den ich letzten Herbst begonnen habe. Entlastung – abgesehen vom Schreiben, auf das ich mich aber freue.

Ich lache immer weiter: drei Uhr nachts, im Bett, beim Abspülen, Küche, egal – deine Soap-Phantasie.

Ich hoffe, deine Studis sind gut zu dir. Und Nancy auch.

Alles Liebe, Kenward

Boulder, Colorado
12. September 1998

Lieber Kenward,

was für eine schöne Überraschung, zu erfahren, dass du unsere liebe Nancy getroffen hast, und wie unbezahlbar, himmlisch der Kranz mit der Nachricht für mich. Als ich den Karton öffnete, kam ein (Willkommens-)Windstoß herein, gerade in dem Moment, als es anfing zu regnen. Der erste Regen nach vielen Wochen ... Winzige Teilchen trockener blauer und roter Blütenblätter flogen in kleinen Tornados durchs ganze Zimmer. Ich sah es als Zeichen, dass sie in Waterbury vor ihrem Hexenbrett stand und versuchte, mich zu kontaktieren, ich hoffe also, dass sie gehört hat, wie gern ich sie habe. Ich habe auch versucht, ihr zu sagen, dass sich die Trockenmilch, die sie an diesen Orten aushändigen, sehr gut als Falten-Concealer eignet. Ich bin sicher, ihr wäre es lieber, wenn ich nicht wüsste, wo sie steckt ... Vielleicht könnte ich ihr anonym eine Tube Hämorrhoiden-Creme schicken, für ein Mini-Facelifting, damit sie gut durch diese Phase kommt. Nett von dir, diesen kleinen Bommel an ihrem Kopf als Hommage auf Hepburn zu bezeichnen. Ich betrachte es eher als Nancys Art, gegen den Strom zu schwimmen.

Ich habe überall nach ihrem lieben Brief gesucht, der dem Scheck beigelegt war. Sie ist wirklich eine echte Dame. Es gibt nicht mehr viele von ihnen. Meine Angst vor ihrer Reaktion auf meine kleinen Geschichten ist verflogen. Nancy könnte einfach nie etwas für unschicklich halten. Selbst unschickliche Dinge würden ihre Anmut annehmen und akzeptabel werden.

Sie hat mich in eine Nähgruppe eingeladen, die sich dreimal die Woche trifft, um Sachen für Leute herzustellen, die weniger Glück hatten (»Das bereitet uns solche Freude«). Und der Herbst-Lunch findet am 13. November in der Junior League statt. Ach, es tut mir so leid, dass ich nicht hingehen kann. (Wirklich.)

Ich wäre so gern mit James Schuyler in Waterbury gewesen. (Er gehört zu meinen Lieblingsdichtern. Ich habe ihn in San Francisco lesen hören, ein historisches Ereignis.)

Ich war eine der Alkoholikerinnen, die nur phasenweise sehr schrecklich wurden, meistens aggressiv oder dem Tod nahe und / oder dem Suizid, und Medikamente gegen Krampfanfälle benötigten. Fand mich immer in der Zwangsjacke wieder oder mit Vier-Punkt-Lederfesselung in der Psychiatrie. Ach, das sind auch nicht mehr die wunderbaren Orte, die sie einmal waren. Früher, vor all diesen Wunderdrogen, vor Chlorpromazin und Haloperidol, waren alle Insassen auf diese oder jene einzigartige Weise verrückt, aber es war okay, verrückt zu sein, alle haben das Bizarre der anderen vollkommen akzeptiert ...

Wir waren dort alle sicher. Intensive Freundschaften, Freundlichkeit. Die ganze Nacht Gelächter. Das einzig Schlimme war, dass man seine Zigarette nur anzünden konnte, indem man sich zu einem kleinen Gitter in der Wand bückte und die Zigarette, fest zwischen die Zähne geklemmt, dran hielt, und ein Bad musste man in fünf Zentimeter tiefem Wasser nehmen, mit einem Wärter, der die Seife hielt. Aber in den darauffolgenden Jahren saßen alle nur in ihren Zellen, mit Gemälden von Georgia O'Keeffe und Monets Wasserlilien an den Wänden, betäubt, und warteten auf die Tabletten vom Medikamentenwagen. Fünfstündige Schachspiele. Den ganzen Nachmittag Bowling schauen.

»Lauber«! Klingt wie die Beschreibung lateinamerikanischer Straftäter oder dieser Typen, die in Seven Eleven abhängen. Es ist wie dieser reizende britische Ausdruck »Tagesausflügler«. Ich hatte noch nie von Laubern gehört, bis ich nach Colorado kam, wo auch ich vermutlich einer geworden bin. Oh, oh. Der Ahornbaum an der Ecke Fifth Street und Alpine Street dreht sich um. Besser als »lauben« ist »bugeln« hier ... auf den Berg gehen, um den Elch zu hören. Aber das muss man gemacht haben, man muss die süßen schwermütigen Rufe gehört haben. Du wartest also auf das Laub und fährst dann nach New York zurück? Es muss jetzt da oben wunderschön sein …

Neulich habe ich etwas über dieses Motel in Las Vegas gelesen und aufwendige Fotos davon gesehen. Es freut mich, dass jemand, von dem es halbwegs vorstellbar ist, tatsächlich dort hingeht. Wer würde freiwillig dort hingehen? Ich meine, ich kann mir vorstellen, dass Leute nach Las Vegas wollen. Ich auch, aber ich würde in dem Hotel wohnen wollen, wo der Vulkan alle vier Stunden ausbricht. Gott, manchmal scheint diese Welt so verrückt zu sein, ich gerate in den Sog der Millenniums-Apokalypse-Angst. Wie kommt es, dass niemand Janet Reno[77] erwähnt? Ihre Haare sollten ihres Amtes enthoben werden. Die ganze Clinton/Monica-Situation ist einfach jämmerlich, einfach nur jämmerlich. Im Waschbecken zu kommen, ist so geschmacklos, dass es kaum zu ertragen ist. Kannst du dir Thomas Jefferson dabei vorstellen, wie er im Waschbecken kommt?

Das neueste Calais-Kapitel hat mir sehr gefallen, sich von Ron und Pat so früh am Morgen zu verabschieden […]

Du musst eine Kolumne haben, täglich oder wöchentlich, in einer guten Zeitschrift.

Entschuldige, dass ich seltener schreibe. Ich bin um sieben Uhr im Bett. Am Freitag habe ich den ganzen Tag geschlafen. Ich werde von Arbeit überschwemmt. Drei vereinbarte Bürostunden haben sich zu sieben ausgewachsen. Die Seminare laufen allerdings großartig. Die Studierenden reagieren mit seitenlangen Texten. Ehemalige Studierende schicken Romane, Drehbücher, Erzählbände. Alle machen ihre Hausaufgaben. Gott, als ich im College war, haben wir draußen in der Pampa rumgeknutscht oder Bier bei Okie Joe's getrunken. Aber diese Kids? Melden sich alle »anwesend«. Sie lassen ihre Hausaufgaben sogar binden. Sie machen sich Notizen. (Über spontane Verrücktheiten, die mir einfallen). Ein paar *großartige, echte* Schriftstellerinnen und Schriftsteller, ein paar ach-Gott-wie-schreckliche Studierende.

Ivan rief gerade an, wurde ein bisschen eifersüchtig, weil ich sagte, ich müsse aufhören, ich würde gerade dir schreiben. »Dann mach nur. Schreib deinen Brief.« Er lässt dich grüßen. Hat den ganzen Tag an seinem Tennis-Aufschlag gearbeitet. Desmond Tutu[78] kommt im November. Ivan und Dawn [Engle][79] wollen ihn fragen, ob er sie nicht verheiraten möchte. Ich kenne sie nicht, aber ich weiß, dass sie seit sehr langer Zeit geduldig in ihn verliebt ist, ihn schließlich davon überzeugt hat, dass er liebenswert ist und sie lieben könnte, also glaube ich, dass sie ziemlich großartig ist. Sie hat auch gesehen, wie gut er sein könnte, wenn sein Talent in die richtige Bahn gelenkt würde. Sie machen konstruktive, eigentlich innovative Programme mit diesen PeaceJam-Projekten und jungen Leuten.

Oje. Es ist sieben Uhr. Dornröschen-Zeit.

Danke für die Freude, die du mir mit dem Kranz und den Neuigkeiten über Nancy gemacht hast.

Alles Liebe, Lucia

Boulder, Colorado
10. Januar 1999

Lieber Kenward,

zuerst muss ich dir erzählen, dass ich wirklich miese Winterferien hatte. Nicht zu arbeiten, hat die Schmerzen im Rücken nicht erträglicher gemacht, und ich habe die Kortisonspritze in meine Wirbelsäule nicht bekommen. Der Arzt hat mich zu immer neuen Untersuchungen geschickt und schließlich ins Krankenhaus überwiesen … wegen Warfarin konnten sie keine Myelographie machen, wofür zwölf Nadeln nötig sind, um Platz zwischen den Wirbeln zu finden … musste erst davon runterkommen und auf Heparin gesetzt werden für andere Untersuchungen. Die gute Nachricht ist, dass ich im März operiert werde (muss mich um die Studierenden kümmern, eine Vertretung finden und das mit den Frühjahrsferien koordinieren). Sie bauen irgendeine Art von Stützen und Haltern ein, die sie irgendwo festschrauben, um den permanenten Druck von den Nerven zu nehmen. Ich bin unendlich erleichtert, dass ich davon erlöst sein werde. Ich war ernsthaft niedergeschlagen, unfähig zu schreiben oder rauszugehen etc. Riesige Wellen von Selbstmitleid. Normalerweise verbringe ich Weihnachten bei den Dorns, aber sie waren in England, nur ein Sohn hat angerufen (die anderen verständlicherweise mit Kindern und Familien). Ich hatte Heimweh, war pleite, weil ich ein Vermögen für Akkupunktur und Massage ausgegeben hatte, was sich gut anfühlte und den Muskelschmerz linderte, nur die Nerven nicht erreichte. Nichts davon zahlte die Versicherung, weshalb das Ersparte weg und die Kreditkarte überzogen ist. Weh mir … und ich werde im Sommer nicht nach Hause fahren können. Habe kein einziges Wort geschrieben.

(Und mein Buch … die Fahnen sind nicht gekommen. Der Mann, der die Seiten setzte, ist gestorben und Graham MacIntosh hat noch keinen Nachfolger gefunden, also, weiß Gott, was *daraus* wird.)

Ich glaube, du kannst dir nicht vorstellen, wie froh ich über das Stipendium war. Ich werde es nicht als unverdient empfinden oder beschämt sein oder diese unglaubliche Himmelsgabe aus irgendeinem *Gedanken* heraus, wie ich ihn früher hatte, nicht annehmen. Danke dir aus tiefstem Herzen. Ich werde häusliche Hilfe brauchen, muss einen Teil der Krankenhauskosten bez… Ich muss im Sommer nach Hause zu meiner Familie fahren. Wir unterhalten uns und sprechen miteinander. Ich glaube, weil ich mich in diesen Ferien einsam und krank gefühlt habe, vermisse ich sie sehr.

Es ist nicht schlimm, dass Geld so viel bedeutet, es ist einfach eine Tatsache, dass Geld viele Sorgen lindert. Ich spüre eine große Erleichterung, eine ungeheure Dankbarkeit. Ich fühle mich nicht einmal unwohl angesichts meiner Verwirrung darüber, ob ich es wegen meiner Arbeit bekommen habe oder weil du ein Freund bist. Deine Briefe und deine Arbeit haben mir in diesen letzten Jahren so viel Freude und Liebe gebracht, dass auch das ein Geschenk deiner Freundschaft ist.

Jedenfalls bin ich sehr ermutigt ... bereit für die Uni morgen. Neue Notizbücher. Neue Radiergummis und Socken. Brotbüchse. Ich habe einen großartigen Brief vom Dekan bekommen, in dem meine Vertragsverlängerung für vier Jahre bestätigt wird.

Auf zum Kopieren des Lehrplans, so lange niemand den Kopierer benutzt (Sonntag). Ich hoffe, euch beiden geht es gut. Warst du beim Arzt? Mein Vorsatz fürs neue Jahr ist immer der gleiche (Diät) ... *gebrochen*. Im letzten Jahr bestand er darin, Faulkner zu lesen, und das war ein Vergnügen. Dieses Jahr Dante und weder über meine Gesundheit zu reden (gebrochen, siehe oben) noch über das Wetter.

Hast du *Shakespeare in Love* gesehen? Was für ein Vergnügen. Ich möchte es noch mal sehen, mit geschlossenen Augen wegen des großartigen Dialogs. Wie gut der Film das Schreiben »verstanden hat« und das Theater. Die Stille, als das Stück vorbei war.

[...]

Netter Brief von Nancy. Sie gehen nächste Woche alle zusammen in den Botanischen Garten.

Nochmals danke ... alles Liebe, Lucia

New York, NY
9. Februar 1999

Liebe Lucia,
in zehn Minuten ist der Haferbrei fertig, sagt CW. Warm draußen, Freitag. *Lizzie Borden*[80] kommt in die Gänge – genau der Stress, den ich mag.

Nächsten Dienstag eine Benefizveranstaltung, bei der ich als Librettist schmarotzen kann. Alles, was ich tun muss, ist, mich vom Tisch zu erheben, wenn der Komponist Jack Beeson[81], *moi* erwähnt. Ich werde hören, wie die mysteriöse Diva, die die Stiefmutter aus der Hölle spielt, Laurie Flanigan[82], ein paar Arienproben singt, zusammen mit unserer Lizzie, die großartig ist und die ich vorletzten Sommer in Cooperstown, NY, gehört habe, wo die Produktion probeweise lief.

Heute habe ich mit einer Dame gesprochen, die verantwortlich ist für eine Werbeproduktion, nächstes Wochenende, zwei Abende nacheinander im Guggenheim-Museum. Ich bin Teil von Diskussionsrunde Nr. 1, Komponist, Librettist & jemand, der Dramaturg genannt wird. Ich hasse das Wort Dramaturg. Es klingt wie *turgid*, schwülstig. Schwulstdrama: Genau das, was sie entweder sklavisch durchsetzen wollen oder sklavisch versuchen abzuschaffen. Dramaturgen sind zwielichtig: Ästhetik-Cops. Buh!

[…]

Haferbrei-Pause. Lääääcker. Gespräch mit CW über Ginsberg versus Ashbery[83] – über die Frage, ob Lyrik als »Wert« die Gesellschaft verbessern kann, offen oder verdeckt.

Zurück zur Opera.

1966 (?) wurde unsere Oper lanciert. Jack war damals so verwirrt von der eindeutig unamerikanischen Fremdartigkeit des griechischen Nachnamens eines renommierten, damals sehr gefragten Theaterregisseurs, [Michael] Cacoyannis, dass er prompt den falschen Griechen kontaktierte, [Nikos] Psacharopoulos – der nur die Sommeraufführungen gemacht hatte und völlig verblüfft war, dass ihm dieser Traumjob angeboten wurde –, & er erwies sich als goldrichtig für *Lizzie Borden*.

Jack ist wild entschlossen, wieder einen Spiegel in die Szene zu packen – einen Spiegel, den Lizzie zerschlagen kann, auf der Bühne, damit das Blut zum ersten Mal wirklich spürbar wird, vor dem Mord. Die Regisseurin & der Bühnenbildner (insgesamt super) haben ein visuelles Konzept – ein abstrakter Raum mit minimalem Alltagszeug. Vorletzten Sommer war ich zuerst kritisch gegenüber dem Minimalismus, aber Ann Lauterbach[84], mein Date, hat mich überzeugt, diese Verschiebung anzunehmen. Denn sie baut Spannung auf, Szene um Szene, so, dass das Licht, wenn Lizzie zum Mord-Schlafzimmer hinaufgeht, einen gruseligen Treppenschatten wirft, der das leere »Wohnzimmer« einnimmt – ein so einfacher, aber umso größerer visueller Triumph – und furchtbar verstörend: nahende, labyrinthische Schatten.

Also kochen die Konflikte langsam hoch – Proben beginnen am Montag. Ob sie »offen« sind oder nicht, ist noch unklar, »offen« im Sinne von: für Autoren. Hey, das sind wir. Ich liebe die Proben heiß und innig – aber diesmal fühle ich mich bisher seltsam passiv. Auf gewisse Weise würde ich am liebsten zum Eröffnungsabend gehen, fertig, und sonst gar nicht involviert sein. Ich habe das Stück über die Jahrzehnte schon in mehreren Produktionen gesehen, außerdem bei der ersten Fernsehausstrahlung. Ich freue mich, dass es aufgeführt wird & gut aufgeführt wird, aber ein Teil von mir möchte sich nicht mehr dafür verantwortlich fühlen. Wahrscheinlich werde ich mich später mal zu den Proben mogeln. Jack & die Regisseurin Rhoda Levine[85] verstehen sich nicht (siehe Spiegel oder kein Spiegel). Aber er ist ein großartiger Theatermann – vielleicht nicht unbedingt für Komponisten (und auch unter Lyrikern fraglich) – & hat es verdient, dass man ihn anhört. Schluss mit dem Operngequatsche.

Danke für die große Valentinstagskarte, so schön, ein Bild von dir zu bekommen – und noch dazu so ein hübsches. Ich habe vor Patty damit angegeben, die für einen Spinatsalat aus dem Kellerarchiv aufgetaucht ist. Sie fand, dass du genauso aussiehst, wie sie sich dich vorgestellt hat.

Bin gerade mit der Transkription eines weiteren Mutter-Tagebuchs fertig geworden, dichter diesmal, es passiert mehr als in dem davor. Eine Seite ist wirklich stark: Der Bruder von Joseph Pulitzer begeht Selbstmord. Ihre Gouvernante (nur »Madam« genannt) zeigt ihr einen Zeitungsbericht, der das Begräbnis erwähnt: nach jüdischem Brauch. Zuerst: große Scham, dass »alle« es wissen. Dann große Wut über die Vorurteile.

Ich hoffe, die Rücken-OP läuft problemlos ... und dass du einen schönen Valentinstag hattest!

Alles Liebe & *happy Valentine*
Kenward

Boulder, Colorado
26. März 1999

Lieber Kenward,

ich fühle mich geehrt, dass du mir die schöne, schöne Collage von Lizzie und das Gedicht geschickt hast & den Brief,[86] der selbst als kleiner Gedichtband veröffentlicht werden könnte. Ich habe ihn wieder und wieder gelesen. Das Gedicht ist reizend, seine Form ausgefallen. Die Graphik ist zart und verträumt und fängt genau das ein, was mir an Lizzie am prägnantesten erscheint ... ihre lyrische Zartheit, als sie zum Beispiel ihre Schwester beschützte und besonders in dieser unglaublichen

Szene, in der die Sprache fällt wie Blätter, sanft, sanft, bevor sie still in Wut gerät.

Ich bin so froh, die Entstehung mitverfolgen zu können und es dann wiederzulesen.

Ich hasse dieses Altwerden und die Vergesslichkeit. Das ist jetzt wirklich das Einzige, das nicht zu akzeptieren ist. Ich wäre in der Lage gewesen, dir deine Zeilen auswendig wiederzugeben, seitenlang. Wunderbare Refrains ... der Vater, verdammt! Und Lizzies so *feine (ich habe keine Worte)* Magie, ihre schönen Visionen, die sich so subtil in Wahnsinn verwandeln.

Ich wünschte, du hättest Beverly Sills[87] (*Schrills*) eine Torte ins Gesicht geschmissen. Oder einfach ihre unglückliche Frisur eingeweicht. Entschuldige, aber ihr taubes Kind ist eines dieser kranken Details, die mir gefallen. Was für eine Diva ... Sie wollte auch keine der anderen Frauen hören, die ziemlich interessant waren.

Ich mochte die Mehrdeutigkeit des letzten Kusses zwischen dem Vater und Lizzie. Dieses Stück hat eine gesamtamerikanische Dimension von Unterdrückung und Einsamkeit und Sühne.

Die Oper von Lizzie gefällt mir. Es ist eine echt amerikanische Oper und unsere amerikanischen Heldinnen sind wild wie Medea oder Aida. Mochte Jack in *America*, all die schäbigen Orte, die er erwähnt! Unser Land! Aber *Lizzie* ist so amerikanisch und spielt sich täglich wieder und wieder ab ... Frauen, die ich im Gefängnis unterrichtet habe, waren Lizzies. Unsere puritanische Lieblosigkeit schreit nach vierzig Schlägen. Ach ... zuerst dachte ich, dass das Ende nicht an dieser Stelle sein sollte, dass es mit den Schreien hätte enden sollen, aber die kindlichen Singsang-Liedchen waren von exquisitem, träumerischem Pathos. Perfektes Ende. Die Kulisse war göttlich, Farben perfekt ...

Also, ich habe es sehr genossen, war sehr davon berührt. Danke dir nochmals für Brief und Gedicht, jetzt, da ich sie gesehen habe, sind sie für mich noch reicher.

Es war so wunderbar, das Interview anzuschauen! Du mit dem sehr interessanten Medaillon und einem teuflischen Grinsen, Jack war großartig, aber jedes Mal, wenn er loslegte, hat die Interviewerin dazwischengefunkt.

Mein Name war immer ein Problem. Meine Mutter, aus Texas, wäre gern Schauspielerin geworden, und als ich geboren wurde, nannte sie mich Lucia Barbara. *Lu-chi-a* wie in *di Lammermoor*, Barbara von Barbara Stanwyck.[88] Mein Vater kam von Nome heim nach Juneau und sagte, er würde mich nicht Lu-chi-a nennen, sondern Loosha. Also sprachen mich beide für den Rest meines Lebens in ihren Versionen an, und als Kosenamen benutzten sie »kleine Lu«. In El Paso und später in Chile nannten mich die Lateinamerikaner alle Luceea.

Mein erster Ehemann und der zweite griffen auf die LOOSHA-Form zurück, weshalb mich meine alten Freunde, Bobbie, [Robert] Creeley[89] etc., aus dieser Phase immer noch Loosha nennen. Buddy, der viele Jahre in Spanien gelebt hatte und mit dem ich jahrelang in Mexiko lebte, nannte mich Luceea. Da ich in Südamerika auf alle drei Namen hörte, hatte ich nie ein Problem damit, also nennen mich viele italienische Freunde oder Opern-Liebhaber Lucheea, und schwedische etc. nennen mich Loosha. Es gefällt mir, wie LOOSHA geschrieben wird, und es klingt freundlich und intim, wie Loofa oder Mushy.

Ich unterstütze Michael Price, Dale Smith und Hoa Nguyen seit Jahren.[90] D. S. hat ausnahmslos gute Zeitschriften mit neuen Texten herausgebracht.

Ich bin noch nicht ganz auf der Höhe, nicht mal auf der Höhe der Zeit … eigentlich bin ich zu lange wach gewesen.

Will das abschicken. Werde bald weitermachen.

Alles Liebe, Loosha

Calais, Vermont
13. Juni 1999

Liebe Loosha,

noch vor der Dämmerung, die Vögel zwitschern schon, wilde, nächtliche Katzenverfolgungsjagden, die jetzt verstummen, hellwach um zwei Uhr nachts, wild entschlossen, das Chaos im Außenhäuschen anzugehen.

Der New Yorker Operndirektor hat angerufen (Anrufbeantworter funktioniert dank Ron Padgett wieder) – wo ist das Skript? Alles, was er hat, sind die *Postcards-on-Parade*-CD-Songs plus der »Suicide Rap«, keine Dialoge, er weiß also immer noch nichts über die Story. Vor allem nichts darüber, wie sich Tim & Kevin kennenlernen.

Also habe ich es jetzt schließlich, aufbauend auf mein Einpersonenstück, etwas ausgeweitet, inklusive »Minimal«-Material aus der veröffentlichten Version, die einfach zu dicht ist für die Bühne. Ich schäme mich ein bisschen, weil ich so hemmungslos war und nichts gekürzt habe. Gedruckt sieht es okay aus, bringt eine gewisse Energie aufs Papier, aber ein Theaterpublikum treibt es sicher in den Wahnsinn. Mich auch, mit diesem ganzen Geschwätz. Die Gewohnheitssünde des Dichters, weitschweifige Worte aus dem Schauspielermund. *Mea culpa.*

Gestern die Überarbeitung abgeschlossen. Sehr befriedigend, alles Überflüssige auszumerzen, was an manchen Stellen dafür gesorgt hat, dass der verbleibende Text an Kraft gewinnt, als Theaterstück. Überraschend – unerwartet. Ende des Techno-Shop-Blabla.

Zwei Backenzahnlücken mit eingebetteten Implantaten machen Ärger, also reise ich nach NYC, um die Implantate »freizulegen« – aber eigentlich, um herauszufinden, ob man was gegen den geschwollenen Gaumen, das Wundsein im Mundraum und die leicht wackligen falschen Zähne oben machen kann. So eine kleine Körperregion, ABER ...

Ich habe sehr viel mehr Beinarbeit, Haushaltspflichten & Einkäufe erledigen müssen, und ich habe angefangen, im Teich schwimmen zu gehen. Der beste Teil des Tages – Versenkung. Hirnverspannungen verschwinden. Ruhiges Wawa-Glück. Zuckerwerte gesenkt, jetzt normal.

Morgen schicke ich das *Postcards*-Skript weg. FedEx, und hoffentlich, hoffentlich kann ich, wenn ich in NYC bin, den Operndirektor treffen und den Regisseur, den er im Sinn hat, namens Worth Gardner. Er stammt aus Texas, mehr weiß ich nicht, und ich wünschte, ich hätte dich dabei für deine schnelle Texas-Prüfung. Ich hoffe & bete, dass das neue Manuskript NICHT die positive Reaktion aus NYC auf die Songs der CD dämpft.

Ron Padgett liest *Was ich sonst noch verpasst habe*, von unten ausgeliehen. Er ist streng und seine erste Reaktion ist: gutes Zeug. Besonderes Lob für das Ende der Arztpraxis-Verschleierungsgeschichte[91] – Ron mochte es sehr, dass der Mann die Tarn-Schwester trifft und eifersüchtig wird auf all die Dinge, die seine Frau & der angebliche Liebhaber zusammen gemacht haben.

Die Platzierung der Geschichten ist, wie ich finde, meisterhaft. Dein Œuvre ist mittlerweile so stark. Wer sonst hat eine ununterbrochene Folge von Kurzgeschichten, die dastehen wie eine Eins, wie mein texanischer Mitkomponist Claibe sagen würde. Du bist deine eigene Nische. Früher mal Kathy Mansfield. Dotty Parker. Und Tru[man Capote]. Aber Letzterer ist zum Romangenre übergewechselt, Kriminalliteratur & gute Lyrik schreiben, z.B. *I Never Has Seen Snow* (Musik von Harold Arlen, aus ihrem gefloppten Musical, gute Partitur, *House of Flower*[92], basierend auf seiner Geschichte über Bordelle auf Haiti. Und Unschuld).

Deine Texte sind so stark. Ich kann kein Wort mehr von Elizabeth Bishop[93] lesen – Prosageschichten. Unfair ihr gegenüber. Also bin ich zu Ivy Compton-Burnett[94] übergelaufen. Meine Güte, so gut! Verdrehte englische Tempi, sehr lustig und niedlich. Über eine Jungenschule und die Lehrer. Pastoren & Direktoren. Spitzendialoge. Wie die eine Geschichte von dir, die als Stück begann. Ach, Namen vergessen. Deine Dialoggeschwindigkeit ist so hoch: Erstaunlich. Und alles so lustig! Jedenfalls will ich wegen Ivy mehr Henry Green lesen.

Gedicht wurde von dem *First Intensity*[95]-Typen angenommen, habe es ihm eigentlich nur geschickt, weil er okay sein muss, wenn er dich druckt. Netter Zusagebrief – Ausgabe von Ostern 2000. Er hatte schon von dir gehört (habe deinen Namen in meinem Begleitbrief fallen lassen, um ihm zu seinem Geschmack zu gratulieren) – und er hat sich so darüber gefreut.

Keine Bootsfahrten mehr seit CW vor fast einer Woche abgereist ist. Aber Spaziergänge mit Patty und Schwimmen allein. An einem Spätnachmittag bin ich zu A Single Pebble gegangen. Chinesisches Essen. Der Koch und Besitzer ist ein genialischer Perfektionist, und alle Gerichte sind unglaublich raffiniert – von einer Kroneder-Schöpfung-Komplexität. Ich lade Ron und Patty zu Rons Geburtstag, Donnerstag vor NYC, dorthin ein. Vielleicht gibt es diese Provinz-Trouvaillen jetzt in jedem Kaff, aber das bezweifle ich eigentlich. Theoretisch zieht Vermont schräge Vögel an, die das, was sie tun, ganz hervorragend machen. Und bisher sind die Mieten nicht so hoch, als dass sie sich präsentieren und vermarkten müssten, um ihrer Berufung folgen zu können.

In Restaurants verfalle ich in tiefe Genuss-Trance (manchmal auch im Theater oder beim Musical) – selten allerdings – aber genau das ist bei A Single Pebble passiert. Ein köstliches Essen ohne Begleitung ist unschlagbar. Wenn ich mit jemandem zusammen esse, sind die Genuss-Trancen nicht so hypnotisch, meine ich, außer es ist eine Liebes-Trance, was großartig ist, aber ablenkt: Prioritätenclinch.

[...]

Jetzt ist es Nachmittag. Netter Spaziergang mit Patty, diesmal im Wald, wo Harold Spazierpfade angelegt hat, kühl und schattig dank der Äste darüber. Eine gefallene Kiefer hat uns den Weg versperrt, wir sind umgekehrt und hinauf zu Joes Stein gegangen. Und zurück.

Patty hat sich auf meinem Computer eine Archivliste angesehen. Sie hat ursprünglich nach *Beggar's Holiday* gesucht, ein Musical (aus den Vierzigern), für das John Latouche[96] den Text und Duke Ellington[97] die Musik geschrieben haben. Der Regisseur, der *Postcards on Parade* übernimmt oder auch nicht, führt drei Musicals pro Jahr auf (mit dem Buch in der Hand, zwei Aufführungen, szenische Lesung) – vergessene Begegnungen, *blasts from the past*[98]. Ich habe ihm gegenüber dieses Stück von Latouche & Ellington erwähnt, und er will das Skript sehen, das ich irgendwann vor Urzeiten überarbeitet habe.

Mittags gab es Burger & heimische Himbeeren. Ein bisschen im Gras gelegen.

Was für ein milder Sonntag. Muss unbedingt aufräumen! Ich habe den Loteria Bird gegen meine Eiffelturm-Collage gelehnt, die mir mein mysteriöser Dichter/Verleger aus San Francisco geschickt hat – zusammen mit einer mittlerweile gerahmten, sehr schönen Collage hängt sie jetzt am Ehrenplatz über dem Kamin. Mir ist aufgefallen, dass viele Sieben und Nullen zu sehen sind, formal, aber ich habe nicht über die »Bedeutung« nachgedacht. Als ich das Werk den Padgetts gezeigt habe, ist es mir endlich, endlich aufgegangen:

70, Dummie. Geburtstagsgeschenk zum 70.! 70. *Capisce?*

Mucho Love, Kenward

Boulder, Colorado
16. Juni 1999

Lieber Kenward,

wirklich aufregend, dieses ganze Gerede über Impresari und Regisseure. Mir gefällt es nicht, wenn du dich darum sorgst, ob du »maßlos« bist. Du *kannst* kein Blabla schreiben, also kürze nicht zu viel. Andererseits gefällt mir dein Schreiben vielleicht deshalb, weil du alles außer dem Klarsten gekürzt hast … Wie gut, dass du an all dem arbeitest. Ist es nicht ein großes Glück, dass wir diese Qual und diese Freude im Leben haben? (Ich meine, wenn wir Fänger beim Baseball wären, würden wir jetzt nicht über Impresari oder Perspektiven nachdenken.) Wir wären zu alt, um uns Sorgen über Baseball zu machen!

Gute Nachrichten, dass du im See schwimmen gehst. Schwimmen ist für uns das beste Training. Ich schäme mich zu sehr, um mich in der Öffentlichkeit auszuziehen, und dann verfängt sich ein langer Sauerstoffschlauch in Kindern, Wasserbällen etc., also habe ich neulich nach einem einsamen See außerhalb von Boulder gesucht. Hab mich komplett verfahren. Unten in einer Schlucht mit Wäldern und Sümpfen. Ich bin ständig wahllos abgebogen in der Annahme, ich würde nach Westen fahren, in Richtung der Berge, denn das Beunruhigende war, dass ich NICHT EINEN EINZIGEN BERG SEHEN KONNTE. Endlich kam ich an ein großes Stück grünes Weideland mit fünfzehn oder zwanzig reinrassigen Pferden, die umhergaloppierten oder nur majestätisch herumstanden. Blue Cloud Ranch, die ich nie wieder finden werde, tja. Ich brauchte etwa eine Stunde, um die Berge ZU SEHEN, und sie waren anders: Nadelbäume und Blockhütten. Ich war an einem Ort, der HYGIENE hieß. Alte Bahnstation, an der Tuberkulose-Patienten ausgestiegen waren und sich in Schaukelstühle setzten. Ich wäre ein Weilchen geblieben, hatte aber kein Benzin und keinen Sauerstoff mehr, also wurde es eine beängstigend lange Fahrt nach Hause. Tut mir leid, dass ich so lange schreibe, nur um zu sagen, dass ich keinen See gefunden habe.

Dann hat die Wunderdroge, die gegen die Arthritis-Schmerzen helfen sollte, etwas Schreckliches mit dem Blutverdünner Warfarin gemacht. Ich wollte zur Lesung von Joanne Kyger, als ich Nasenbluten bekam. Überall hin ... sieht aus, als wäre ich mehrmals durchs Zimmer gerannt und hätte jeden Gegenstand aufgehoben und mich über jedes Buch gebeugt. Ich werde einfach in meiner ganzen Küche gelbes Tatort-Klebeband anbringen. Alle Telefonnummern sind blutig. Stunden in der Notaufnahme. Sie haben mich wieder und wieder tamponiert und mit Kokainspray behandelt, der mich zwei Nächte lang wachgehalten hat. Die liebe Bobbie Louise kam und unterhielt sich mit mir, bis sie mich endlich aufgenommen haben ... Nette Leute, trotzdem war es schrecklich. Ich habe versprochen, im Bett zu bleiben, und so durfte ich gestern Abend nach Hause.

Ich habe also ein paar gute Sachen an der Naropa verpasst ... Lee Ann Brown, Kevin Killian, Creeley und [Michael] Ondaatje. Joanne und Donald [Guravich], Bobbie waren am Wochenende vorher zum Mittagessen da,[99] wunderbarer Nachmittag, du wurdest liebevoll erwähnt.

Danke für die herrlichen Postkarten und die netten Kommentare zu meinem Buch. Einige Leute finden es »hart« oder »rau«. Viele sind schockiert, wie ich befürchtet hatte.

Ich verehre Henry Green. Ich unterrichte *Leben / Lieben / Die Gesellschaftsreise* fast jedes Jahr, aber ebenso Elizabeth Bishop. Ich habe ihre Bücher so viele Male gelesen, dass die Namen auf dem Bucheinband abgerieben sind. Ich beginne einfach ganz links und lese sie alle paar Jahre einmal ganz durch. Ich würde alles geben, um so feinsinnig schreiben und es überhaupt buchstabieren zu können, auch das. In einem ihrer Bücher (Witwe trifft Mann im Zug aus Italien) geht sie die Treppen hinauf und ihr toter Mann ebenfalls. Diese seltsame Anmerkung ist der *einzige* Hinweis auf ihre anhaltende Trauer, und doch ist ihr Schmerz wahrhaftig und präsent. Ich bin so plump, ich wäre so gern wie Bishop. Ich werde mir Ivy Compton-Burnett anschauen.

Du weißt, dass Max in *Die Gesellschaftsreise* Prinz Aly Khan ist? Das gefällt mir, denn als Nymphchen in Chile bin ich ihm auf einer Party begegnet, und er hat tatsächlich meine erste Zigarette angezündet (die ich für diese Gelegenheit geschnorrt hatte).

Mir ist nicht klar, ob Lee in *First Intensity* ein Mann oder eine Frau ist. Das ist schön, und es ist eine gute Zeitschrift. Ich werde nicht ins Grübeln darüber geraten, dass ich nicht schreibe. Das Projekt für den nächsten Sommer ist Gesundheit. Wenn ich bloß einen See finden würde, verdammt. Ich sage dir Bescheid …

Es gefällt mir, solo zu Abend zu essen und solo ins Museum zu gehen. Aber nichts ist schlimmer, als solo ins Theater oder ins Kino zu gehen. Sich solo zu verfahren, war aufregend. Die galoppierenden Araberpferde … ich konnte ihnen zuschauen, so lange ich wollte, ohne ein Wort.

Viel Glück mit deinem Manuskript. Ich hoffe, deinen Zähnen geht es wieder gut. Freut mich, dass du mit Patty spazieren gehst.
Alles Liebe, Lucia

Boulder, Colorado
3. Juli 1999

Lieber Kenward,

danke für deine göttlichen Karten. War kränklich und trübsinnig, dann kommt die Post, und ich lächle, ändere mein Tempo.

Habe die reizende Ann Lauterbach kennengelernt, aber leider sowohl einen, wie ich hörte, exzellenten Vortrag, als auch die Lesung verpasst. War am Dienstag auf einer Lesung … warum lassen sie so viele Leute lesen und so lange? Kam am nächsten Tag nicht aus dem Bett. Gestern war ich morgens unterwegs, um neue Reifen für meinen Rollstuhl zu besorgen … und den Besuch von Sohn und Enkel nächste Woche vorzubereiten. Zoo, *Ozeanische Reise* etc. Habe ich dir erzählt, wie ich mich vor ein paar Wochen auf der Suche nach dem Boulder Reservoir verfahren habe? Tja, diesmal passierte es auf derselben Straße, nur in die andere Richtung. Letztes Mal landete ich in Hygiene, Colorado, diesmal in Lafayette, hungrig und müde, und hinterher machte ich ein Nickerchen, aus dem ich erst um neun Uhr abends erwachte und damit ihre Lesung verpasst hatte, auch Clark Coolidge, Bill Berkson etc.[100]

Heute habe ich mir eine Landkarte besorgt. Ach. Der Rollstuhlladen hatte vergessen zu sagen, dass ich an der Spine Road abbiegen muss. Komisch genug, einen Rollstuhlladen zu haben … der einzige mit neuen Reifen … verdammt weit draußen auf dem Land, aber ich bin rechts von der Jay Road abgebogen (auf halbem Weg nach Longmont … Kühe, Pferde, alte Pick-ups vor Scheunen aufgebockt), dann bog ich links in die Spine Road. Fuhr und fuhr, und da, wie aus *Der Zauberer von Oz*, wie eine Oase von David Lynch, tauchte diese Siedlung auf, kirschgarten-estates. Ein verschlungenes Labyrinth aus blassblauen, zweistöckigen genau gleich aussehenden Häusern, an Straßen, die im Kreis verliefen und einander kreuzten. Die Straßen hießen Cherry Orchard Street, Cherry Orchard Lane, Cherry Orchard Circle, Cherry Orchard Drive. Auf meinem Papier stand *Cherry Orchard* bend.

Nun hatte ich mir eine Einkaufsstraße mit einem Geschäft für medizinische Artikel oder so was vorgestellt, aber 5778 sah genauso aus wie alle anderen, dieselben Petunien auf der Veranda, großer suv in der Einfahrt. Keine Menschenseele in Sicht, auch nicht während meines Herumkurvens. Unheimlich. Was machen die alle da drin? Ich klingelte in der Erwartung des typischen Vorstadt-Wohnzimmers mit Hausfrau, aber dann öffnete dieses Flittchen im blonden Siebziger-Jahre-Hochsteckfrisur-Look die Tür. »Sie sind die, die angerufen hat, ich dachte, Sie wollten gestern kommen. Halt's Maul, Rock!«

Die hintere Hälfte des Wohnzimmers öffnete sich zu einem Hundeauslauf, nicht durch eine Balkontür, sondern durch ein offenes Garagentor … Im hinteren Teil des Wohnzimmers standen vier Zwinger mit Pitbulls darin. Ein Stuhl und ein Computer auf einem Schreibtisch. Eine überraschend üppige und hochgewachsene Geranie, etwa sechzig Rollstühle, und natürlich bellten mich alle vier Pitbulls an. »Er kommt gleich runter. Setzen Sie sich auf diesen Stuhl«, sagte sie, was ich tat.

Wow. Als er kam, dachte ich, o mein Gott, das ist alles eine Fassade für ein Methamphetamin-Labor. Ein unrasierter, übernächtigter, tätowierter, langhaariger Biker-Typ trampelt die Treppe runter und sagt: »Ich mache um zehn auf.«

»Na ja, es ist elf.«

»Dann öffne ich heute um elf. Was wollen Sie?« Ich zeigte ihm meinen Rollstuhl, den ich mit viel Mühe hereingeschoben hatte, den Sauerstofftank ebenfalls mitschleppend. »Ich brauche neue Reifen. Im Fahrradladen haben sie gesagt, sie sind zu alt und rutschen von den Felgen.«

»Sie müssen nur aufgepumpt werden«, sagte er.

»Aber sie wurden aufgepumpt.«

»Tja, pumpen Sie sie mehr auf … mit diesen Reifen ist alles in Ordnung.«

Also dankte ich ihm für seine Zeit, fragte ihn aber, ob er mir helfen könnte, den Rollstuhl zurück ins Auto zu bringen. Er nickte, als wollte er sagen, alles, Hauptsache sie verschwindet. Ich ging raus und wartete beim Auto. Er kam nicht ... also ging ich zurück. Er hatte die (eigentliche) Garagentür geöffnet und pumpte die Reifen auf. Ich war ziemlich gerührt von seiner Ritterlichkeit. »Oh, haben Sie vielen Dank.«

»Scheiße, diese Reifen rutschen direkt von den Felgen. Sie brauchen neue Reifen, diese hier sind verschlissen.«

Also kamen wir überein, dass er neue aufziehen würde. Er sagte, ich solle am Abend wiederkommen. Geht nicht, wie wäre Montag? »Nein, 4. Juli. Kommen Sie am Dienstag.« Aber inzwischen hatte sich dieser Teufel und potenzielle Kettensäge-Mörder vor meinen Augen *verwandelt*.

In seiner Garage standen alle möglichen Arten von Rollstühlen ... wirklich komplizierte für Tetraplegiker mit funktionierenden Computern, die ihnen mithilfe eines Stabs an der Stirn das Reden ermöglichen, Stühle, die man mit einem Ding zwischen den Zähnen steuern kann, alle möglichen komplizierten und ausgeklügelten Vorrichtungen, die er für Menschen im ganzen Land herstellt. Menschen, die eigentlich nicht kommunizieren, geschweige denn durch die Gegend fahren können, sind in der Lage, alles Mögliche mit diesen Stühlen zu machen, zu telefonieren etc. Ich hatte nicht die Gelegenheit, mich umzuschauen ... sah aber genug, um zu verstehen, dass er ein echtes Genie war. Das *Gelbe vom Ei*. Wow. »Ich komme Dienstag«, sagte ich, aber er war schon reingegangen und brüllte die Hunde an.

All die Häuser ringsum sahen gleich aus ... Ich machte mich davon, bog links von der Spine in die Jay Road ab und dachte, so würde ich nach Hause kommen, aber ich fuhr und fuhr, und nirgendwo waren Berge. Ich war auf dem Weg nach KANSAS.

Kam aber an die Naropa zum Abschluss-Colloquium. Ann Lauterbach war großartig, liebenswürdig. Ich habe nicht mit ihr gesprochen oder ihr auch nur gesagt, warum ich alles verpasst hatte.

Lernte aber Elaine Equi kennen, die ich seit Jahren verehre, und Jerome Sala.[101] Seit sie in Barney und anderen L. A.-Zeitschriften veröffentlicht haben, bin ich ein großer Fan von ihnen beiden. Ich werde mir also Elaines Lesung morgen anhören, sie liest zusammen mit anderen, zu vielen, um sie alle zu erwähnen. Nicht die angeschlagene Gesundheit macht diese Veranstaltungen so anstrengend. Ich glaube, auch wenn ich gesund wäre, wären sie einfach zu lang. Elaine sagte heute viele interessante Dinge über Joe Brainard, während sie von ihm nicht als Maler oder Dichter sprach, sondern als Philosoph.

Ach, ich würde mich so gern mit Willie im See treiben lassen oder mit dir und Patty spazieren gehen. Erbsen schälen auf der Treppe. Schoten in Dosen.

Sehr glücklich, dass Dan (mein Jüngster) und Cody, sechs, nächste Woche hier sein werden. Ich fühle mich einsam, ungerechtfertigterweise, aber Familie hilft dagegen.

Vermisst du CW?

Alles Liebe, Lucia

Calais, Vermont
4. Juli 1999

Liebe Loosha,

alles Gute zum 4. Juli! Update: 5:45 Uhr, bewölkt, aber es heizt sich schon jetzt auf, obwohl der Wind die Nachtluft gekühlt hat. Gut geschlafen. Energie getankt.

18 Uhr – Ron & Patty Padgett kommen zum Essen den Berg herauf: Vermont-Erbsen, kleine rote Vermonter Kartoffeln und Chili con Carne, *Tejas original*, mit schwarzen Bohnen. Kopfsalat vom Bauernmarkt, Dessert noch unklar. Ich denke an verschiedene Karamellcremes, aber vielleicht gebe ich mich auch mit Crème brûlée zufrieden. Traditionell sollte es Lachs geben. Aber Chili

Tejas ist schwer zu schlagen. Vor allem, weil das Wetter ganz untypisch für Vermont ist – schwüle, heiße Nächte wie tief im Süden.

Offenbar bin ich in eine Karriere gestolpert, eine befristete Stelle, von der ich noch nicht so genau weiß, was ich davon halten soll. Meine Nichte sieht es als Moralparabel: Geduld, Durchhaltevermögen, und das Belohnungssystem setzt ein. Leute, die nicht vom Theater sind, halten es für eine dieser Backstage-Geschichten, bei der die Zweitbesetzung endlich zum Zug kommt ... etc. So ist es nicht. Ich war in der Theaterhölle, rein & raus. Kein Zuckerschlecken. Und falls doch: Obacht! Das ist die Pyjama-Partyzeit. Was du gerade gelesen hast, ist mein Versuch mit *stahlhartem* Denken die Selbstgefälligkeit abzuwehren.

So ein anfängliches Spektakel habe ich noch nie erlebt. An zwei Wochenenden kamen diese Typen, um mich, versteckt in meinem Deluxe-Zimmer im Palace Hotel, zu besuchen. Die Typen sind Jim Morgan[102], der als Bühnenbildner beim York Theatre angefangen hat, eine Off-Broadway-Einrichtung für Musicals, wo zwei aufgeführt wurden, für die ich den Text geschrieben habe – *Die Grasharfe* und *Lola*, über Lola Montez im Grass Valley, Kalifornien, ihre Erinnerungen an vergangene Triumphe und Liebschaften eingestreut. Das hübsche blonde Ex-Chormädchen, die mal in John Latouches Musical-Meisterwerk *The Golden Apple* (1954) aufgetreten ist, in dem er Homers Epos in amerikanischem Setting nacherzählt, und die das York Theatre weitergeführt hat, ist vor zwei Jahren an Krebs gestorben. Die schwierigste Hörprobe, die ich je gemacht habe, war, ihr *Postcards on Parade* vorzusingen, sie war geschwächt von der Chemo, hörte schlecht und war erschöpft. Sie sagte zu Jim Morgan: »Nichts für uns.« Aber ihm gefiel die CD, genau wie dem Regisseur, den er auswählte, und dem entsprechenden Schauspieler. Von »Wir melden uns« zur Zusage, und das schließt Steven Taylor zu hundert Prozent mit ein. Das ist das Showbiz.

Und an diesem Punkt werden die Ereignisse ein bisschen zu fiktional fürs normale Leben. Am ersten Wochenende im Palace verstanden wir drei Schwu... uns auf Anhieb gut. Jim Morgan beobachtete, wie wir uns anfreundeten. Passiert nicht jedes Mal – Theaterleute, puh, puh, schwierig. Jeder hat sein Päckchen mit dabei. Komplexe Hierarchie. Attitüden, so groß, sie reichen bis in die letzte Reihe vom Balkon. Der Schauspieler gesteht, wie es ist, körperlich so drastisch zu verfallen, er fühlt sich abgeschnitten – Freunde sagen, ich weiß, was du durchmachst. Nein, das tun sie nicht. Ich schließe aus, dass er dabei von Aids spricht, und bringe die Wut ins Spiel, die ich nach Joes Tod gespürt habe – die schüchternen, ach so freundlichen Gesten der Leute haben mich rasend gemacht.

Der Schauspieler fragt: Joe wer? Brainard, sage ich ihm. Brainard. Der Schriftsteller? Genau der. Als Handlungsstrang ein wenig auf der arg zufälligen Seite. Wie sich herausstellt, kannte er Joe von seiner Zeit als Kellner. Offenbar hatte Joe herausgefunden, dass er (der Kellner) Geburtstag hatte, ist vom Tisch aufgestanden und mit einem Dutzend Rosen zurückgekehrt. Andere Gäste fragten: Warum Rosen? *Geburtstagskind*. Also haben sie noch mehr Rosen besorgt. Ein großartiger Geburtstag.

Joe war teilweise in NYC ganz allein, zum Ausgleich für vier Monate ununterbrochener Zweisamkeit mit mir in Vermont. Hatte eine Reihe von Restaurants, die er zu Stammlokalen machte. Das ist in einem davon passiert. Eine Woche später. Ich bin wieder im Palace, zum nächsten Treffen wegen *Postcards on Parade*, dessen Umsetzung mir Jim Morgan am ersten Wochenende garantiert hat, für April 2000, und selbst davon überrascht war.

Das hatte er schon immer vor: neues Zeug, nicht nur Golden-Oldie-Musicals. Und noch so ein wirklich schräger Zufall: Er hat sich zu einem weiteren neuen Werk entschlossen: eine Revue von

Latouches Lyrik mit dem sehr vorläufigen Titel *Taking a Chance on Love*.

»… But now I'm taking the game up,
And the ace of hearts is high.«[103]

Es hat mich schon immer bedrückt, dass John so in Vergessenheit geraten ist. Seine Arbeit ist erstklassig. Brachte schließlich Saint Sondheim[104] hervor.

Zweites Wochenende, zweite Folge der Joe-Kellner-Saga.

Patty Padgett und ich haben uns diesen Ablauf zusammengereimt, im Anschluss an meine zweite Rückkehr nach Vermont. Seit vielen Monaten wusste Joe, dass er Aids hatte, aber konnte es niemandem sagen, keiner Seele, weil er seinen Lieben und Nächsten keine Sorgen aufbürden wollte, bis es mit seiner Gesundheit bergab gehen würde. Also nahm er Kontakt auf (immer noch in der Schwebe, also heimlich) mit Aids-Leuten wie dem Kellner. Der nach Australien gehen wollte, stellvertretend für einen Aids-Kumpel, der zu krank war, um in seine Heimat zurückzukehren. Joe verspricht ihm, die Fahrtkosten zu übernehmen, Rundreise, einfach so. Der Kellner, künftiger Star von *Postcards on Parade* – zum Teil ein Stück über Joe & seine verheimlichte Aids-Erkrankung –, geht für seinen Kumpel nach Australien, der ihm sagt, er brauche sich keine Gedanken über eine Rückzahlung (unmöglich!) an Joe zu machen.

Schauspieler/Kellner kommt aus Cleveland, Arbeiterschicht. Strenge. Er ist nie gereist – und kommt als ein anderer zurück. Joe beginnt ihn in Restaurants auszuführen, auf der Suche nach der besten Crème Brûlée der Welt.

In diesem Sommer wurde Joe krank, hier oben, das Problem waren seine Organe. Er konnte kein Essen mehr behalten. Ein riesiger, bösartiger Tumor … deshalb konnte er in NYC nicht mehr in seine Restaurants, wo seine Kellner-Kumpel »von ihm abhängig« waren – typische Ritterlichkeit.

Zurück zu *Postcards*. Ich habe ihnen ein bisschen aus *Bare Bones*[105] vorgelesen, im Andenken an Joe. Genau das wollten sie. Vielleicht bildet das eine Art Rahmen für das Stück.

Zu meiner großen Bestürzung, und ich meine tiefste Bestürzung, stehen diese Typen (Star & Regisseur) auf mein »schweres« Zeug. Den Selbstmord-Rap. Worauf sie nicht stehen, ist die Komödien-Schönfärberei, die ich in die Strukturen eingebaut habe, um das gewagte, schwierige Zeug zu kompensieren, das ich schreiben MUSSTE, von dem ich aber fürchtete, dass jedes Publikum dagegen protestieren würde, wenn es nicht ein bisschen mit dem Fuß den Takt dazu klopfen und zu »normalen« Unterhaltungssongs die Hüften schwingen kann, als Belohnung für das anstrengende Zeug. Und was taugt schon ein Musical, wenn es einem nicht lustige Worte und hübsche Melodien um die Ohren haut, die man vor sich hinsummen muss, inklusive süßer Jungs und Mädels, die allen Träumen gerecht werden. Sag ich doch.

Die Jungs wollen, dass sich das Stück mehr um Joe dreht, um Joe und mich und den Verlust. Und das war's. Es ist 1999, und das Leben ist kurz, und sie würden gern dicke Kohle machen & ihre Rente sichern, aber was sie wollen, ist ein Stück von mir in Bestform, und nicht ein Stück, bei dem ich das harte Zeug mit Zuckerguss überziehe, damit es nicht allzu dicht, also »abseitig« wird. Das Publikum. Das ist ein Fehler, schätze ich, wie wenn man sich zu sehr um die Lesenden sorgt, im Stil einer übereifrigen Gouvernante. Man stellt sich Zuschauer vor, die tief in die Tasche greifen und alles zusammenkratzen müssen, vierzig Dollar heutzutage für Off-Broadway – sie haben eine schöne Zeit verdient. Vergiss die, sagen mir diese Jungs.

Du liebe Zeit.

Wollte dir eigentlich schreiben, um den Unabhängigkeitstag zu feiern. Mein Ziel: Was ich brauche, muss unbedingt sein – die *Post-*

cards überdenken und meine widerspenstige Unabhängigkeit behalten.

Ich habe noch einen Monat, bis CW zurückkehrt – die momentane Einsamkeit ist ein Segen, damit ich mich in dieses Denkmuster begeben kann, um die nötigen Worte freizulassen. Es könnte ein sehr instinktives & bewegendes Theaterstück werden, wie es auch die CD ist und, aus welchem Grund auch immer, mein Einpersonenstück – aber mit noch höherer Intensität und professionellem Darsteller.

Beispielhaft ist ein Stück über eine Donne-Professorin, die an Eierstockkrebs stirbt – *Wit*[106]. Hat dieses Jahr den Pulitzer gewonnen. Es sollte jedes Jahr gewinnen. Im Prinzip ein Einfrauenstück mit Statisten (Ärzte, Schwestern), die im Hintergrund herumschwirren. Genau das wollen die Jungs haben: eine Person plus Joe, und alle anderen nur als Echoraum.

Dank des Verfalls des Musicals als Theaterstück (Business ist großartig, Ästhetik kacke) – Sondheim, oh Sondheim, wo bist du, du Retter & Henker – gibt es einen toten Winkel, durch den man mit einem Laster fahren könnte. Die *Oklahoma!*[107]-Strahlkraft funktioniert seit Vietnam nicht mehr. Sondheims schäbiger Postmodernismus reitet es immer tiefer in Richtung ausgedünntes »Kunst«-Musical, immer weiter weg von der ursprünglichen Energie, aus der es hervorgegangen ist.

Dasselbe mit (aber pssst!) Ashbery, dem aktuellen Dichterkönig. Von ablöschen zu einschlafen.

Ogottogott, genug Arbeitsgewäsch. Steven Taylor & der Regisseur (Worth Gardner, Texaner) sind jetzt auf dem E-Mail-Verteiler. Ich bleibe bei der Post.

Ich hoffe, dir geht es gut in der Rocky-Mountain-Hitze, Naropa-Eindringlinge obendrauf zu deinen normalen Schulverpflichtungen, dann brauchst du auch noch neue Reifen. Großartig, der Teil deines

Briefs, als du dich allein aufgemacht hast, wie mutig! Musste daran denken, wie ich allein in den Bergen von Nepal war, abgeschnitten von meinen Mitwanderern, zu viel Dope, auf Haschisch herumgekaut, zurückgefallen, endlos, in den Himmel geguckt, Panik- und Paranoia-Anflüge, verloren, verirrt, Stille, nur – Steine, Berge, ganze Bergzüge, riesig, ich dagegen winzig. Aufraffen, Gruppe wieder einholen. Langsam, langsam, langsam ließ die Panik nach.

Irgendeine Chance auf *Ausgewählte Geschichten* in einem Jahr oder so? Habe ich dir geschrieben, dass CW fand, Babs Martins[108] Cover wäre perfekt als Anleitung für die Clownschule?

Fast durchgedreht bei der Rückreise letztes Wochenende. Newark Airport im Chaos, schlimmer kann's bei der Pest in Kalkutta nicht gewesen sein – Passagierzoo, zwei Stunden auf der Startbahn, vier Stunden verspätet in Burlington. Das ganze System ist so am Anschlag, dass das kleinste Mini-Windchen irgendwo genügt – und es implodiert.

Ich bleibe, wo ich bin, bis ich die *Postcard*-Überarbeitung auf Papier bekomme. Sehr besonders, dass Theaterkünstler so auf mich hören, besser noch – sie wollen sogar noch MEHR!

Habe dein Buch von den Padgetts zurückgekriegt[109] – du zwischen den Buchdeckeln – & beide finden dich ganz großartig. Jetzt ist es wieder zurück, sicher daheim, die Nothilfe auf dem Nachtkästchen.

Alles Liebe, Kenward

Boulder, Colorado
9. Juli 1999

Lieber Kenward,

Zwielicht fällt auf das Glänzen deines wunderbaren Briefs. Grüner Glitzer auf meinem Shirt, auf Cosmo, dem Kater, und sogar auf einer Schüssel mit Kirschen, die schnell zwischen den karmesinroten kleinen Lippen meines Enkels verschwinden. Ich schreibe das beim Schauen der *Schrecklichsten Sportvideos*, die TV-Show des sechs Jahre alten Cody. Ihm gefällt auch COPS, aus dem gleichen Grund wie mir ... die Köpfe der Leute sind verschwommen, und alle rennen in Hinterhöfen herum. Gestern Abend haben wir die *Gefährlichsten Polizeiverfolgungsfahrten* angeschaut. Ein Typ ist meilenweit gefahren, auf und neben der Straße, überfuhr rote Ampeln, hinauf auf Gehwege mit über 140 Kilometern pro Stunde ... schrecklicher Fahrer. Cody war sehr empört, dass ich mit dem Fahrer mitgefiebert habe, er war ja ein Bösewicht.

Als er festgenommen wurde, sagte er: »Tja ...« – Piepton – »... diese Stadt kann ein bisschen Aufregung gut gebrauchen.« Ich klatschte Beifall, was Cody noch mehr schockierte. (Seine erleuchtete Mutter hat ihm schon gesagt, dass ihr Ex, mein LIEBER, lieber Sohn, und ich Sünder sind.) Er ist verwirrt, armes Kind, weil er uns beide lieb hat, und ich LASSE ihn nicht nur diese widerliche Show anschauen, sondern gucke sie mit ihm zusammen.

Ich denke nicht, dass es Kindern schadet, Gewalt im TV zu sehen, aber Dummheit und Vulgarität schon ... Ich bin entsetzt, welchen Dreck sich dieses Kind jeden Tag stundenlang antut. Er und mein Sohn Dan haben bei diesem Besuch ein paar tolle Sachen gemacht, haben draußen gezeltet, sind gewandert und Kajak gefahren. Er ist ein kluges, empfindsames Kind, liebt es, wenn man ihm vorliest. Ich wurde daran erinnert, dass ich wirklich lieber Kinderbücher lese. Beatrix Potters *Die Geschichte von Pigling Bland* ist die beste Liebesgeschichte aller Zeiten.

Danke dir nochmals, dass du mein Buch gelesen und nette Dinge dazu gesagt hast. Ich erhalte weiterhin sehr negative Reaktionen, jetzt hoffe ich, dass es nicht besprochen wird. Ich hätte gern von irgendwo eine »Ehrenwürde«, würde gern in Rente gehen, bevor meine vier Jahre um sind. Bevor ich in Rente gehe, werde ich ans Schreiben nicht einmal denken. Ich werde nur wütend, weil ich zu müde bin, keine Zeit habe etc. Also schreibe ich nicht, wenigstens murre ich nicht. Seit ich diese Entscheidung getroffen habe, bin ich viel ruhiger geworden und zen-artig ... Vielleicht habe ich dir das schon erzählt, na ja, ich bin immer noch in einer besseren Verfassung, wenn ich keine Zeit zum Schreiben habe und einfach so mit meinen Tagen weitermache, und ich genieße diese Tage wirklich.

Ich hasse es, diese beiden Jungs gehen zu sehen. Wir hatten Spaß, haben viel gelacht. Dan ist mein Jüngster und definitiv der »Süße«. Freundlich und liebevoll, empfindsam. Wie Cody. Es ist ein Dilemma, ein so einsiedlerischer Mensch zu sein, ich glaube nicht, dass ich noch einmal mit irgendjemandem zusammenleben könnte. Aber es ist so schön, jemandem einen Gutenachtkuss zu geben und morgens »Guten Morgen« zu sagen.

Dein Brief hat mir gefallen. Großartige Neuigkeiten. Er klang wie das Skript für ein Musical aus den Vierzigern, mit einer tollen Figurenbesetzung. Es freut mich ungemein, dass du über Joe schreiben sollst, dein schönstes Schreiben. Es ist ein süßer, zärtlicher Segen, dass dieses Werk aus all dem entstanden ist, was du mit ihm geteilt hast, und aus dem schrecklichen Verlust. Das ist aufregend. *Bare Bones* ist von schmerzhafter Schönheit. Ich bin sehr froh, dass du daran arbeitest.

Kenward, es sieht so aus, als würde dieses Jahr noch besser werden als das letzte. Ich kann deine Energie knistern hören, und ich kann sehr kitschig werden mit Metaphern und sagen, dass die Energie wie Glitzer von deinen Seiten aufsteigt. Ob er giftig ist (der Glitzer)? Ich würde ihn gern jeden Tag über Cosmo ausschütten.

Nächster Morgen: Wir fahren zum Boulder Reservoir, das ich an dem Tag, als ich es suchte, nicht gefunden habe, aber immerhin, als ich mich wegen des Rollstuhls verfuhr. Ich habe meine neuen

Reifen abgeholt. Der Mann ist wirklich faszinierend. Hundefutter und Hundekacke überall, weil er zusätzlich zu den Pitbulls im Zwinger eine sechs Monate alte Deutsche Dogge hat, schon jetzt riesig. Während ich darauf wartete, dass der Mann die Rechnung schrieb (sein erster Versuch mit neuem Computer und nein, er wollte keine Hilfe), hat der Welpe den Teppich auf der Treppe in die Fänge bekommen und so heftig daran gerissen, dass sich alles gelöst hat und man von oben nur noch herunterrutschen konnte. Cool, sagte der Mann, er hatte diesen Teppich sowieso loswerden wollen.

Okay, wir sind startklar. Wollte noch sagen, dass Dan mich im Rollstuhl durchs Kindermuseum und Aquarium etc. geschoben hat. ICH HASSE es.

Wo sind Viv und Willie?

Alles Liebe, Loosha

                                            Boulder, Colorado
                                                          15. Juli 1999

Lieber Kenward,

schöner Brief: die sternenhelle Nacht mit Fledermaus und Spaziergang mit Ron im Wald.

Hoffe, alle Untersuchungen liefen gut und dir geht es auch gut. Ich hatte gehofft, in diesem Sommer kräftiger und fit zu werden, bin es aber nicht geworden. Mache eine Stunde Yoga und Dehnungsübungen, doch jede Anstrengung schlägt auf den Rücken, schickt mich wieder ins Bett. Fast alles scheint zu ermüdend, um darüber nachzudenken. Ich arbeite ernsthaft an diesem Problem, dem Ans-Haus-gefesselt-sein-Blues. Ohne Baseball wäre ich wirklich in Schwierigkeiten. Die Yankees spielen heute und morgen im Fernsehen.

Wenn ich einmal etwas geschrieben habe (wie über den Rollstuhlmann), kann ich es nicht mehr »benutzen«, auch wenn es nur in einem Brief steht. Deshalb führe ich kein Tagebuch. Ich kann weder korrigieren noch überarbeiten.

Also, das ganze *Postcards*-Projekt klingt für mich nach einem Albtraum. Ich mochte die Idee, sich auf Joe zu konzentrieren, aber nicht auf Kosten des ganzen Rests. Sobald du »Sofa-Echse« oder »Niedlich-Schnulzig« kürzt, geht das Gleichgewicht verloren. Sag diesen Leuten, dass es unter deiner Würde ist, deine Motivation zu erklären oder irgendetwas zu »rechtfertigen«. Wenn ein Schriftsteller von vornherein klare Absichten hat, werden die richtigen Worte kommen. Natürlich mag der Richter Dollyheart, weil sie die Art Frau ist, mit der er über Irene reden kann. Die Ranken der Intimität. cws hungerleidendes Herz. Die zitternde Fledermaus. Wenn irgendjemandem in diesen us-von-a *le mot juste* einfällt, dann dir. Ich würde so gern einfach ins Flugzeug steigen und jemandem in New York ein paar Takte sagen, dein Genie verteidigen, den Kahn treideln ... ach, das ist aus einem anderen Musical. Na ja, Steven wird es verstehen, dem Himmel sei Dank, dass du mit ihm arbeitest. Er ist ein Engel. Wie er mit Ed Sanders[110] gespielt und gesungen hat, war göttlich. Er braucht keine Worte, schon seine Stimme kann dich zum Weinen bringen.

Ja, ich habe einen cd-Player ... höre mir die *Grasharfe* gern an.

Computer ist tot. Das liebe Herz hat versagt. Lass mich diese Seite drucken, & schon wurde alles dunkel.

Ich nehme an, mir geht es nicht so schlecht, wie ich dachte. Es erfüllt mich mit perverser Freude, dass ich die Garantie erneuert habe! Wie hätte es ausgesehen, wenn nichts schiefgegangen wäre ...

Love, Lucia

Calais, Vermont
27. Juli 1999

Liebe Loosha,
ich freue mich so über deine Neuigkeiten! – DIESE Besprechung [zu *Where I Live Now*]¹¹¹. Ich weiß, es ist furchtbar mühsam, aber wenn du nächstes Mal etwas kopieren gehen musst, dann bitte, bitte, bitte, bitte: Schick mir eine Kopie. Aus irgendeinem Grund fürchte ich mich davor auszusprechen, WARUM mich deine Geschichten so fesseln, als müsste ich damit den Beweis antreten, ein richtig kluger Kritiker zu sein. Denn das bin ich nicht. Also bleiben sie Privatsache, diese starken Gefühle gegenüber deinen Arbeiten, verbunden mit Tschechow – so viel zumindest weiß ich – und einem herrlichen Sommer mit der Arbeit an einem Libretto zu *Die Möwe*. Für sich allein genommen, »stehen sie da wie eine Eins«, wie Claibe Richardson sagen würde.

In einem deiner Briefe hast du eine negative Reaktion erwähnt, was mir richtig Angst gemacht hat! Ich weiß, dass wenig Gerechtigkeit herrscht, was Autorenschaft & Geschmack & intellektuelle Strenge & Postmodernismus & Verlagsgeschäft mit 50000 Titeln pro Jahr etc. etc. angeht – eine große Erleichterung, diese Rezension, für mich.

Dass du nach NYC kommen und »für meine Worte kämpfen« willst, hat mich in meinem Entschluss zu *Postcards on Parade* bestärkt. Ich habe jetzt die Sequenz in den Griff gekriegt, die mich schon seit Monaten beschäftigt hatte.

A. Große Erleichterung, dass dieses schrullige Waisen-Opus in einem anständigen Zuhause gelandet ist, bei risikobereiten Professionellen. Ich verdanke ihnen »alles«!

B. Ich habe gerade die veröffentlichte Ausgabe gelesen und war schockiert über meine nachlässigen Wort-Kaskaden auf jeder Seite. Für lesende Augen okay, aber viel zu dicht und mäandernd für ein Theaterpublikum. Musiktheater umfasst so eine komplexe Bandbreite. Der Raum muss aufgeteilt werden. Habe dringend Orientierung & Disziplin nötig.

C. Fürchte, vor Fremden schrullig und egoman zu wirken. Ich hasse es einfach, meine Arbeit und mich selbst zu »promoten«, ich habe zu viele Promoter gesehen, die nichts zu promoten haben.

D. Hybris als Schriftsteller. Beweisen, dass ich anderer Leute Bedürfnisse befriedigen kann. Sag mir, was du willst: Ich kann es! Mit-dem-Fehdehandschuh-gegen-Windmühlen-Syndrom. Ein fesselnder Autor zu sein, ist ein wunderbarer Weg, der Verantwortung zu entkommen, wenn das Werk im Chaos versinkt.

E. Verlustangst, noch aus der Kindheit. Wenn ich mich nicht benehme, nicht spure, den Vorgesetzten nicht gefalle (Produzent, Regisseur), ihren Bedürfnissen nicht nachkomme, werde ich abgelehnt: einfach Schicksal! Zu schräg & »speziell«! Ab, zurück ins Dichter-Ghetto.

Jedenfalls meldet sich der Produzent heute oder auch nicht, und ich werde ihm sagen müssen, dass ich es nicht überarbeiten kann, wegen der Verbindung zu Joe, seinem Tod – meine schrecklichen Gründe für das Schreiben des Werks sind vom Werk selbst losgelöst. Und müssen es auch bleiben. Die Charaktere müssen von allein lebendig werden, nicht als Traum-Projektionen eines Trauernden. Okay. So viel dazu.

Ich habe mich schändlich geschont in den letzten anderthalb Wochen – ich habe kein einziges Wort geschrieben. Filme über Kabel und unglaublich viel Schlaf. Völlerei. Konzentration kommt und geht. Patty sorgt dafür, dass ich auf dem Boden bleibe – wir spazieren eine halbe Stunde, langsam, fast jeden Tag. Harold Camp hat Pfade durch den Wald angelegt, also gibt es verschiedene Routen. Eine Provinz-Version von Proust. Den Weg zu Joes Stein auf der oberen Weide – den haben wir heute Morgen genommen. Meine Beine haben ganz gut mitgemacht. Den Felsvorsprung, an dem Joe und ich (und Anne Waldman etc. etc.) immer gesessen, Gras geraucht & uns den Sonnenuntergang angesehen haben, ich finde ihn nicht mehr. Kiefern sind gewachsen und verdecken den Blick auf die Berge.

Gestern Abendessen unten bei den P's. Ron ist ein Tennis-Fanatiker, das Hochsommer-Turnier (Doubles) hat begonnen. Bisher haben er & sein Partner zwei Spiele gewonnen. Patty will mir beim Abnehmen helfen und hat ein vernünftiges Essen gekocht: Hühnerbrust, Estragon, der bei mir wächst, Salat und grüne Bohnen aus ihrem Garten, dazu ein paar kleine Kartoffeln und eine runde Aubergine (hätte auch ein Spielball der Mayas sein können), aufgeschnitten und mit Olivenöl beträufelt. Ich habe sie vom Bauernmarkt, samstags in Downtown Montpelier, mitgebracht. (Ich liebe es, »Montpelier« und »Downtown« zu verschmelzen wegen der Ts – so leicht zu übersehen.) Zwei Blocks in eine Richtung, dann ein Stück zu Fuß, drei Blocks weiter zu den Regierungsgebäuden, dem Kapitol mit der goldenen Kuppel, Büroblöcke aus Granit, ein paar viktorianische Backsteinhäuser mit Schildern im Erdgeschoss: *Vorsicht vor Eislawinen.*

Dann sind zwei Exemplare deines Buchs, die ich vor ein paar Tagen bei Bear Pond Books bestellt hatte, hereingeschneit, also hole ich sie ab, nachdem ich meinen Vorrat an Erbsen (fast aufgebraucht) & Favabohnen aufgestockt hatte, dazu die runde Aubergine und Fleischtomaten. Ein Exemplar ist für Vivy, meine Nichte. Das andere für Jeff Clark[112], den Engelsdichter aus San Fran, der mich adoptiert hat, oder habe ich ihn adoptiert – wer weiß? Er schreibt erstaunliche Briefe, mit der Hand, mit Bildmaterial dazwischen –

ein bisschen wie damals mit Joe (habe heute von Joe geträumt, erotisches Zeug, so verrückt, kommt alles wieder hoch, und wieder die Konfrontation mit dem, was ich kaum glauben kann – dass er wirklich nicht mehr da ist) – Jeff Clarks visueller Erfindergeist ist voll da. [...] Joes Arbeiten waren genauso – das eigentliche Thema war kunstvoll eingearbeitet – Protzen und Wichtigtuerei waren verboten. Man findet den Weg zum Bonus selbst. Wie in *deinem* Werk, Loosha.

Freue mich, dass dir die CD gefällt. Hoffentlich hat dich *The Babylove Miracle Show* an Texas erinnert. Und noch mal, Glückwunsch zu der PW[113]-Auszeichnung und zu deinem PC-Scharfsinn und -Schwung.

Alles Liebe, Kenward

Boulder, Colorado
31. Juli 1999

Lieber Kenward,

danke dir für das Buch von Jeff Clark und die Minze-Blätter – aus dem Wald? Deinem Garten? Mir gefällt Jeff Clark schon jetzt, nach allem, was du mir erzählt hast (die Collage, seine Briefe), freue mich aufs Buch.

Downtown Montpelier! Ein Satz genügt, und die kleine Stadt steht mir deutlich und klar vor Augen. Jetzt werde ich »downtownmontpelier« vor mich hinmurmeln wie ein tröstendes Mantra, vermischt mit dem Geräusch zerbrechender Eiszapfen, erfrischend in der Hitze dieser Hundstage.

Ich habe mir auch alte Wiederholungen angesehen. Sidney Lumets *Hundstage* ist einer meiner Lieblingsfilme. Ich glaube, ich habe dir schon mehrmals gesagt, dass ich ernsthaft mit dem Schreiben aufgehört habe. Vielleicht schreibe ich, wenn ich in Rente gegangen bin. Das ist eine riesige Erleichterung ... Ich kann mir Langweiler am Telefon ohne Groll anhören, die Manuskripte von Studierenden lesen und froh sein, dass sie über den Sommer schreiben etc.

Die *V-for-Victory*-Postkarte hat mir besonders gefallen ... sowie das Beaumont Krankenhaus auf dem Stützpunkt Fort Bliss in El Paso. Meine Mama war eine »Grey Lady« im Beaumont, hat den ganzen Tag mit verwundeten einarmigen Soldaten Bridge gespielt. All diese Jahre in El Paso voller Fort-Bliss-Soldaten. Wir trieben uns im Gebäude der United Service Organizations herum, glaube ich, weil dort so viel geküsst wurde, und einmal bekamen wir den Job, die Soldaten zu zählen, die hereinkamen. Eine Stunde lang, glaube ich, aber es war trotzdem sehr wichtig. Die Frau, die das normalerweise machte, war weggegangen, um mit einem Soldaten zu tanzen.

Ich bin sehr froh, dass du bei *Postcards* zu einer festen Entscheidung gekommen bist. Ach, ich verstehe all die as, bs, cs, ds und es dessen, wie schwierig dieser Teil des Schreibens ist. ICH DENKE, ich habe überhaupt keinen Ehrgeiz und kein Selbstvertrauen, kann mich nicht verkaufen etc. Andererseits, obwohl mich Anerkennung oder Ruhm nicht weniger interessieren könnten, will ich unsterblich sein! Du beschreibst die Verbindung zwischen Angst und Hybris perfekt. Und die Angst vor der Hybris, die Hybris der Angst. Klopf, klopf. Wer ist da? Hybris? Hybris wer?

Zwei Frauen – keine Leserinnen – sagten, sie hätten das Buch verstörend und düster gefunden. Das hat mich tagelang deprimiert. Wenn ihnen das Buch gefallen hätte, wäre es mir wahrscheinlich so vorgekommen, als hätte ich mich verkauft. Erstaunlich, dass ausgerechnet zerbrechliche Menschen wie wir Schriftstellerinnen und Schauspieler werden.

Joe war einer dieser Geister, die nie für immer verschwinden werden. Ich spüre Zuneigung zu ihm und habe ihn doch nie kennengelernt. Mindestens sechsmal kam die Rede auf ihn bei meinen seltenen Aufenthalten an der Naropa ... in verschiedenen Zusammenhängen, aber immer als Licht im Leben oder in der Arbeit des Redners.

Jahre, nachdem Terry (Jesse) gestorben war, riefen seine Eltern mich oder ich sie an, oder wir schrieben einander, um uns zu erzählen, auf welche Weise er *da* zu sein schien. Einmal schrieb ich seiner Mutter, und ein Schwarm Schmetterlinge kam in meine Küche geflogen. Eines meiner liebsten Erlebnisse hatte ich bei einem der unzähligen Male, die ich an unserer alten Wohnung, ganz oben in einem Gebäude der Oaklander Innenstadt, vorbeifuhr. Vielleicht acht Jahre nachdem er gestorben war; ich war im Bus, als ich seine Anwesenheit unglaublich intensiv spürte ... Sobald der Bus an unserer Wohnung vorbeikam, schaute ich wie gewohnt nach oben – und die Küche stand in Flammen! Feuerwehr etc., der Bus musste einen Umweg fahren.

Denke gern an deine Spaziergänge, dein *Swann's Way* und dein *Harold's Way* ... ich habe diesen Sommer alles von Proust gelesen. Mir gefällt die »alte« Übersetzung immer noch besser. Kennst du *Proust Among the Stars*? Das hat mir gefallen. Es gab viele Zitate auf Französisch ... Es war, als könnte ich wieder Französisch lesen, hatte einfach nur so oft auf Englisch gelesen. Ich habe Shakespeare gelesen und Hazlitt über Shakespeare, aber jetzt ist es – leider! – schon wieder Zeit, sich auf den Herbst vorzubereiten, und ich unterrichte NEUE Prosa. Alice Munro ist die älteste der Autorinnen und Autoren, die ich unterrichte, und kommt Tschechow am nächsten.

Mein Fitnessprogramm ist sprunghaft. Ich halte zwei oder drei Tage durch, und dann schleichen sich Faulheit und Eiscreme wieder ein. Ich hätte gern einen persönlichen Trainer.

Die Padgetts scheinen dafür zu sorgen, dass du gesund bleibst. Pattys Menü hört sich wunderbar an. Du kannst wirklich gut mit

Worten umgehen. Ich bin jetzt Auberginen gegenüber freundlicher gesinnt, seit ich sie als Fußbälle der Maya betrachte …

Ein Kollege, Peter Michelson[114], netter Mann, nahm mich in die Berge mit, nach Brainard Lake! Schob mich in meinem Stuhl über die Wanderwege. Sobald es steil oder steinig wurde, lief ich selbst. Wir saßen eine Stunde an einem kalten, lauten Bach, ziemlich himmlisch. Sein Sonnendach war offen. Auf der Fahrt nach Hause holte ich mir genau auf der Hälfte meines Gesichts einen Sonnenbrand und sehe jetzt aus wie ein Vorher-Nachher-Foto.

Habe noch immer Freude an der CD. Die Rezension liegt bei.[115] Nicht wirklich eine Lobeshymne, aber der letzte Satz gefällt mir. Alles über die Filmstars ist wahr, selbst das Schildchen mit dem gesenkten Preis an Ava Gardners Brust.[116] Nur den Barkeeper Hernan habe ich erfunden! Die Strandjungs sind auch wahr. Habe Tony 1991 gesehen. Er steuert immer noch die La Ava für Wasserskifahrer, sieht immer noch gut aus. Einer von ihnen hat jetzt ein Ashram-Spa für tausend Dollar pro Tag. Amerikanische Frauen gehen Fisch und Papaya essen, schlafen auf Matten, baden im Fluss, machen Yoga und singen (d. h. null überhört). Riesige treue Anhängerschaft. Er, Alfonso, hat seinen Namen in *Love* geändert, ausgesprochen *Luf*. Er ist derjenige, der die Zähne der Frau gestohlen hat. Er hat wirklich Figuren aus präkolumbianischer Zeit für den Verkauf hergestellt. Einmal kam er in unser Haus gerannt und schrie »Los idolos! Los idolos!« – *die Götzen, die Götzen* – sprang über unsere hintere Mauer und rannte weiter. Wir vermuteten, wie damals üblich, dass er auf einem schlechten LSD-Trip war. Wie sich herausstellte, war die Sicherheitspolizei hinter ihm her wegen seiner falschen Götter.

Rikki Ducornet[117] hat eine gute Kritik geschrieben, die in *Rain Taxi*[118] erscheinen wird. Ach, Lob mag … brauche … ich tatsächlich, und danke für dein elegantes extravagantes Lob. Ich schätze deine Meinung wirklich, was es noch süßer macht.

Meine Postkartenquelle ist im Urlaub. Hoffentlich irgendwo mit malerischer Aussicht.

Dir alles Liebe, mein lieber Freund, Loosha

New York, NY
22. Oktober 1999

Liebe Loosha,

zurück in NYC. Bisher wache ich noch auf und denke, ich sei in Vermont – der Stadtlärm auf Landstraßen und in ruhige Wälder transplantiert. Alarm! Verwirrung! Also bin ich nirgends. Unzentriert, aber im Aufwind, wie Harold Camp sagen würde.

Seltsam, das jährliche Einpacken, Rausgehen und wieder Auspacken: Neu zusammenfügen, was hierhin kommt, was dorthin kommt, Ordnung schaffen. Die Fahrt nach NYC mit Jack [Graves'][119] Transporter war so lala. Wir sind kurz nach sieben aufgebrochen und waren gegen drei zu Hause, CW sehr übellaunig, wegen fehlender Raucherpausen. Einziger Stopp bei Friendly's zum Frühstück.

Am letzten Abend selbstgekochtes Abendessen bei Ron und Pat Padgett in ihrer winzigen Wohnung. Ron hat eine geheimnisvolle Balkan-Connection, eine Reise nach Albanien, eine nach Bulgarien. Ihre bulgarische Reiseführerin fährt durch die USA – ist ein bisschen zu direkt ehrlich (»zu klein«: ihr Urteil über die Wohnung). Ron ist ganz versessen darauf, ihr die Stadt zu zeigen: Staten-Island-Fähre etc. Ron hatte große Mühe, meinen Beyond-Baroque-Flyer für meinen Auftritt zu finden, ohne dass ich es mitbekomme.

Deshalb sprachen wir über das Problem mit dem *Besonderen Platz*. Man legt das wichtige Papier an den *Besonderen Platz*. Aber wo ist der *Besondere Platz*, wenn man ihn braucht? Der Flyer ist großartig, weil meine Visage größer ist als die von Kenneth Koch[120], weshalb er einen rotglühenden Neidanfall kriegen wird – er ist absolut süchtig nach Ruhm, und wenn es nach ihm ginge, sollte ich eigentlich in den Status *Dauerhaft Übersehen* verdrängt werden auf der briefmarkengroßen Dichterbühne.

Hihi.

Patty hat Chili gemacht, Avocado-Scheiben, Salat und Crème Caramel zum Nachtisch sowie Zitronen-Macarons. Was mich auf zwei Witze aus meiner Kindheit brachte:

Zwei Schwestern teilten sich dasselbe Gebiss. Einmal fragte die zweite Schwester die erste, ob sie das Gebiss jetzt ein bisschen haben könne. Sie bekam es und nach einer Weile rief sie: »Hm, lecker, Macarons!«

Ein kompletter Schuss in den Ofen.

Ich bin immer noch in der totalen Verweigerungshaltung gegenüber dem Ausflug an die Westküste. Am Dienstag aufbrechen? Kalender sagt, heute ist Freitag, der 22. Oktober. Yes, Dienstag: L.A.! Kalender sagt es so. Sagt es so. Sagt es so. Langsam raus. Patty hat sich bereit erklärt, heute mit mir Klamotten einkaufen zu gehen. Habe keinen Regenmantel, keinen normalen Mantel. Motten kriegen was zu hören. Brauche lange Hosen. Wie ein Gammler. Ich habe es nie gelernt, mir eine richtige, geschmackvolle Reiche-Leute-Garderobe zuzulegen.

Düsteres Thema. Ron ist zurück vom dreitägigen Ann-Arbor-Fest für Ann Mikolowski[121], die an Krebs gestorben ist. Die University of Michigan hat sich sehr anständig ihr gegenüber verhalten. Ken M., der trauernde Ehemann, lässt womöglich die Alternative Press (Postkarten!!!) weiterlaufen. Ron hat Anne Waldman eine sehr gute Bewertung in Michigan gegeben, es über das anfängliche Berufsgequatsche geschafft, und herausgekommen ist die alte Annie, die wir kennen und lieben. Ed Dorn geht es schlecht, wie ich höre. Schwer für dich, oder?

Zurück zur Arbeit, Stichwörter für die Musik, Stichwörter für den Einsatz, haben noch nicht mal geprobt, um herauszufinden, ob meine Zwitscher-Akkorde immer noch (twiidldiidi) zwitscher-zwitschern können.

Ich hoffe, deine Studis machen dir nicht zu viel Arbeit.

Habe neue Collagen für den Verkauf in der Lobby vom Beyond Baroque gemacht: Freue mich darüber, wie sich zwei, drei, vier gefügt haben. Nach Kalifornien schicke ich dir was zum Anschauen. *First Intensity* hat eine für das Cover des Magazins genommen, fürs nächste Jahr. Freue mich sehr, Cover-Künstler zu sein. Diese Show über Joe Brainard (Startschuss in San Francisco) wird 2001(?) nach Boulder kommen, dank (vermutlich) Steven Taylors besserer Hälfte Judy [Hussie-Taylor]. Ende des Berichts mit Neuigkeiten aus der Kunstwelt.

Sehr netter Besuch in den letzten beiden Tagen in Vermont vom Archivar.

Steven Clay[122] hat einen Buchladen in Manhattan, Granary Books, und verlegt auch selbst Bücher – zwei von seinen neuen: ein Ted-Berrigan-Verzeichnis (sehr hübsch gemacht) & eine Künstlergeschichte (auch wunderhübsch). Er scheint wirklich beeindruckt zu sein von der Papierspur, die ich bisher hinterlassen habe, und bleibt wahrscheinlich mein *Veröffentlicher*. Hat die Publikation meines Gedichts »Cyberspace«[123] für nächsten April eingeplant – Trevor Winkfield[124] hat zwei Drittel des Bildmaterials fertig.

Jetzt ist es 7:50 Uhr und ich kann frühstücken gehen. cw hat sich gestern wirklich wie ein schlimm bekloppter Teenager benommen; es ging darum, mir bei meinem Gig zu helfen, einfache Aufgaben wie Bücher verpacken und nach L. A. verschicken. Aber er hat sich gestern Abend entschuldigt. Vielleicht wird es ja heute leichter. Ai, ai, ai – Beziehungsschmuddel! Grün-hinter-den-Ohren-Youngster gegen Immer-noch-produzierenden-alten-Mann, was für ein Chaos!

Mucho Love, Kenward

Boulder, Colorado
27. Oktober 1999

Lieber Kenward,
habe mich gestern krankgemeldet, zum ersten Mal! Habe den ganzen Tag im Bett verbracht, Lektüre nachgeholt. Ich weiß nicht, wann du von deiner Reise zurück sein wirst, wollte dir aber ein paar Worte schicken, während ich die Gelegenheit dazu habe. Nichts Neues, leider. Arbeite viel zu viel und gehe dann ins Bett. An den Wochenenden fahre ich nach Denver zu Ed Dorn, nehme Lunch oder Abendessen mit. Es geht ihm wirklich schlecht, und Jenny ist erschöpft. Beide sehr stolz, stoisch, machen weiter in einem Zustand des Nichtwahrhabenwollens (was ihn zugegebenermaßen jetzt schon eine lange Zeit über Wasser gehalten hat). Gott, Sterben ist so schwer. Ich meine, rein praktisch. Die Menschen machen das seit Jahrhunderten, aber es gibt keine klar umgrenzten *Handlungsanweisungen* oder hilfreichen Hinweise. (Ich habe gerade eine ganze qualvolle Seite zu meinen Gefühlen dazu geschrieben. Nützliche Löschtaste.) Du weißt ohnehin, wie es mir geht. Er war mein langjähriger Freund, Bruder, Mentor. Ich habe ihn kennengelernt, als ich jung und leichtsinnig war. Er hat mir Dinge beigebracht, die mir meine Eltern nie beigebracht haben. Ehrlichkeit, Treue, Bescheidenheit etc.

Apropos Bescheidenheit … ich kann mir Kenneth Kochs Wut vorstellen, als dein Gesicht größer war als seines! Einmal habe ich auf einer seiner Lesungen geweint, weil er endlos von sich selbst redete. Es war ein sehr kleiner Raum, ich konnte nicht unbemerkt verschwinden. Ich denke mir das nicht aus … Ich war so hilflos und elend, dass ich einfach weinte.

[…]

Dieser cw! Welch unreife Jugend. Er sollte sich besser im Griff haben. Gut, dass du kein Auto hast, er würde es ständig borgen.

Ich wette, du schimpfst nicht wirklich mit ihm oder sagst ihm, dass du seine Hilfe bräuchtest. Sei strikt! Keine Süßigkeiten, keine Pornos, bis er sein Zimmer aufräumt und seine Hausaufgaben macht!

Ich habe meinen neuen Computer noch nicht installiert. Offenbar ist der Text, den ich über Paul Metcalf[125] geschrieben habe, in *Rain Taxi*. Ich hatte tatsächlich neulich einen wunderbaren literarischen Tag. Lydia Davis[126] (eine meiner Lieblingsautorinnen) übersetzt *Swanns Welt*, was am 1. Januar fertig sein soll. Sie fragte mich, ehrte mich damit, welche Übersetzung mir gefallen habe und warum. Mir gefällt die alte von [C. K. Scott] Moncrieff[127], es machte Spaß, ihr zu erklären, warum, fand Beispiele (Rhythmus, Einfachheit der Sprache etc).

Die Kritiker lobten überschwänglich die Eleganz der Sprache in der neuen Übersetzung ... denn Prousts Eleganz ist die Einfachheit.

Ansonsten bin ich ziemlich matt. Deine Briefe freuen mich sehr, letzte Woche hatte ich wirklich eine Art Anfall. Ich fühlte mich schuldig, weil ich dieses Geld von Tinker Belle genommen hatte. Ich fragte Nancy, ob sie mir immer noch schreiben würde und ich immer noch dazugehören könne, nur die $ solle sie jemandem schicken, die sie wirklich brauchen könne. Bisher habe ich noch nichts von ihr gehört, hoffentlich habe ich sie nicht beleidigt. Ich HABE Glück, in meinem Alter einen Job zu haben.

Alles Liebe, Lucia

Boulder, Colorado
13. Dezember 1999

Lieber Kenward,

Ed ist am Freitag gestorben, am 10. Es stimmt nicht, dass es leichter wird, wenn man damit rechnet.

Ich muss zur Uni – für eine letzte höllische Woche.

Ich nehme starke Steroide gegen die Rückenschmerzen … und deshalb gibt es keine Schmerzen … ich bin nur verrückt & dement. Muss langsam runterkommen. Ich könnte Sammy Sosa[128] in Homeruns schlagen.

Ich schreibe dir bald.

Alles Liebe, Lucia

Boulder, Colorado
2. Januar 2000

Lieber Kenward,

ich habe versucht, dich heute anzurufen, zum Glück habe ich die schwerfällige und ziemlich missbilligende Maschine bekommen, also legte ich auf. Was hätte ich sagen können? Es ist albern zu SAGEN: »Ich bin sprachlos.« Ich bin beschämt und fühle mich ein bisschen wie eine Hochstaplerin. Du *bist* schon so großzügig zu mir gewesen. Also gut, ich werde mich *zwingen*, mich zu beruhigen und davon zu überzeugen, dass ich dir, da du es tun wolltest, einfach ewig dankbar sein, es gütig und mit viel gutem alten Jubel annehmen sollte.

Ich hoffe, ich klang nicht verzweifelt oder besorgt darüber, dass ich in Rente gehe. Es stimmt, dass ich weniger als $ 500 gespart habe (gespart *hatte!*), und etwa $ 20 000 in der Rentenversicherung. Da ich bis Mai unterrichte, werde ich noch bis Dezember bezahlt. Hatte vor, über alles Weitere nachzudenken und im Sommer umzuziehen.

Nun werde ich so viel leichter nachdenken können. Es wird die »Eintrittsgebühr« für betreutes Wohnen oder die Anzahlung für eine Rentner-Sozialwohnung sein, was auch immer klüger ist. Oder es wird mir einfach mehr Zeit zum Nachdenken geben! Was ich sagen will, ist, dass es in meinem Leben nie eine Zeit gab, in der Geld nicht ein willkommenes Geschenk war, aber jetzt, da ich meine Goldenen Jahre so stressfrei wie möglich verbringen möchte, ist es besonders beruhigend.

Jedenfalls ... danke dir sehr. Die ganze Zeit schwelte in mir ein leichtes »O Gott, hätte ich wirklich in Rente gehen sollen?« War mir nicht bewusst, bis der Scheck der Z-Press-Stiftung kam. Ja, es musste sein, ich bin geschlaucht und habe Schmerzen und will nicht mehr arbeiten. Vielleicht werde ich sogar schreiben.

Ich bin immer noch ziemlich sprachlos. Ich werde das hier einfach abschicken und zur Bank gehen!

Ich habe dich sehr gern, und ich bin dir sehr dankbar, für das Geld, aber auch dafür, dass du mich verstehst und mich tröstest.

Verbunden in Boulder, Loosha

New York, NY
18. Januar 2000

Liebe Loosha,

heute Morgen habe ich meine erste Sitzung im Eye & Ear, einem Krankenhaus auf der anderen Seite der Insel von Manhattan, einen Block von den Padgetts entfernt; Patty hat darauf bestanden, mich dort zu treffen, damit ich mich nicht wieder aus dem Staub mache, um der Augenmessung zu entgehen, die ja eigentlich Sinn der Sache war. Es gab einen Terminkonflikt, weshalb Ron zur gleichen Zeit bei mir sein soll, um direkt aufs Laufband zu gehen. Wir wollen danach alle zusammen Mittagessen und die Eröffnung von Kens Gym feiern. Das sich genau in dem Raum befindet, in dem The Wolf [CWs Spitzname] gearbeitet hat, jetzt ein wenig aufgemöbelt, bis auf eine Ecke – ein kleiner Lagerverhau aus alten Wandcollagen von mir, Kartons mit Büchern und anderem Krimskrams.

Gestern Abend war ich mit Mister Yu[129] zu einem Film verabredet. Wir haben uns das Julian-Schnabel-Meisterwerk über [Reinaldo] Arenas[130] angesehen, den kubanischen Dichter/Schriftsteller, von dem ich ein Buch gelesen habe, das einen Titel hatte wie *Die Zerstückelung der violetten Stinktiere*.[131] Schau ihn dir an, falls du es noch nicht getan hast. Eine echte Rarität – ein Film mit so natürlicher emotionaler Macht. Ich kann kaum glauben, dass er tatsächlich in *Mechiko* gedreht wurde – sieht eindeutig kubanisch aus. Abgesehen vom erzählerischen Drive sind die Bildelemente ganz erstaunlich. Was für ein Genie dieser Schnabel sein muss. Mr. Yu, mein neuer Realitätsinformant, sagt, er besäße eine Hotelkette und kombiniere Kunst mit dicker Kohle, hübschen Frauen (idealisierte Mama im Film).

Auf dem Weg zum Kino, Uptown, hat er mir von Circuits erzählt. Das sind riesige Boy-Boy-Clubs, wo Hunderte seiner seltsamen Spezies tanzen gehen, Ecstasy nehmen – ihre Lieblingsdroge – und ihre wilden Daisy Chains machen. Alle formen ihre Körper im Studio und rasieren sich komplett, genau wie es wohl auch die Damen immer noch tun, an den Beinen und den Achseln. Glattes, hügelloses Fleisch. Yu hat mich eingeladen, ihn mal zu begleiten, aber ich glaube nicht, dass ich eingelassen werde, als immer noch korpulenter Über-Siebzigjähriger von einem anderen Planeten. Zur Abwechslung reisen diese reichen jungen Leute an exotische Orte, eine griechische Insel, zu Vier- oder Fünfhunderten, die Club-Gang, für ein Wochenende, wo sie feiern, Sex haben & Ecstasy nehmen wie in NYC. Ich liebe es, von der neuen Dekadenz berichtet zu bekommen.

Eine weitere Computer-Tutor-(Yu-)Session am Samstag. Nächster Schritt: wieder »online« gehen. Mein neuer Laptop funktioniert jetzt, obwohl ich noch lernen muss, wie man *druckt*, damit ich ihn am 1. März nach San Fran mitnehmen kann, für – tadaa! – die Premiere von Joes Show. Sechs Dichter werden bei einem Auftritt nacheinander lesen, einschließlich mir, jeweils zwanzig Minuten. [...]

Und Loosha, diese Scheck-in-der-Post-Geschichte wurde mir zugetragen, und ich habe gesagt, dass es eine super Idee ist, und mich gefragt, warum ich da nicht selbst draufgekommen bin; es liegt daran, dass wir Freunde sind, da fällt es mir perverserweise schwer, penetrant zu sein, wegen der ganzen Emotionen, die in mir brodeln, und damit sollte klar sein, dass es nicht von mir ausgegangen ist, glaub mir. Abgesehen davon gibt es eine Z-Press-Tradition, die von einem mysteriösen Z-Vorstand-Poeten ins Leben gerufen wurde, um medizinischen Anforderungen gerecht zu werden (der fragliche Dichter hatte vor einiger Zeit eine Pechsträhne, und es gab niemanden, an den er sich für finanzielle Beihilfe hätte wenden können), also fließt das in das Stipendium mit ein, das auch eine Vier-Sterne-Befreiung von geschriebenen und abgelieferten Seiten ist, ein Fait accompli, also NICHT eine Jemand-sitzt-dir-im-Nacken-Situation – »produzier, produzier«.

Es ist eine *fête accompli*, ein Cash-Cow-Hauptgewinn.

Muss mich für meine Augenmessung und Laufband-Feier mit Ron & Pat bereit machen – wir treffen uns irgendwo zum Lunch, als Belohnung.

Auf der kulinarischen Seite habe ich mich gehen lassen, aber bin noch immer viel weniger gefräßig, als ich es früher war. Achte jetzt sehr auf Salz, nehme keine Butter, keine Sahne mehr zu mir, kleinere Portionen. Isst man im Restaurant nicht auf, nimmt man es mit nach Hause. Mein »Zucker«, tröt, tröt, tröt, ist jetzt normal – perfekt wären 80 –, und ich streife die 80 in letzter Zeit immer wieder, was ich früher nie, nie geschafft habe. Außer Kontrolle geraten letztes Jahr, bis hoch in die 140, ziemlich regelmäßig, obwohl 120 das Maximum ist.

Ich habe ein Exemplar von *Blast [From the Past]*[132] vorab an

Steven Taylor geschickt, als Komponist und Mitstreiter, Punkt. Ich werde diese Woche loslegen – etwas gewidmet zu bekommen und es nicht vom Herausgeber zu bekommen, wäre eine schlampige Behandlung, für die ich Kniebeugen und ein gequältes, breites Grinsen anbiete.

Mucho Love, Kenward

Boulder, Colorado
3. März 2000

Lieber Kenward,

ich habe dich diesen Morgen angerufen, um über die Rezension [zum Lied »Taking a Chance on Love«] in der NY *Times* zu plaudern. Ich kenne nun zwar den Jargon nicht etc., aber für mich klang sie sehr gut, besonders der Teil, in dem daraus ein Argument für ein abendfüllendes Theaterstück wurde. Mir sind keine der Bedenken aufgefallen, die du über die Inszenierung geäußert hattest. Ach, und Latouche selbst klang so gut. Ich habe mich gefühlt wie Cher in *Mondsüchtig*, nachdem sie *La Bohème* gesehen hat ... »Ich wusste, dass sie krank war, aber ich habe nicht geglaubt, dass sie STERBEN wird!« Nicht mit 41 ... Das ist der Teil, den ich nicht kannte. Was die »Tantieme« anbelangt: Du weißt doch, wie viel Freude du trotz deiner Angst damit hattest, das ist also unwichtig. Auf keinen Fall ist dein Beitrag zur Inszenierung oder eigentlich zu seinem Leben BEZAHLBAR. Ich bin begeistert, dass es gespielt wird, und hoffe, es geht weiter.

Dass es die *Postcards* in verschiedenen Erscheinungsformen und Leben und an unterschiedlichen Orten weiterhin gibt, macht mich glücklich. (Du bist hoffentlich beeindruckt, dass ich, obwohl ich immer noch nicht weiß, wie man Seitenzahlen einfügt, mittlerweile die Kursivschreibung verstanden habe.) Ich habe das Gefühl, dass

die *Postcards schon sehr bald ... Verdammt, ich hätte nichts sagen sollen ... jetzt kann ich die Kursivschreibung nicht mehr ausschalten, eine richtig große Inszenierung erleben werden.*
[...]
Ich habe den ganzen Tag an der Uni verbracht. Wir sind so wenige, die so viel mit den Bewerbungen für nächstes Jahr zu tun haben. Kam völlig erschöpft nach Hause, riss mir die Sachen vom Leib und ging ins Bett, mit Schmerzen und Niedergeschlagenheit, die schon lange andauern. Wurde von der Erinnerung überfallen, dass ich mich schon früher so schlecht gefühlt hatte, sogar vor der Krankheit. Das liegt einfach daran, dass ich nicht schreibe. Na ja, kann sich jetzt nur noch um Monate handeln, bis ich schreibe. Inzwischen bin ich wieder aufgestanden und habe beschlossen, dir zu schreiben. Vor allem, weil ich den ganzen Tag schon singe: »You made me love you, didn't want to do it ...«
Pater Haley ... in Chile, junger Jesuit, der mir den Katholizismus nahebrachte, als ich zwölf war ... ich glaube, ich wollte konvertieren, schlimme, schlimme kleine Lolita, eigentlich hatte ich mich unsterblich in Pater Haley verliebt. Die erste Erektion, die ich gesehen habe, war unter einem Talar! Im Pfarrhaus. Schließlich sagte er mir, dass mein Glaube nicht tief genug sei und ich ein paar Jahre warten solle. Unterdessen erzählte er mir eine Menge anderer Sachen. Ich fragte ihn, ob ein Kuss eine Todsünde sei. Nein, sagte er, das sei eine lässliche Sünde. Jedenfalls ein Kuss auf den Mund. Aber, fügte er hinzu, ein Kuss auf den Nacken ist eine Todsünde. Ich konnte es natürlich nicht erwarten, einen Kuss auf den Nacken zu bekommen, und ich glaube wirklich, dass Nackenküsse viel tödlicher sind als andere, weshalb mir dieser Teil deines Briefes gefiel.
[...]
Was Jeff Clark betrifft ... er ist wirklich ein schmieriger, sinnlicher Autor (im guten Sinne). Mir gefällt das kleine Buch.

Ich möchte keine Liebelei und auch keinen Liebhaber. Hätte wirklich gern einen Fahrer. Und ich wäre gern in jemanden verknallt. Ich glaube, ich komme ziemlich gut damit zurecht, alt und dick zu sein ... nicht wirklich, mehr dazu gleich. Aber ich würde gern mit jemandes Hand an meinem Hintern aufwachen oder nervös werden, wenn *er* ins Zimmer kommt. Ich sehne mich nach Schmetterlingsflattern.

Gern würde ich darüber schreiben können, ohne kätzchenhaft zu klingen oder schlicht bedauernswert. Du hast es angesprochen, als du das »Jugendfoto« von dir mit Latouche erwähntest, Männer müssen das Gefühl also auch kennen. Nicht das Bedauern, alt zu sein. Aber eine bestimmte Nostalgie, einmal schön gewesen zu sein. Ich weiß, es stört mich, weil ich es hasse, wenn die Leute sagen: »Sie müssen sehr schön gewesen sein ...« Schwer zu erklären ... Ich schwöre, es ist keine Eitelkeit. Es liegt daran, dass ich dieselbe bin, mein Wesen ist dasselbe, und mir doch sehr bewusst ist, dass ich diese Kraft verloren habe.

Ich weiß immer noch nicht genau, was ich machen und wo ich sein werde etc., wenn der Job im Mai zu Ende ist. Von den himmlischen $ aus New York habe ich niemandem erzählt, außer Jenny und meinen Söhnen. Ich wusste, es würde sie freuen. Aber einige Leute werden neidisch, und andere würden etwas davon haben wollen etc.

Bobbie habe ich gesagt, dass ich eine Rente von $ 791 bekommen werde. Nur das, und dass ich viel ändern muss. Was ich auch tun werde. Keine große Sache. Ich bin in meinem Leben sehr reich und sehr arm gewesen und habe es immer geschafft. Meine Söhne waren gut angezogen und gut ernährt, und ich hatte immer Blumen und Parfüm. Aber Bobbie rief ein paar Tage später an und sagte, mach dir keine Sorgen, wir werden alle dafür sorgen, dass es dir gut geht. Ich liebe sie innig, aber sie ist so schrecklich viel beschäftigt. Wenn sie dir schreibt, ignoriere sie bitte. Reed Bye[133] hat angerufen, um mir zu sagen, dass er ein paar Frauen kenne, die an Schreibtutorien interessiert seien. Eine Freundin bot mir an, für mich einkaufen zu gehen, falls ich mein Auto verkaufen muss. Eine andere will mir dabei helfen, eine Website für den Schreibunterricht anzufertigen, etc. etc. Alle meine Söhne haben mir angeboten, sich um mich zu kümmern. Darauf würde ich nie zurückgreifen. Ich weiß die Freundlichkeit zu schätzen, aber ich bin ein stolzer Mensch. Ich kann es nicht erwarten, arbeitslos zu sein. Ich habe noch offene Jahre in meinem Vertrag. Ich kann, wenn ich möchte, jederzeit Teilzeit an der Universität unterrichten. Ich möchte nicht! Ich möchte mich BUCHSTÄBLICH zur Ruhe setzen, vielleicht schreiben (das möchte ich so sehr, dass ich flüstern muss). Vielleicht den ganzen Tag das Wetterprogramm im Fernsehen schauen.

Bitte, ich möchte immer in der Lage sein, dir zu sagen, dass ich traurig bin oder einsam, oder sogar darüber klagen können, dass ich pleite bin, ohne dass du denkst, du müsstest irgendetwas TUN. Ich hoffe, ich habe immer diese Freiheit mit dir und du mit mir.

[…]

Wow. Jetzt BIN ich müde und habe dir den eigentlichen Grund, warum ich dir schreiben wollte, noch nicht gesagt, und zwar wegen Boris, dem russischen Taxifahrer. Ich werde mir das für irgendwann einmal aufheben … Wir haben noch zwei Wochen Bewerbungsgespräche für die Professur. Nächste Woche kommt mein ältester Sohn Mark mit seiner Frau Judy für ein paar Tage hierher. Ich kann es kaum erwarten. Er ist Koch. Beide umarmen gern.

Habe mich sehr über die rote Satinrose zum Valentinstag gefreut. Alles Liebe, Loosha

New York, NY
4. März 2000

Liebe Loosha,

noch im Bett, genau da bin ich. 9:45 Uhr, draußen sonnig. Der Verstand hüpft hierhin und dorthin und denkt sich einen »vielsagenden«, scharfen Brief an die *New-York-Times*-Kritikerin aus, die »Taking a Chance on Love« verrissen hat – die paar positiven Schnörkel darin sind mit den schwarzschleimigen Exkrementen des bösen Tons ihrer Pseudo-Rezension besudelt worden. Sie ist gestern erschienen, und eigentlich sollte ich so einige Trauerfall-Anrufe bei denjenigen tätigen, die an der Entstehung der Show beteiligt waren. Ein Teil der Rezension könnte einen üblen Nachklang haben, der auf *Postcards on Parade* abfärben könnte. Abgesehen davon, dass ich in der Rezension als der Typ erwähnt werde, in den sich John »verliebt hat«, erlaubt sich der letzte Killer-Satz, den Leser

1. zu informieren, dass ein romantisches Lied von einem Kerl für einen Kerl gesungen wird, und
2. zu behaupten, dass John dies gutheißen würde, wo auch immer er ist –

in der Annahme (Subtext), dass es ja wirklich sehr schräg sei, wenn eine Ballade über schwule Liebe in einer Revue gesungen werde, oder, unterm Strich, im echten Leben. Da *Postcards* einen gleichgeschlechtlichen, gar nicht unwichtigen Teil umfasst, hoffe ich, dass der Vorstand des York Theatre nicht gegen Jimbo [Morgan], den Produzenten, vorgehen wird. Ich habe den Präsidenten kennengelernt, und ich vermute, der Vorstand ist durch und durch WASP[134], was ja zulässig ist, in unserer multikulturellen Brühe der Mega-Power. Vielleicht kommt es zu einer Art Queen-Victoria-Situation. Sie werden »es« (schwules Zeug) nicht erwähnen, denn – es ist unaussprechlich. Genau wie der Premierminister, der als Erster ein

Anti-Homo-Gesetz zur Zeit von Queen V. verabschiedete, aber keine Strafe für Lesben verfügte, weil niemand gewagt hatte, die Königin darüber zu informieren, dass britische Damen solchen Fummeleien frönen. Bei Jungs ist das ja schon schlimm genug. Es ist eine wunderbare Farce-Szenerie für eine – schluchz – Revue.

Die Premiere war großartig – ein sehr aufgeschlossenes Publikum, viel Gelächter, wie schön, wenn man Lachen über kluge Witze hört. Die Padgetts, mit denen ich hingegangen bin, fanden es toll – Patty mit glitzernden Augen, und Ron, neben dem ich saß, hat meine Lachspur-Meinungsforscher-Antennen ziemlich beschäftigt. Er kicherte sehr leise vor sich hin, sodass man genau hinhören musste. Er ist viel zu kultiviert für Gepruste. Sie schienen sich nicht an dem »Happy-End«-Teil zu stören, in dem »Lazy Afternoon« auf der vermeintlichen Vermont-Veranda gesungen wird, wir, John und »ich«, halten uns an den Händen, kuscheln harmlos und singen dieses herrliche Lied wie zwei Engel.

Nach der Show gab es eine Art Party für die Show-Leute, alle waren ganz aus dem Häuschen – »Love love love«, »Who me?«, »Yes, you!«, und weiter zum Nächsten. Die Padgetts wollten aufbrechen, aber ich habe mich mitreißen lassen und habe Marge Champion[135] getroffen, die du vielleicht aus ihren Filmen kennst. Sie ist eine Schönheit, muss jetzt in ihren Siebzigern sein, genau wie ich, und ich meine eine SCHÖNHEIT, deren erster Tanzjob in dem [Duke-]Ellington-Musical von John war, das (bei dem der Bostoner Tryout) *Twilight Alley* hieß, was ich dem späteren NYC-Titel *Beggar's Holiday* vorziehe. Wir haben zarte Siebzigjährigen-Bande geknüpft, also hoffe ich, dass ich mehr von ihr und ihrer Sommerresidenz im südlichen Vermont zu sehen bekomme. Ron war so, so, so neidisch! Er war erstaunt, wie kontaktfreudig die Theaterleute sind, nachdem er sein ganzes Leben lang mit Literaturvolk zusammengepfercht war, das sich nie und nimmer vor unschuldiger Freude und Wertschätzung gegenüber anderen überschlagen würde. Nun, das ist eine maßlose Übertreibung, aber, dass die Show-Leute überhaupt nicht geizen oder neidisch sind, ist eine Wohltat.

Es ist Zeit- und Energieverschwendung, sich über eine dumme, schlechte Kritik aufzuregen. Ich bin froh, dass ich 71 bin und schon viel gemacht und wirklich furchtbare Kritiken über meine Arbeit gelesen habe. Und dass ich weiß, dass die Arbeit manchmal überlebt, z. B. *Die Grasharfe*, *Miss Julie*[136]. Aber die Latouche-Kritik ist hart, denn sie macht es sehr unwahrscheinlich, dass die Revue nach ihrer sechswöchigen Laufzeit im York Theatre verlängert wird. Vielleicht folgen noch andere Kritiken, die für das Missfallen der *Times* entschädigen. Aber die *Times* hat das Sagen.

Ansonsten ist alles in Ordnung. cw ist ganz lieb hinsichtlich meines aktuellen Ausflugs auf die Überholspur. Die zweistündige Sitzung mit dem Regisseur von *Postcards on Parade* verlief gut, und wir haben uns auf einige sinnvolle Überarbeitungen geeinigt. Ich werde morgen, am sonntäglichen Ruhetag, wieder eintauchen und sehen, wie es läuft. Wie Marge Champion auf der Premierenfeier sagte: »Musicals werden nicht geschrieben. Sie werden um-geschrieben« – und sie erinnerte sich daran, wie die Darsteller einen neuen Song in *Hello, Dolly!*[137] aufgeführt haben – in Schleifchen und Bändern, seeeehr vielen davon –, weil es noch keine Kostüme gab.

Gestern (zu einem guten Zeitpunkt, direkt nach der Besprechung in der Morgenzeitung) war ich im Nancy-Land, dem sagenumwobenen Grolier Club, wo sich der Mann vom Lazard Asset Management [= Dyke Benjamin] (der einen Teil meines Vermögens steuerlich verwaltet) wie im Himmel fühlt. Seine Ruskin-Sammlung[138], die er sein Leben lang zusammengetragen hat, ist dort ausgestellt und wurde diese Woche im *New Yorker* besprochen. Nancy war nicht da, ist mit unterdrückten Schluchzern herumgestreift und hoffte, dich wieder in die Herde zu locken. Vielleicht war sie zu

Hause, hat Tabletten für die Nerven geschluckt und sich gefragt, was du da draußen in den Bergen treibst, während du darauf wartest, dass die Gänseblümchen blühen, und dich mehr amüsierst, als es immerwährenden WASPs erlaubt ist.

Alles Liebe, Kenward

Boulder, Colorado

Lieber Kenward,

entschuldige, ich kann nicht aufrecht sitzen und tippen. Bin zu Hause, nach einer weiteren höllischen Fünftagewoche. Diesmal mit hohem Schnee, Scheibenfreikratzen & Schneeschippen, & nicht einer dieser lächelnden Menschen hilft … joggen alle einfach weiter. Schwerer Sauerstofftank & pleite. Das Feld überqueren. Den Riegel vorschieben & am Feuer sitzen & spinnen. So froh, dass es Freitag ist, ich könnte vor Freude weinen – & da ist dein Buch [*Cyberspace*]! Schön-beseelte Zusammenarbeit. Perfekt. Bitte sag Trevor W., wie sehr ich seine Arbeit bewundere.

Die Stimmung darin ist einfach himmlisch. Ich habe es schon zweimal durchgelesen – zu müde, um der Sache gerecht zu werden – werde warten, bis ich Urlaub habe. Frühjahrsferien nächste Woche. Aber schon das zweite Lesen brachte immer weitere erstaunliche Überraschungen & Wendungen & Schönes zutage. Die Sprachspiele, himmlische »Kickbacks & (sic) Pax«, »Karnickel-Kacke« … Gott, es ist voll Reichtümer. Glanz & Witz & Taschen voll Traurigkeit & Blitze der Anmut, die fast an Keats erinnern: »Ich befehle euch, ›die Schotten dicht zu machen‹«, »unter den Füßen knirschen fein die Nadeln … es ist Herbst.« Wow.

Wenn ich mich nicht mehr in einem Zustand aus Schmerz & Erschöpfung befinde, werde ich genauer darauf zurückkommen.

War so froh über deinen Brief. Die Empfehlungen in der aktuellen *Times* klingen gut – tut mir leid, dass es nicht länger gespielt wird, aber hey, es wurde gut aufgenommen.

Deine anfängliche Reaktion verstehe ich total (sorry, College-Studenten-Jargon). Genau wie meine, als mein Buch rauskam. Angst, man würde mich wegen Sex mit Minderjährigen verurteilen, wegen Alkoholismus, wegen der Geschichte über die Frau, die ihren Mann umbringt etc. War total PANISCH. Einmal, als ich mir über dieses oder jenes Sorgen machte, sagte meine Mutter zu mir: »Weißt du, die Leute achten wirklich nicht so sehr auf das, was um sie herum passiert.« Ganz sicher nicht, was unsere wunden Punkte betrifft …

Meine Großmutter sagte: »Rede nie von Geld oder Schweiß.« Sex hätte sie nie gesagt. Sie las Tag & Nacht die Bibel. Das Hohelied hatte sie ausgeschnitten, weil ich es nicht sehen sollte. Stell dir mein Entzücken vor, als ich das erste Mal in einem Hotel war, in dem es eine Bibel gab! Vor allem, weil immer wieder von den Lenden des Mannes die Rede war, & ich dachte, es würde Penis bedeuten …

Brief folgt. Ich bin froh, dass du das mit dem Buch hinbekommen hast: Es ist perfekt … & das ist sehr, sehr selten.

Bravo, Looshenka

New York, NY
28. April 2000

Liebe Loosha,

vielen, vielen Dank für das Geburtstagssträußchen, ein Augenschmaus, ein Nasenschmaus, was auch immer. Zart, verletzlich und wunderschön. Es bedeutet mir so viel, dass es den ganzen weiten Weg von dir im verschneiten (?) Boulder zu mir gefunden hat. Noch einmal: tausend Dank.

Mein Geburtstag war der Brüller. Ich hatte Harold und Pauline

[Camp] aus Vermont eingeladen, zu der – ehrlich wahr – Doppelveröffentlichungsfeier (*Nite Soil*[139] & *Cyberspace*) und auch zu der Show, aber schon vor sehr, sehr langer Zeit, als es noch eine sehenswerte Show hätte werden können. Was nie passiert ist. Sie hat sich durch fünf oder sechs Probeaufführungen gehangelt, das Theater nicht mal halb voll, oder mehr als halb leer, je nachdem, ob man Pessimist ist oder nicht … bis sie dann im gegenseitigen Einvernehmen zwischen Jimbo, dem Regisseur/Bühnenbildner, und mir auslief. Es war eine Erleichterung, denn das Publikum, das größtenteils aus retro-süchtigen Silberrücken bestand, versank samt und sonders in tiefer Abscheu. Es gab eine himmelschreiend komische Begegnung, als ich die Show nach dem ersten Akt verließ, stets der Moment, der eine günstige Gelegenheit bietet – in Massen – zu flüchten.

Der Direktor ist unter dem panischen Druck fies geworden & hatte meine Überarbeitung des Tages keines Blickes gewürdigt … und ich war völlig fix und alle, also ging ich mit den lebhaftesten Silberrücken durch die Drehtür des Citicorp Building, in dessen unteren Tiefen sich das York Theatre befindet.

1. Silberrücken: *Postcards* aus der HÖLLE …
2. Silberrücken: Wer schreibt denn nur so etwas?
3. Silberrücken: Irgendjemand muss es ja getan haben.
4. Silberrücken: In dem Augenblick, als ich am Anfang diese Autoalarmanlage gehört habe, wusste ich eigentlich, dass ich auf der Stelle gehen sollte …
5. Silberrücken (zu mir): Ihnen hat's wohl auch nicht gefallen?

Und verdammt, ich hab gekniffen.
Ich: Im Theater war's so warm …
Anstatt: Ich bin Kenward Elmslie, und ich habe den Text zu diesem Musical geschrieben.

Nach zwei Tagen Katzenkuscheln und Zombie-Abgründe bin ich wieder auf dem Damm. Ich habe mich dem trüben Alltagstrott stellen müssen – CW tut mir gerade nicht gut, brauche Zeit, um mich zusammenzureißen, für mich allein. Er wird bei Schwäche ungeduldig und auch wegen meiner Alterslangsamkeit. Deshalb kann ich nicht mit ihm spazieren gehen – er flippt bei jeder Kleinigkeit aus.

In Vermont wird wieder alles okey-dokey, der gute, sichere, erholsame Rückzugsort. An Einsamkeit bin ich da oben gewöhnt.

Also fährt er am 2. Mai für drei Monate nach Amsterdam, nicht für zwei, wie geplant. Seine Amsterdamer bessere Hälfte, A, ist HIV-positiv. Ich habe CW gebeten, einen Test zu machen zu seinem eigenen Besten (nicht zu meinem, wir waren sexuell immer nur Freunde – er steht beim Sex auf Schwarze, »Blackies«, wie er sie nennt – nicht auf alte Typen mit dickem Bauch).

Er ist wahnsinnig lieb, erstaunlich intelligent und kann immer besser mit Sprache umgehen, aber irgendwas ist da kaputt, Missbrauch in der Kindheit durch seinen Vater – also greife ich oft ins Leere, wenn ich mich ihm nähern will, oder schlimmer, mache ihm Angst. Und ich bin kein Heilungsspezialist, wenn es um das menschliche Innenleben geht. Er kann entspannt und charmant sein und verbringt Zeit mit anderen, oberflächlichen Kontakten. Aber zwischen uns hat sich eine ganz schöne Ladung aufgestaut, wir weichen beide zurück, wenn es um unser Inneres geht. Also gebe ich auf – man kann nicht alle kriegen. Fühle mich heute Morgen ein bisschen fröhlich, weil ich drei Monate sturmfrei vor mir habe. Ich treffe mich sogar um 7:30 Uhr mit Chuck im Café, dem Schauspieler, der Joe kannte und das Musical mag, sowie mit Jimbo, dem York-Regisseur, und dann werden wir sehen, was sie vorhaben, um dieses halb begrabene Musical zu reanimieren.

Show im Eimer, Beziehung im Eimer, aber ... hatte eine gute

Buchvernissage gestern bei Teachers and Writers[140], wo Ron Padgett der Boss war. Guter Ort, war fast zwei Stunden mit Büchersignieren beschäftigt, habe einfach nur auf einem Stuhl gesessen, signiert und geplaudert. Entspannt.

Geburtstagsfeier war bei Chanterelle, einem großartigen Restaurant, wohin mich Joe immer zum Geburtstag ausgeführt hatte, diese Tradition blieb also bestehen. Nette Neunertruppe, inklusive der Padgetts, Steven Taylors Ex (Lee Ann Brown) & Jimbo, der Regisseur/Bühnenbildner der Show (hat etwas Brüderliches – das Show-Desaster trübt das nicht), Steven Clay und seine Frau (Granary Books), Trevor Winkfield, *Cyberspace*-Kumpel, cw und ich. Schönes Essen. Bis zur Sperrstunde um 1:30 Uhr.

Muss bis zum 1. für meinen alljährlichen Sommerumzug gepackt haben. Bin ohnehin so verpeilt, kann genauso gut den Umzug machen. Allein in einem Haus herumzustöbern, war früher schon mein Schicksal, auch mit Joe, der am 1. Juni nach Vermont gekommen und Mitte September wieder abgereist ist, nicht mehr und nicht weniger. Ich bin schon immer früher hingefahren und länger geblieben. Mal sehen, wie ich mit der Aussicht auf eine tägliche Solo-Runde für unbegrenzte Zeit klarkomme.

Habe gestern wie der Teufel an Collagen gearbeitet, und vorgestern auch schon, für eine superbesondere A-bis-Z-Ausgabe von *Nite Soil*. Mr. Granary ist der Meinung, er könne sie zu einem lächerlich hohen Preis verkaufen, aber mein Kiddo sagt, Koks koste nur einen Groschen, genau wie Juicyfruit- und Dentyne-Kaugummis und die Staten-Island-Fähre – also: Was weiß ich schon.

So, muss aufhören. Habe die letzte Zeile deines letzten Briefes nicht verstanden und deshalb den Fragebogen falsch ausgefüllt. Trotzdem ist es eine Tradition, also hier ein Scheck, um dich zu feiern, an meinem 71.

Alles Liebe, Kenward

Boulder, Colorado
3. Mai 2000

Lieber Kenward,
 eine traurige und verwirrende Verwechslung. Nachdem ich die traurigen Neuigkeiten vom Ende der *Postcards* bekam, erhielt ich gestern einen Brief, der voller Enthusiasmus, Pläne und Ideen zum Überarbeiten war. Hörte sich so an, als würdest du noch einmal mit einem neuen Regisseur von vorn anfangen etc. Doch dann wurde mir klar, dass das lange vor der Feier zum einundsiebzigsten Geburtstag gewesen war. Es war ein Brief von Anfang April, der erst jetzt den Weg in die Rockies gefunden hat.
 Also, das mit den *Postcards* tut mir leid. Aber eines habe ich bis zuletzt nicht verstanden. DU warst nicht für die Hauptrolle vorgesehen. Ich hätte dieses Ergebnis vorhersehen können. DU bist diese Show, und ohne dich, na ja, kann ich sie mir nicht vorstellen. Ich hatte auch ernsthafte Zweifel, als sie »Seventeen Years of Hell« auf die 86er zurechtbürsteten.
 Tröste dich unbedingt damit, dass du in diesem Jahr so viele gute Sachen geschrieben hast. Die *Lizzie-Borden*-Oper war großartig, die *Grasharfe* ein Erfolg. *Cyberspace* ist hervorragend etc.
 Es muss sich trotzdem furchtbar anfühlen. Schmerzhafter Dialog mit Alten in der Drehtür. (Ich hätte sie immer weiter darin drehen lassen wie in *Der Schwarze Jumbo*[141].) (Computer sagt *D. S. J.* sei *falsch*, hm ... ist ER politisch korrekt und ein grammatikalischer Faschist?) Du hättest ihnen sagen sollen, wer du bist, und stolz darauf sein. Deppen.
 Ach, ich bin so blöd. Vor allem was $ angeht. Ich dachte, ich hätte dir einen riesigen Strauß Gartenwicken geschickt, meine Lieblingsblumen. Später begriff ich, dass du wahrscheinlich etwa acht Blüten bekommen hast. »Anfällig« war eine nette Art zu sagen, dass sie nicht allzu frisch gewesen sind. Gut, dass sie

wenigstens angekommen sind, und Harold und Pauline auch da waren.

Mir stehen zwei weitere erschöpfende Uni-Wochen bevor. Am Freitag der Umtrunk zu meinem Ruhestand, was schwer sein wird, weil ich nur ungern gehe. Ich vermisse Ed sehr. Alle möglichen $-Probleme, bei denen du mir *total* aus der Klemme geholfen hast. Die Versicherung sagt, ich hätte zu viel Geld. Ich konnte das Auto nicht abbezahlen, weil die Ausgaben etc. die Hälfte des letzten Kenward-Segens verschlungen hatten. Jetzt klappt es. Puh! Die Rente wird genau für meinen Wohnwagen reichen. Wenn das einmal bezahlt ist, können sie mein Haus oder das Auto nicht als zusätzliches Einkommen berechnen und werden mir eine monatliche Summe zahlen. Ich wette, auch du wirst aus all dem nicht schlau. Aber du musst wissen, dass ich dein Geschenk wirklich gut gebrauchen konnte und dir sehr dankbar bin. Alle möglichen komischen Sachen tauchten auf. Autoversicherung, Autolieferung, Autozulassung, Hausversicherung, Verlängerung der Krankenversicherung, Umzugshelfer, Hausprüfer, Reparatur der Elektrik. Plus das blöde Problem mit ALL meiner Sommerkleidung, die im Keller gelagert und komplett ruiniert war von Rohrbrüchen. Jetzt trage ich Kleider, die ich zu Nachthemden degradiert hatte. Sie sind völlig in Ordnung, und niemand *weiß*, dass sie Nachthemden waren.

Also, es tut mir leid, dass du allein bist, aber ich bin froh, dass du dir über CW so im Klaren bist. Er ist beschädigt und nicht imstande, dich gern zu haben, zärtlich, wie du es brauchst. Jetzt, da du siehst, dass er Liebe nicht annehmen kann, wirst du auf gewisse Weise weniger allein sein als in dieser verzwickten Beziehung, denke ich.

Dein Geburtstag hat sich so schön angehört. Ich habe das Gefühl, die Padgetts inzwischen zu kennen und zu mögen, und Trevor Winkfield muss großartig sein. Lee Ann und ich sind uns nur wenige Male begegnet, aber wir haben uns *richtig* gut verstanden. Ich liebe ihren Humor und ihr Herz.

Danke, lieber Freund. Was für eine Tradition du in Gang gesetzt hast. Auf dass du leben mögest, bis du hundert bist!

Alles Liebe, Loosha

Boulder, Colorado
4. Mai 2000

Lieber Kenward,

ich weiß nicht, ob das ein Brief des Mitgefühls oder einer des Selbstmitleids ist …

Weil du eine so *dynamische* und *starke* Persönlichkeit hast, dein Witz und dein Einfallsreichtum Bewegung und Energie erzeugen, dein Herz so voller Menschen und dein Geist in der Welt so engagiert ist, wirkst du auf mich sehr stark. Du gibst mir Kraft, also sehe ich dich nie als jemanden, der sich allein fühlt oder ist. Als du davon sprachst, allein umzuziehen, dachte ich, du würdest jemanden vermissen (Joe, immer) und cw.

Wie habe ich nicht begreifen können, dass du dich so ähnlich fühlst wie ich im Moment. Ich bin so durcheinander und unsicher. Der Ruhestand, die Rentenversicherung (Invalidenrente wurde mir verweigert), der Kauf eines WOHNWAGENS? Und Kartons. Nach der Uni bleiben mir nur gerade genug Luft und Kraft, um drei oder vier Kartons mitzunehmen. An einem anderen Tag schaffe ich nur zwei oder drei. (Und ich rangiere die meisten meiner Sachen aus, damit sie in meine Einzimmer-Fertigwohnung passen.) Ich weiß, dass man mir helfen würde, und ich werde auch Hilfe beim Umziehen bekommen. […]

Ich weiß nicht, was ich ohne deine Hilfe getan hätte. Wirklich. Ich hätte vielleicht alles hingeschmissen. Du hast mir eine Krankenversicherung ermöglicht und mich in die Lage versetzt, umzuziehen, ohne dass mich Panik erfasst. Ich war zu stolz (Bobbie sagt, ein Kontrollfreak), Almosen von den Boulderianern anzunehmen. Deine Großzügigkeit und deine Liebe sind so bedingungslos, dass ich sie dankbar und erleichtert annehmen kann. Ich hätte nicht darum gebeten, aber nun begreife ich nicht, was ich ohne sie gemacht hätte.

Aber was das Alleinsein betrifft ...

Nicht, dass ich physische Hilfe bräuchte. Na ja, manchmal schon, aber darum kann ich nicht bitten. Ich arbeite daran. Ich weiß, dass ich, wenn ich wirklich etwas BRÄUCHTE, liebe Freunde hier habe, die mir helfen würden. [...]

Ich möchte mit jemandem die Welt und den Tag entdecken.

Ich möchte in der Lage sein, von der Zeitung aufzuschauen und zu fragen: »Was hältst du von diesem Kind aus Kuba?« Oder, ach, eine Million Sachen am Tag, Entscheidungen, Verwirrungen. Geringfügige Dinge eigentlich. Ist dieser Vogel ein Fink?

Ich wünsche mir eine gesellige Stille.

Also, ich hab meinen Trollope heute Morgen eingepackt und an dich gedacht, wie du für das Land packst. Wir sind beide nicht für das Alleinsein geschaffen, weil wir es beide lieben zu reden.

Alles Liebe, Loosha

TEIL II
2000–2001

Briefe aus der Valmont Road, Boulder, Colorado
Briefe aus Calais, Vermont, und New York, NY

Boulder, Colorado
28. Mai 2000

Lieber Kenward,

es war gut, deine Stimme zu hören. Ich mag das Telefon wirklich nicht, und als mein neumodischer Apparat kaputtging, habe ich dich nicht noch einmal angerufen. Ich wusste nicht, dass du dich mit einer neuen und verbesserten Fassung der *Postcards* beschäftigst, machte mir Sorgen, du wärst aus gesundheitlichen Gründen nach New York gefahren. Gut zu hören, dass es dir gut geht. Die neuen *Postcards* klingen vielversprechend und aufregend.

Ich bin immer noch erschöpft beim Auspacken, aber mir gefällt meine neue Wohnung jeden Tag mehr. Und jede Nacht. Es gibt Frösche und Zikaden und Mücken hier, genau wie auf dem Land. Viele Gräben und Bäche ziehen sich durch die Landschaft. Züge fahren auch durch, meistens mitten in der Nacht. Viele Anwohner sagen, das ist das einzig Schlechte am Leben hier. Ich liebe Züge, das Geräusch macht mich glücklich, und ich schlafe sofort wieder ein, träume von der guten Anna Karenina.

Mich stört es auch nicht, dass mein Haus hinten an die Thirtieth Street grenzt, eine vielbefahrene Straße. Die Klimaanlage übertönt den Lärm ... ich schalte sie aus, weil *dieser* Lärm mich nervt. Heute Abend war ich draußen und saß unter einer riesigen Pappel in meinem Hof. Diese schwarzen Stretchlimousinen fuhren vorbei. Was konnte das sein? Eine Beerdigung? Ein Lottogewinner? Sie hatten Probleme, an der Ecke um die Kurve zu kommen. Die

Söhne meiner mexikanischen Nachbarn waren alle zum Abendessen gekommen, weshalb die Einfahrt mit etwa fünf Pick-ups zugeparkt war. Mann und Frau sind in meinem Alter und kommen aus Juárez, und wir hatten schöne Unterhaltungen über El Paso und Juárez, heute und in den vierziger Jahren. Die Straßenbahn, das El Minuto Café etc. Vor einigen Tagen hat er mit einer Motorsäge gearbeitet, und ich fragte ihn, ob er den oberen Aufsatz meines Bücherschranks aus Eiche entfernen könne ... zu hoch für meine Wohnung. Er hat ihn nicht nur abgesägt, sondern das oberste Regal wieder vorsichtig angebracht, es geklebt und mit Sandpapier bearbeitet. Sie machen alle gemeinsam BBQ und spielen (nicht laut) mexikanische Musik.

Ich fühle mich hier sehr zu Hause. Ich habe das bouldersche Yuppietum und die New-Age-Leute wirklich gehasst, schlechte Kunst und schlechte Buchläden.

Später: Ich habe noch ein paar Kartons ausgepackt und kam ins Schlafzimmer. Wow, vor dem Fenster, die Straße hoch und runter, sah es aus, als wäre Christo[1] hier gewesen. Beide Straßenränder waren mit orangefarbenem Netz bespannt, so weit man sehen konnte. Dann wuchsen Metallkonstruktionen in die Höhe, mit Plattformen und Leitern. Eine Art Centre Pompidou direkt vor meinem Fenster. Ich habe im Augenblick keinen Fernseher. Kein Kabel, müsste Schüsseln kaufen etc. Zu viel zu tun, um die Lokalzeitung zu lesen ... weshalb ich mich nicht an den Bolder-Boulder-Memorial-Day-Wettlauf erinnerte, *riesiges* Rennen. Abertausend berühmte Schwarze und indigene Mexikanerinnen und Mexikaner, plus all die körperlich leistungsfähigen Boulderianer. Auch Rollstühle.

Ich füllte meinen Sauerstofftank und ging hinaus, um zu sehen, was los war. Ein Fernsehteam und die Organisatoren des Rennens waren da. Sie werden um fünf Uhr morgens direkt vor MEINEM Fenster sein, um aufzubauen. Der Startschuss fällt um 7:30 Uhr!

Ich betrachte das als ein gutes Omen. Ich bin ganz bestimmt zur richtigen Zeit am richtigen Ort, weil ich sowieso um fünf Uhr aufstehe. Stell dir vor. Tausende Menschen am Start des Rennens, nur viereinhalb Meter von meinem Bett entfernt! Es ist so schrecklich, dass es mich glücklich macht. Zu viele Menschen auf einmal, das hat mich davon abgehalten, mir auch nur einmal diese jährliche Veranstaltung anzuschauen. Aber wenn man an der Veranstaltung *teilnimmt*, ist das etwas ganz anderes.

Nächster Abend: Zu müde zum Schreiben, und ein langer Brief muss ermüdend zu lesen sein. Das Rennen war phantastisch. Herrlich. Schüsse knallten alle zwanzig Minuten für neue Gruppen. Mehr als 40 000 Menschen. Ich schaute zu, zwischen dem Auspacken, stundenlang. Das schöne Gefühl, dass viele Menschen sich gemeinsam an etwas erfreuen. Wie Oper oder Baseball.

Alles Liebe, Loosha

Calais, Vermont
28. Juni 2000

Liebe Loosha,

die Mobile-Home-Fotos sind GROOOßartig, so gemütlich, durch und durch du, kleine Sofas allüberall, Kunst auf dem Boden, genau wo auch ich sie manchmal lasse. Bin sehr heimelig und häuslich heute, weil hier im Haus eine Lady-Party im Gang ist. Pauline Camp, in jeder Hinsicht groß, Fleisch wie eine Hügellandschaft, ungebräunte, teigige Hautfarbe, Preisboxer-Blumenkohlnase, schmale Augen, riesige, unförmige Ohren, nach unten gebogener Mund – für Überlebenskünstler eine echte Schönheit. Sie ist ein Original und hilft freiwillig beim großen Sommer-Reinemachen mit Patty Padgett, die barfuß ist, sehr zu Paulines Erstaunen und kaum verhohlenem Schock. Harold, Paulines Ehemann, und ich haben uns zu einem verwirrten, hilflosen männlichen Klüngel zusammengeschlossen angesichts dieser geballten Macht, die altmodische »echte« Frauen am besten beherrschen – das Aufräumen von Männerchaos.

Ich war in Lesen-Lesen-Lesen-Stimmung, ein Muster aus meiner Jugend, als ich die meiste Zeit nur gelesen habe, eine Solo-Beschäftigung, die mich ausfüllte und mir eine köstliche und verlässliche Flucht bot, und obwohl mein Hauptinteresse der Erzählung selbst galt, habe ich auch die sprachlichen Wendungen und Kniffe genossen. In diesem Sommer habe ich mit Begeisterung [Evelyn Waughs] *Eine Handvoll Staub* wiedergelesen.

Ich habe [Stendhals] *Rot und Schwarz* angefangen zu hassen und mich in eine Kurzgeschichte von Colette verguckt, *Die Andere* – französisches Standardtrio: Ehefrau, Geliebte, ein trotteliger Boulevardschriftsteller und Schürzenjäger, den sie beide lieben und sich zu teilen beschließen. Sie haben einander so gern, dass Eifersucht kein Thema ist. Ich wurde neidisch auf die Details der Theaterwelt, die Generalprobe, die Darstellerinnen, den Alltag, aus dem ich mich verbannt fühle.

So raffiniert. Und außerdem eine historische Novelle von [Marguerite] Yourcenar, schlicht und wunderschön. Zwischen den Romanen tauche ich in deine Werke ein, um zu sehen, wie sie dazu stehen, und das tun sie sehr gut – diese Gothic-Romantik erschlägt mich, wie sie in Politik und Machtspiele abschweift. Wunderschön und natürlich, nichts Gezwungenes oder Aufgetakeltes, eine dem Untergang geweihte feudale Pracht, die einfach und mit unverdorbenem Blick betrachtet wird.

Gestern habe ich einen Graham-Greene-Krimi durchgeblättert, der mich gelangweilt hat – Spannung, ja, aber nicht annähernd so fesselnd wie seine Safari durch das kartographisch nicht erfasste Innere von Liberia, die so großartig ist, dass sie mir richtig Lust auf mehr Greene gemacht hatte.

Ich lasse Harold zu Wort kommen, der sich neben meinem Schreibtisch niedergelassen hat und über das räsoniert, was ich gerade am Rechner mache.

Harold: »Ich habe einen neuen Riemen geholt, hat mich nur vier Dollar gekostet, und jetzt gehe ich zum Abendessen. Wir sind beim letzten Set angekommen, dann haben wir nur noch scharfe Klingen. Bin den Müll losgeworden. Diesen Frühling bin ich ihn losgeworden. Ich habe einen Müllmann, der kommt direkt an die Tür, nimmt alles, was die Mädchen aus dem Lager weggeworfen haben. Er wird es los, kein Problem für ihn, er hat so eine große Brechmaschine, schiebt es rein, und wenn sie voll ist, kommt das Zeug weg. Wir essen was und mähen dann heute Nachmittag den Rest. Die Pfingstrosen wachsen wirklich schön, drei Sträuße Lupinen. Man weiß nie, weiß ja wirklich nie, was passiert, aber es war wirklich ein gutes Blumenjahr.«

Ich wieder.

Ich bin froh, dass von dem großen Spektakel ein paar Glückskrümel für dich abgefallen sind. Ich hoffe, die Krümel fallen weiter, jetzt, wo du dich wieder eingerichtet hast. Herzlichen Glückwunsch von Deinem Brieffreund aus der Provinz – und einen schönen 4. Juli!

[…]

Mal sehen, was die Damen im Haus so treiben.

Alles Liebe, Kenward

Boulder, Colorado
24. Juli 2000

Lieber Kenward,

David und die Jungs sind gestern Abend gefahren nach einem wirklich wunderbaren Besuch. Ich muss einfach loswerden, wie glücklich und dankbar ich bin. Jede Mutter, die von ihren Kindern geliebt wird, ist gesegnet, eine alkoholkranke Mutter ist im Stand der Gnade. Ich weiß, dass ich eine »gute« Mutter war, liebevoll und verantwortungsvoll, bevor ich anfing zu trinken, und als ich trank, habe ich meine Söhne nie physisch oder verbal verletzt, ihnen aber bestimmt Angst gemacht, ich war ihnen peinlich, und sie haben sich wegen mir geschämt und sich Sorgen gemacht … Es hätte sie das Leben kosten können, betrunken am Steuer, das Haus brennt ab etc. Es hat viele Jahre gedauert, alles wieder in Ordnung zu bringen, nicht so sehr für sie, mir zu vergeben, als für mich, daran zu glauben, dass sie mir wirklich vergeben hatten. Besonders David … der, als ich einmal im Begriff war, mich mit Disulfiram und Gin umzubringen, im Weggehen sagte: »Mach es. Es ist das Anständigste, was du tun kannst.«

Er und die Jungs, Nico und Truman, waren so lieb zu mir. Wir hatten Spaß, lachten, faulenzten, erkundeten die Gegend, redeten und redeten, waren schwimmen, spielten Minigolf etc.

Leider war ich vor einigen Wochen sehr krank … vielleicht habe ich es dir geschrieben … Lungenentzündung und Fieber, aber ich spürte immer noch die Nachwirkungen des starken Kortisons. Keine Schmerzen, keine Schlappheit! Ich war in der Lage, im Einkaufszentrum Schritt zu halten (mit Gehhilfe), vorbei an einer Million Präriehunde. Habe beim Minigolf ein Hole-in-Two erzielt! Wir haben hinter einer Baptistenkirche eine Skateboard-Rampe für Nico gefunden. Auf dem Schild stand: *Gott befahl uns, die Apokalypse zu errichten! Skatepark. Helmpflicht.*

Wir waren jeden Tag schwimmen. David grillte (er ist Koch). Wir haben jede Menge Schokoladen-Eisbecher gegessen und anderen Junkfood, schauten Baseball und Kung-Fu-Filme. Sie mochten meine Nachbarn, die Luceros nebenan, redeten Spanisch mit ihnen, und David rauchte Dope und trank Corona. Die Jungs trafen Joe, den Dakota-Sioux, der weiter unten in meiner Straße wohnt, und warfen Bälle in seinen Basketballkorb. Sie spielten Ball mit dem kleinen Jungen nebenan, dem Sohn der dümmlichen Mutter mit den Hasenzähnen, Tochter von Julia, die sagt, alle diese Dakota und Mexikaner seien Dope-Dealer. Wirklich ...

Gestern ließ die Wirkung des Kortisons nach, also entschied ich mich für einen Mittagsschlaf, als sie schwimmen gehen wollten. Bevor sie gingen, unterhielt sich David so nett mit mir. Wie glücklich er sei, mich schwimmen zu sehen und besser bei Kräften und dass ich gute Freunde wie Jenny und Ivan und Bobbie habe ... und in einem großartigen Trailer sei, umgeben von guten, echten Freunden, sicher und aufgehoben. Große Tränen in unseren Augen und liebevolle Umarmungen, ehe sie zum Schwimmen loszogen. Ich legte mich hin, wachte auf von »Mama, Mama, Großmama! Geht's dir gut?«.

Die Klimaanlage hatte einen Kurzschluss, die Kabel hatten Feuer gefangen. Das Zimmer war voll Rauch. Ich hatte tief geschlafen. Große Aufregung, viel zu tun. Feuer löschen, Zimmer lüften. Wow. An einem Sonntag war kein Elektriker zu finden. Einer sagte, er könne heute auf Überstundenbasis für hundert Dollar extra vorbeikommen, die ich dank dir zahlen kann. Bis dahin kein Licht und keine Klimaanlage. SEHR HEISSE Nacht. Las bei Kerzenlicht Martin Amis. Hoffe, die Batterie hält durch, um das auszudrucken. Logo. Der Drucker braucht Strom. Hoffe, sie können es heute reparieren, und ich kann den Brief morgen abschicken.

Zum Glück haben die Kinder *alles* im Kühlschrank gegessen und getrunken außer Kapern und Meerrettich.

Jedenfalls beruhigten wir uns alle, und David sagte: »Tja, Mama, ich bin froh, dass du *relativ* sicher bist.« Sie machten sich gerade reisefertig, als vier Polizeiautos mit lauten Sirenen in vollem Tempo unsere kleine Schotterstraße entlangrasten. Sechs Polizisten sprangen raus, mit gezogener Waffe. Sie führten den Sioux Joe in Handschellen ab und setzten ihn auf den Rücksitz. Dann rannten alle sechs, mit vorgehaltener Waffe, an meinem Wohnzimmer vorbei nach nebenan zum Haus der Luceros.

Und an diesen Moment werde ich mich mein ganzes Leben lang erinnern. Mein lieber Nico, mein Seelenverwandter, und ich sind völlig aufeinander eingespielt: Gleichzeitig stimmten wir ein Lied an. »Bad Boy! Bad Boy! Whatcha gonna do when they bust yo ass? Bad Boy! Bad Boy!« Der Titelsong von *Cops*, einer kitschigen Fernsehserie mit Videos von echten, hässlichen Polizisten in Städtchen wie Lubbock, Texas, oder Carlsbad, New Mexico, die Kriminellen alle mit verzerrten Gesichtern.

Vom Haus der Luceros nahmen sie niemanden mit, sie suchten jemand anderen. Nachdem sie weg waren, lachten Nico und ich und umarmten einander, so erfreut über unsere identische Reaktion, die sein Vater für »krank!« hielt. »Habt ihr kein Mitleid?«

Noch eine gute Nachricht: Ich habe eine Geschichte im Kopf. Alles, was ich habe, ist, *wo* sie sich ereignet. Auf dem Schiff der Grace Line zwischen New York und Valparaiso, Santa Isabel. Dreißig Tage, dreißig Kapitel.[2] Einzelheiten driften umher. Diesen Teil des Schreibens genieße ich am meisten. Einzelheiten tauchen auf wie Wäsche im Bullauge eines Wäschetrockners, wie Fische im Aquarium. Gott, hoffentlich habe ich bessere Vergleiche, wenn es so weit ist!

Dir alles, alles Liebe, Loosha

Calais, Vermont
29. Juli 2000

Liebe Loosha,

ich freue mich sehr, dass du einen ereignisreichen Besuch und die Chance hattest, ein Duett zu singen, während ein missratener

Nachbar in den Knast verfrachtet wurde. Im Vergleich dazu ist es hier oben furchtbar ruhig. Meine Nichte und ihr exzentrischer Gatte haben mich vor einiger Zeit für zwei Nächte besucht – ein Vergnügen, denn so wurde ich meine Übergangsstimmung los – eine Art »Ich-wohne-hier-nicht«-Ennui. Nächste Woche kommt Steven Clay, der Archiv-Vermittler/Herausgeber von *Cyberspace* und *Nite Soil*, für zwei Nächte hierher, hauptsächlich um einen Blick auf die Archive hier oben zu werfen, die im Oktober mit der zweiten und letzten Lieferung nach San Diego geschickt werden sollen.[3] Die erste, aus dem New Yorker Keller, wurde letzte Woche per FedEx verschickt.

Ich stelle gerade etwas zusammen, bin voll drin, und hatte zu meiner Überraschung genügend neue Sachen, um 96 Seiten zu füllen, ziemlich solide Denkarbeit, mit dem Titel *Blast From the Past*. Ein paar Geschichten, Ich-weiß-noch-damals-Sachen, Gedichte. Auch Bühnenmaterial. Der Titelsong, den Steven & ich im Boulder Museum [of Contemporary Art] präsentiert haben. Ich habe mir sogar noch einmal den Harold-Monolog aus meinem Brief an dich angesehen, aber er hatte kein richtiges Ende, also habe ich ihn weggelassen. Kein Platz.

Eine Bitte. Kann ich das Buch unter anderem auch dir widmen? Ich bekam das Gefühl, dass ich mit *Loosha* zu weit gehen würde, deshalb habe ich *Lucia und Pat* geschrieben, und damit Patty Padgett gemeint, die sich gut im Alltag um mich kümmert, mich bei meinen täglichen Spaziergängen begleitet und so gut mit meinen inneren Verwirbelungen zurechtkommt. Sie ist klug und mitfühlend, was für eine Kombination. Und ich glaube, jede sehr enge Ehe braucht einen Außen-Freund für den Kontrast. Wenn es nach mir ginge, würde ich dich dort Loosha nennen. Aber sag mir bitte zuerst, ob das für dich in Ordnung ist. Ich habe es an eine Art Familienverlag in Texas geschickt, Skanky Possum, nette Leute.

Allerdings veröffentlichen sie schlanke Bücher, und meines ist ein Klotz. Also werde ich es meinem Hausgast zeigen, Mr. Granary, wie ich ihn nenne, und dann mal sehen, ob er es annimmt, und dann ein anorektisches Manuskript an den Familienverlag schicken – Dinge, die beim Schneiden rausgefallen, aber druckfähig sind. Haben nur diesmal einfach nicht reingepasst.

[…]

Spitzennachricht, dass eine Geschichte zu dir findet, nichts ist so gut wie ein Knüller, der von selbst kommt.

Es ist Zeit, den gesundheitsspendenden Brokkoli zu Mittag zu essen. Dein überschwänglicher Brief muntert mich auf ohne Ende. Unverwüstlich, ah.

Mucho Love, Kenward

Boulder, Colorado
5. August 2000

Lieber Kenward,

der mittlerweile verheiratete und gänzlich Sex-Appeal freie und haarlose Postbote hat meinen Brief an dich mitgenommen, hier kommt also ein später Nachtrag. Vielleicht schreibe ich nicht, aber ein reizendes Gedicht hat mich heute Morgen heimgesucht. Ich brachte deinen Brief und anderes hinaus zum Briefkasten, stellte die Sprinkleranlage an. Kam zurück ins Haus für Kaffee, Bagel und die Zeitung. (Ich HATTE rasendes Herzklopfen beim Hinaufsteigen der wenigen Stufen! Ich war froh, das ins Herzmaschinen-Tagebuch schreiben zu können.)[4]

Vor meinem Fenster sah ich die Sonne rosa und aprikosenfarben aufgehen, zwischen schönen alten Pappeln, Ahornbäumen und Obstbäumen. Davor lief die älteste der vietnamesischen Frauen in Richtung Straßenkreuzung. Fünf Generationen von Frauen, ein Großpapa und ein junger, verheirateter Sohn wohnen alle in einem Trailer so groß wie meiner. Auch wenn jede dieser Frauen im Teenageralter Kinder hatte, ist die Vorangehende dennoch eine sehr alte Frau, Ende achtzig, Anfang neunzig. Sie ist die, die die Rosen züchtet und Weihrauch in einer Kupferschale verbrennt, um die Rehe fernzuhalten. Sie trägt entweder ein altes, kunstvoll besticktes gelbes Kleid oder einen zerrissenen Hosenanzug aus Seide und eine Jacke mit Posamentenverschluss. Weiße Haare zum Dutt gebunden. Winzig, vielleicht ein Meter fünfzig, zweiunddreißig Kilo. Da ging sie also, in ihrem abgetragenen grünen Anzug, glitt an meinem Fenster vorbei, trug einen kegelförmigen Strohhut und Zehenstegsandalen, in der Hand einen langen Bambusstock. Ich hätte sie nicht hören können, denn ihr Gang war still, als wäre sie auf einem Förderband. Traumartig daran war, dass ich sie durch den Sprühnebel des Sprinklers sah … eine Art Monsunschleier.

Es war ein so schöner Moment, dass ich ihn am liebsten im Herzmaschinen-Tagebuch festgehalten hätte, schrieb aber nur: *Gespült, Küche gefegt, Wanne geschrubbt*. Brachte das EKG-Gerät zurück ins Krankenhaus und kam völlig erschöpft nach Hause. Wir haben eine sehr schlimme Hitzewelle und schreckliche Luftverschmutzung durch die Brände in den Bergen. Selbst normale Leute werden angewiesen, im Haus zu bleiben.

Um wieder zu Atem zu kommen, setzte ich mich hin, und da ging die alte Frau vor meinem Fenster vorbei, majestätisch wie immer. Der Stock lag quer über ihren Schultern, und an beiden Seiten hingen zwei schwere Albertsons-Plastiktüten mit ihren Einkäufen.

Alles Liebe, Loosha

New York, NY
21. Oktober 2000

Liebe Loosha,

eiliges Packen, Papiere total chaotisch, trübes Tageslicht in Vermont, E-Z-Airline diesmal, großzügiger Gig im Poets House[5], also fuhr CW mit dem Goldketten-und-Flamingo-Shirt-Mann [Jack Graves] & den beiden Kätzchen zurück. Ich komme langsam wieder zu mir und erhole mich vom Kulturschock. Wütende Schwarze, die auf der Straße herumschreien, eine florierende Telefonzelle direkt vor dem Haus versetzen mich in halluzinatorische Panik, weil ich denke, ich sei in Vermont. Warum brüllen diese Schreihälse – Ghetto-Motherf***-Verwünschungen – in meiner hektikfreien, isolierten Burg herum?

Das Auspacken ist größtenteils erledigt, es gibt schon Inseln von Dies-kommt-hierhin und Das-gehört-dorthin. Noch unter der Kälte stöhnend ist der Körper verwirrt von Wärme und T-Shirt-Temperaturen. Bis jetzt habe ich außer CW noch niemanden getroffen. Morgen trete ich den Weg in die Stadt an – wieder zum York Theatre –, zu einer Probeaufführung eines Musicals von Kurt Weill[6], einem meiner Lieblings-Theaterkomponisten. *Johnny Johnson*, ein Antikriegsstück aus den dreißiger Jahren mit Texten von Paul Green[7], von dem ich mir nicht viel verspreche, denn seine Spezialität waren riesige patriotische Freiluft-Historienspiele wie *The Lost Colony*, das jahrzehntelang als Sommer-Touristenattraktion in Virginia gespielt wurde.

Mildes Wetter hier unten – Mikroklima, Umkehrung, um einen Monat verzögert. Vier Leute haben mir gesagt, dass ich abgenommen hätte, yippie, obwohl die Waage das nicht zeigt. Gegen eine Erkältung zu kämpfen, ist ein wunderbarer Appetitzügler.

Prinz Jimmy Tampubolon[8], ein Freund, ist aus dem islamistischen Fanatismus in Jakarta (er ist katholisch) nach Auckland,

Neuseeland, aufgebrochen, aber konnte, wie er mir gestern am Telefon erzählt hat, keine »Arbeitspapiere« bekommen & kehrt wieder in seine Heimat zurück. Irgendwann komme ich hoffentlich dazu, seine Geschichte aufzuschreiben – ein Vorstoß in einen tiefen, tiefen, immer wiederkehrenden Kulturschock, ein aus niederländischer Macht entstandenes Chaos, privilegierte Einheimische, die Holländisch lernen durften, was der großen Masse der Einheimischen verboten war, Unabhängigkeit, Inflation, tiefste Armut, keine Schuhe, eng zusammengekauert mit vielen anderen in einem Stadion schlafen, dann verschaffte ihm eine fremde Diplomatenfrau einen ersten Job, Hausdiener. Wir lernten uns kennen, machten einen Ausflug zu seinem Dorf auf Sumatra, wo Tampubolon (= Mitglied des Königshauses) seiner Königinnentante und seinem Königsonkel im winzigen Königreich von Tampubolon einen Besuch abstattete, beide barfüßig und verschrumpelt, keine Autos mehr, keine Zulagen, sie lebten in einer Hütte auf Stelzen, keine Nachmittage auf der Rennbahn, nur noch Mah-Jongg im Salon.

Hühner rennen in ihrem neuen Schuppen herum. Ihre Untertanen, die Dorfleute, bringen ihnen ihr ganzes Essen, eine feudale Tradition, die immer noch aufrechterhalten wird. Jimmy hat mir ein Paar Sneaker geschickt (so hießen sie früher) aus Neuseeland – blütenweiß – sie passen perfekt. Die alten zog ich wegen dieser ganzen Diabetes-Spaziergänge nie aus, außer für elegante Dinners im Smoking, zu denen ich schon seit Jahrzehnten nicht mehr eingeladen wurde, und sie fielen auseinander, also kommen die neuen gerade rechtzeitig. Jetzt steht zur Feier des Tages ein Samstagsspaziergang an.

Habe keinen Strich gearbeitet – abgesehen von dem Auftritt, für den ich zurückgekommen bin, in einer brandneuen Bibliothek. West Side, hauptsächlich sehr schick gekleidete Kids, die sich mit Computern auskennen und dort ihre Hausaufgaben machen. Was für eine Stadt, egalitärer Außenposten. Ich mochte meinen Auftrittskollegen, Ishmael Reed[9], großer, gut aussehender, freundlicher, bärtiger Schwarzer Mann, aber er faselte ziemlich unkonzentriert und wild herum. Er ist auch ein Librettist/Dichter – unsere Verbindung. Opern über Jesus hasse ich einfach nur, auch in die Jetztzeit versetzt mit Maria Magdalena als Crack-Userin.

Ich war gut vorbereitet, konzentriert, als Erster dran, sang ein Lied – »Roy Rogers«, einmal mehr vor freundlichem Publikum. Aber eine schöne, Schwarze, großartige Sängerin hat uns allen die Show gestohlen: Ayana Lowe[10], für mich wie eine Belohnung. Bühneneingang Kenward. Sie sang etwas aus seiner Oper, nichts Weltbewegendes, bla-bla-bla, aber, ach, ich würde auch in Verzückung geraten, wenn diese Dame das Telefonbuch sänge. Claibe Richardson war da, hat sich auch total in sie verknallt, also kann sie vielleicht, wenn die Revue unserer Songs im Februar 2002 zustande kommt, Catherines Song aus der *Grasharfe* übernehmen. Sollte nächste Woche mit den Yorkies über den »Aufbau« der Revue sprechen. Vernünftigerweise will niemand das traditionelle Und-dann-haben-sie-geschrieben-Format. Wahrscheinlich kann ich hier & da kleine Texte schreiben – nicht wirklich Gedichte, aber in die Richtung –, die mich für die Songs in Wallung bringen.

Ich bin sehr froh, dass du schmerzfreie Phasen hast – hoffe, die aufgestauten Worte in deiner Birne finden die Seite, und dass du vor jedem Absatz Hasenspuren im Schnee entdeckst.

Alles Liebe, Kenward

Boulder, Colorado
28. Oktober 2000

Lieber Kenward,

ich glaube, ich habe ein sehr verzerrtes Bild von deiner Nachbarschaft. Ich erinnere mich daran aus der Zeit, als wir an der

Thirteenth Street, Ecke Sixth Avenue lebten. Ging morgens mit den kleinen Kindern dort spazieren, stattete der Tierhandlung am Patchen Place (Schreibweise?) gegenüber dem Frauengefängnis einen Besuch ab, kaufte Brioche und Kekse bei … einer wunderbaren Bäckerei an der Ecke, spazierte die Greenwich Avenue in nördlicher Richtung entlang nach Hause, vorbei an eleganten Läden, einem Tennisplatz?

In jenen Tagen habe ich mit den Jungs sogar im Central Park gezeltet! Tief drinnen im Park kann man nachts, wenn man hochschaut, tatsächlich die Sterne sehen. Konnte man. Warst du je im Seamen's Church Institute? Im Battery Park. Wunderbares Museum mit einer Sammlung von Elfenbeinschnitzereien und eine Kapelle, wo anstelle von Jesus ein riesiges Gemälde des offenen Meeres hängt.

Oje! Nicht nur vergesse ich alles und schwafle von den guten alten Zeiten, jetzt habe ich auch noch angefangen, Dinge zu *bedauern*. Meine Mutter machte das, bevor sie starb. Einmal rief sie an und stöhnte: »Ich habe nie geplündert oder etwas geraubt!« Ich bedaure, nicht mehr in einer Wohnung mit gedeckelter Miete im Village zu wohnen. Erdgeschoss. Habe gerade *Krieg und Frieden* beendet und bedauere, nie in Russland gewesen zu sein, Tschechows Steppen nie gesehen zu haben. Es machte Spaß, das Buch zu lesen und dabei den Atlas mit der Seite dieses riesigen Landes aufgeschlagen vor mir zu haben. Natürlich sind Amerikaner und Russen ins All geflogen, wir haben dasselbe Gefühl für Raum und Grenze. Es war gut, das Buch während der World-Series-Baseballspiele zu lesen. Napoleon und Roger Clemens[11], gleichermaßen egoman und dumm. Bobby Valentine[12] trainiert auf die gleiche Weise, wie General Kutosov Schlachten plante … (Geduld haben und warten) etc.

Eigentlich verbrachte ich gestern den Tag damit, Dale Smiths[13] neues Buch *American Rambler* zu lesen. Wunderbares Buch … in

Gesellschaft von [Charles] Olsons[14] *Nennt mich Ismael. Eine Studie über Hermann Melville* und [Paul] Metcalfs *Genua. Geschichten von unerhörten Begebenheiten.* Das beruht auf den Tagebüchern von Cabeza de Vacas, die zu den ersten Büchern gehören, die jemals Eindruck auf mich machten.

Bald kommt dein Buch raus, oder?

Wenn ich nur gewusst hätte, dass du mit Ishmael liest. Er ist ein alter Freund. Als ich damals wieder mit dem Schreiben anfing (nach fast zwanzig Jahren als alleinerziehende Mutter, danach als allein eins beziehende Alkoholikerin), hat er mich sehr dazu ermuntert, hat meine Texte gelesen und sie in seinem Magazin *Quilt* veröffentlicht. Eine Rezension zu Judy Chicagos [Kunstinstallation] *The Dinner Party*[15], die ich wegwarf … sie hieß *The Brunch*. Ich hatte all diese hübschen Gedecke für Emma Bovary, Anna Karenina, Marilyn Monroe, Sylvia Plath et al. Aufgebrachte Feministinnen schrieben mir erzürnte Briefe. Ich sagte nichts Schlechtes über die Frauen, die Plätze auf Chicagos Dinnerparty hatten (und nicht einmal etwas aßen). Es war eine blöde Show. Und wer isst schon von einem Teller mit einer Vulva drauf? Ich bin Ishmael auch dankbar, weil er mich für einen Lehrauftrag an der University of California vorgeschlagen hatte, als ich mich am tiefsten, tiefsten Tiefpunkt befand, nachdem Terry gestorben war, meine Söhne sich verabschiedet hatten und ich keinen Job, kein Geld hatte etc. Kreatives Schreiben in Abendkursen unterrichten. Fabelhafte Bezahlung. Ich bereitete mich monatelang darauf vor … oje … es tut so weh, darüber zu schreiben. Kurz: Offenbar trank ich jede Menge, ehe ich zu meinem ersten Kurs ging. Ich erinnere mich nur daran, dass die Studierenden nach und nach verschwanden.

Kürzlich bekam ich von ihm eine sehr freundliche Notiz. Wir sind uns hin und wieder begegnet, weil meine Wohnung an der Telegraph Street über seiner Reinigung lag. (Wie üblich lehnte ich aus dem Fenster, um zu sehen, was so los war.) Er unterhielt sich gern mit mir, glaube ich, denn trotz seines Schwarzseins war die Uni seine Welt, während ich in Notaufnahmen und in Bezirkskrankenhäusern arbeitete, in psychiatrische Einrichtungen und Kleinstadt-Gefängnisse ging, im Gefängnis unterrichtete, und meine Welt, *en fin*, Schwarz und arm war. Ich kannte jede Art von Missbrauch der Medicaid-Gesundheitshilfe und die Realitäten von Rassismus auf sehr persönliche Weise. Ich liebte seine frühen Werke, wie *Flight to Canada*, und seine Zeitschriften *Yardbird Reader* und *Quilt* waren ausgezeichnet. Er hat sehr vielen PoC-Autorinnen und -Autoren den Einstieg erleichtert, und mir half er dabei, mit dem Ausnüchtern anzufangen und wieder zu schreiben.

Was für eine hübsche Mini-Novelle über Prince Jimmy Tampubolon! Bitte mach es gründlich. Es könnte sogar ein Musical sein.

Ich habe meinen CD-Player in das Esszimmer verlegt, wo ich ihn öfter benutze, besonders jetzt, da es mir viel besser geht und ich nicht die ganze Zeit im Bett liegen muss. Habe vor einigen Tagen eine Paella gekocht und mir die wunderbare *Grasharfe* angehört. Hoffe, deine Ayana Lowe gelingt.

Ich habe zehn Seiten einer neuen Geschichte. So weit, so gut. Hey, das klingt wie einer meiner Titel!

Dilemma. Ich schrieb dir, dass ich wieder meine monatlichen hundert Dollar von den Tinker Belles erhalten habe, zusammen mit lieben Briefen von Nancy. Der Scheck von diesem Monat war jedoch ungedeckt! Ich hoffe, Nancy ist nicht mit dem ganzen Zaster und dem Hausdiener durchgebrannt …

Alles Liebe, Loosha

New York, NY
6. März 2001

LIEBE LOOSHA,

dein Brief ist ein wunderbarer Willkommensgruß, zurück zu Hause. Die aufregenden Neuigkeiten darin: Mexikanische Saga. Hoffe, du schickst mir ein oder zwei Schnipsel, weil ich so gierig werde nach mehr glamourösen Berliniana.

Trip war gut. Immer ein Stressfaktor, das Reisen. [...]

Flug ausgefallen, Aufbruch am späten Nachmittag mit den Padgetts, in einem Hotel abgestiegen, mehrere Zimmer auf demselben Stock. Der Aufenthalt war toll. Dich erwartet so ein Leckerbissen. Ich fand es zu schwierig, Joes Ausstellung[16] wirklich »in mich aufzunehmen«, nur rein formal. Schön gehängt. Nach Kontext. Der gefeiertste Windhund der Geschichte[17] hatte seinen eigenen Bereich an der Wand. Also saßen Ron, Patty und ich, anstatt ohhhh und ahhhh zu machen, auf einer Bank mitten in der Ausstellung und erinnerten uns daran, was für ein großartiges Wesen W (Whippoorwill, der Whippet) war. Wie er durch die Felder von Vermont gepeitscht ist, seine stromlinienförmigen Sprünge, bis über dem Gras zu sehen. Und wie er um das Haus gerannt ist, bevor das Joe-L-Studio angebaut wurde, immer weiter und weiter, wenn Ron ihn anfeuerte oder irgendwer sonst. Ein Meisterwerk von Joe – die Plastiken befinden sich alle in großen Glaskästen, nicht irgendwie abgeschottet, sodass der Betrachter ihrem Bann erliegen kann, ohne sich um Vergänglichkeit, Anfälligkeit, Implosion sorgen zu müssen. So sind sie sicher und dennoch ist jedes für sich, ein großes Geheimnis von Joes Werken – sie brauchen den Betrachter. Sie strahlen zurück, freuen sich, dass man da ist.

Große Kunst genügt sich selbst, einer der Gründe, warum sie groß ist, aber diesmal beugen sich die alten Gesetze. Das vorherrschende Gefühl der Bescheidenheit hat mich überrascht – dass seine Kunst gar nicht überwältigen wollte. Dieselbe tiefe Ader, die dein Werk durchdringt. Zu existieren, es zu teilen, etwas im Rückblick in eine glückliche Erinnerung zu verwandeln – darum geht's.

Die Veranstaltung, an der ich mitgewirkt habe,[18] war wunderbar. Ein Sonntagnachmittag. Modernes, aber nicht steriles Theater, kein Balkon. Voll besetzt, es konnten nicht alle eingelassen werden. Eingeführt wurde voller Fehler durch einen ehemaligen *poeta laureatus*, Robert Haas[19], dann kam als Erste Anne W., blitzschnell. […] Bill Berkson, perfetto: Las Joes Aufzeichnungen aus Bolinas, urkomisch und rührend, irre charmant vorgetragen. Was für ein feiner Mensch! Und wie beruhigend, zu sehen, wie elegant ein Dichter auf der überfüllten Tanzfläche überleben kann, ganz ohne Effekthascherei und Ellbogeneinsatz. Er ist ein Prinz, und sein neuestes Buch *Serenade* ist ein Durchbruch, zielsicher und so leichtfüßig, dass ich vermute, es wird ein weiterer übersehener Triumph werden, oje, ganz was Neues.

Barbara Guest[20] hangelte sich von Gedicht zu Gedicht, körperlich sehr fragil – die Befürchtung, dass sie jeden Moment umkippen könnte, verlieh ihren Worten eine ergreifende Kraft, die im Allgemeinen an mir vorbeizieht. Ich werde müde beim Anblick der verschwommenen Wolkenmuster, die die Gedichte erzeugen – oh, das ist eine Hundeschnauze, muss es sein, oder ist es eine verblühte Glyzinie, die sich in einem Teich in der Abenddämmerung spiegelt? –, aber bei kurzen Passagen hat ihre Stimme meine Barrikaden überwunden. Dick Gallup[21], der ein bisschen aussieht wie Groucho Marx, habe ich auch nicht »verstanden«, aber das war okay, das ist normal bei Lyriklesungen, Publikum zu sein ist nicht meine Stärke. Ron, perfetto, las lustige Joe-Stücke aus einem – bis jetzt – geheimen Werk, das Joe ihm zur Aufmunterung geschickt hatte. Patty war damals schwanger, sie waren ziemlich pleite und in Paris – dazu wurden von einer erhöhten Kabine aus Dias gezeigt, auch für Barbara und für Bill.

Ich hatte bei der Kuratorin darauf bestanden, als Letzter aufzutreten (sie hatte mich an erste Stelle gesetzt!!!) – da kam mal wieder meine Hartnäckigkeit voll zum Tragen –, aber es war ein berechtigter Wunsch, weil die Dias hübsch gemacht waren von Mr. Yu (zügelloser Perfektionismus) & sein Timing absolut exakt war (wie ich spürte). Und ich habe mich vom Werk – dem letzten Teil von *Champ Dust* – tragen lassen, habe hier & da insgesamt drei *Postcards*-Liedchen eingefügt, so konnte ich ganz kurz singen und auch das Werk selbst auflockern, ihm Licht und Schatten geben, nur Stimme, keine Begleitung. Und die Gefühle, die dem Werk zugrunde liegen, der Verlust, wurden spürbar, ohne Bohei, sondern auf einer ernsteren, auf gewisse Weise unpersönlicheren Ebene. Jetzt bin ich also glücklich, meine Hommage für Joe war ihm und dem Anlass würdig.

Ich beende jetzt diesen Bericht. Es ist Dienstag, und wir sind gut zurückgekommen in dem einen Flugzeug, das es durch den Blizzard nach Osten geschafft hat.

Alles Liebe, Kenward

Boulder, Colorado
12. März 2001

Lieber Kenward,
einer deiner schönsten Briefe überhaupt, der letzte über Joes Show in Kalifornien. Du und die Padgetts auf der Bank. Die anschaulichen, lebhaften Erinnerungen an Joe und die Bemerkungen zu seiner Arbeit ... ihre Bescheidenheit und ihr Teilhabenlassen waren so schön. Ich habe es mehrmals gelesen und mich daran erinnert, dass diese Großzügigkeit des Geistes in jedem großen Kunstwerk steckt.

Heute ist der Todestag von Charlie Parker[22]. Sie spielen ihn im Radio, seit ich es um sechs Uhr morgens eingeschaltet habe. Musste mehrmals weinen. Zum Teil wegen Erinnerungen an Musiker-Ehemänner, Freunde, New York, meine Jugend, unsere Jugend, weil ich mich genau daran erinnern kann, wann ich »Confirmation« oder »Now is the Time« gehört habe. Doch dann versuchte ich nicht mehr, das alles zu analysieren. Die Musik war an sich so intensiv. Platte um Platte lief den ganzen Morgen über – dort, wo er gleichzeitig schillert, überrascht und schockiert, öffnet er uns sein Herz und seine Seele.

Ich habe viele Lobeshymnen über die Joe-Brainard-Retrospektive und die Lesung von Freunden in Berkeley und San Fran gehört. Du und Ron wart die Stars. Bill Berkson offenbar auch, nur ist mein Freund Stephen Emerson[23] zu wütend auf ihn, um objektiv zu sein. Emerson ist der Mann, der alle Bücher besitzt, die du je veröffentlicht hast. Er war der große, vornehm aussehende Kerl mit dem Grinsen, der neben Bill Berkson gestanden hat, aber dir von Bill nicht vorgestellt wurde. Gott, wir sind alle verrückt. Wie kann ein erwachsener Mann zu schüchtern sein, sich vorzustellen und dir zu sagen, dass ihm deine Lesung gefallen hat? Ich bin genauso. Ich hätte wahrscheinlich nicht mit dir geredet, wenn wir damals nicht nebeneinandergesessen hätten, allein, ganz zufällig, an einem kleinen Tisch unter einem Baum. Tom Clark[24] ist verletzt, weil man ihn nicht eingeladen hatte zu lesen. Ich verstehe nicht, warum Anne Waldman in einem Jahr 71-mal gelesen hat, und niemand Tom Clark den Respekt zollt, der ihm gebührt. Sie haben ihn nicht einmal eingeladen, auf Ed Dorns Gedenkgottesdienst zu lesen … und er war Eds bester Freund! Jenny hat da glücklicherweise interveniert. Ich vermute, Künstler und Schriftstellerinnen waren immer so, erstaunlich, dass wir überhaupt vorankommen.

Ich war letzte Woche tatsächlich auf einer Dinnerparty, für Tom

Raworth[25], einen lieben alten Freund. Netter Abend. Alle erzählten von der Brainard-Show und der Lesung, freuten sich auf den Sommer. Tom, auf dem Weg zu einer Lesung in San Fran, wird sich die Show ebenfalls ansehen. Ich hörte, wie er und Anselm Hollo über deine Arbeit sprachen, sehr lobend. Anselm sagte, er habe gedacht, ich hätte von dir gehört, Tom sagte mir, ich solle dich herzlich grüßen, wenn ich dir wieder schriebe.

Ich war nicht auf seiner Lesung … zwei Treppen hoch. Wäre vielleicht auch nicht hingegangen, wenn es im Erdgeschoss gewesen wäre. Das lange Sitzen beim Essen hat mich erledigt, war seitdem die meiste Zeit im Bett.

Alle außer Jenny Dorn entsetzt, wenn ich erzähle, dass ich meine Seiten über Mexiko weggeschmissen habe. Es war eine gute Entscheidung. Wenn ich mich mit etwas quäle, auch wenn es hin und wieder Spaß macht, ist etwas daran falsch und gewollt. Ich bin sehr erleichtert, dass es weg ist.

Freut mich zu hören, dass Mr. Yu die Bänder und Dias so gut gehandhabt hat. Er hört sich phantastisch an. Ich *weiß*, dass er jung ist und wahrscheinlich gut aussieht, aber ich kann die Vorstellung von ihm mit einem Schirm nicht abschalten. Bei mir gibt's einen Mr. Yoo[26], ein ehemaliger Student, koreanisch. Wir e-mailen und/oder schreiben uns wöchentlich. Er ist ein guter Schriftsteller, scharf und witzig, hat einen Roman, der gerade bei Verlagen liegt. Eines Tages, bald, wird er nach oben kommen. Ich war seine Betreuerin in der Zeit, als die Dichterin Ai[27] (»Ei« ausgesprochen) hier war. Sie fand nicht, dass ich in der Kommission von Yoos Diplomarbeit sein sollte, da ja schließlich sie da war. Tja, du kannst dir den Streit vorstellen, den wir hatten … voller Eier und Achs und Jas und Yoos.

Tut mir leid, dass ich keine Neuigkeiten habe.

Ei love yoo trotzdem, Loosha.

Boulder, Colorado
20. Mai 2001

Lieber Kenward,

es schneit seit mehr als vier Stunden. Kein Telefon, und der Fernseher ging aus, als ich mich gerade mit *Manche mögen's heiß* vergnügte, und vor der letzten Folge der *Sopranos*. Als ich in die (ziemlich hübschen) riesigen, federleichten Schneeflocken hinaussah, stellte ich fest, dass in sämtlichen Wohnwagen Licht brannte. Niemand schaute fern! Also machte ich es mir mit [Thackerays] *Henry Esmond*[28] und einem Cherry-Garcia-Riegel gemütlich. (Du und ich halten sie für Diät-Riegel, weil sie aus Joghurt sind, wissen aber tief in unserem Inneren, dass etwas mit so viel Suchtpotenzial dick macht.) Aber es erinnerte mich an dein schönes Gedicht, wie immer voll täuschender Leichtigkeit und Witz. Schöne letzte Zeilen: »über Schlachtfelder zurück zur / Knabenzeit. Blue Nile.«

Danke für den Artikel zu Brainard. Wunderbare *Madonna*[29]. Kann es nicht erwarten, die Show zu sehen und dich und Mr. Yu auch.

Ich hoffe, die Aufführung von *Furtive Edna*[30] ist gut gelaufen, und du hattest Spaß. Deine Website finde ich nicht. Vielleicht habe ich die falschen 22 Briefe gekriegt? Ein Witz. Ich versuche es trotzdem weiter.

Ich habe ein bisschen Löwenzahn und anderes Unkraut ausgegraben. Große Aufgabe! Bin sehr stolz auf meine Arbeit … wie sich herausstellte, habe ich zwanzig Minuten dafür gebraucht. Leider war ich seit Langem nicht schwimmen. Rücken ist lausig, und das nasse Wetter hilft nicht. Hatte letzte Woche eine Kolostomie, die besonders unangenehm war, weil meine ganze Wirbelsäule mit Därmen verschlungen ist oder andersherum. Sie brauchten sehr lange, mit viel Geziehe und Gezerre.

Weil ich Warfarin nehme, bekomme ich leicht Blutergüsse. Mein Bauch und Hintern sind voller Handabdrücke. Wenn es mir nicht so peinlich wäre, dass ich so dick bin, würde ich es liebend gern jemandem zeigen. Eine Art masochistisches Kunstwerk. Großartige Farbe, hübsch ins Gelb und Lila gehendes Schwarz. Wenigstens sind die Polypen entfernt worden. Es tat so weh, dass ich hellwach war und schön besoffen von Pethidin, und ich konnte die ganze Prozedur auf dem Bildschirm mit anschauen.

Es war wie in *Matrix* oder in irgendeinem Fernseh-/Videospiel, besonders die Szenen mit meiner bedrohlich wirkenden, dunklen Wirbelsäule, von der sich die hellen Polypen abhoben und von Keanu Reeves geschickt mit dem Lasso eingefangen wurden. Eigentlich von einem seltsamen Arzt. Bevor es losging, fragte mich die Krankenschwester, ob ich ihn kennen würde. Ich verneinte, und sie sagte: »Erschrecken Sie nicht, wenn Sie ihn sehen.« (Was nicht gerade zu meiner inneren Ruhe beitrug.) (*piece of mind?*) Er sah aus, als wäre er vierzehn, und war sehr schlank, also, der Arsch irgendwie gerade auf Höhe einer Raupe. Ich erschrak nicht, aber es war schwierig, nicht zu lachen, als ich sah, dass er auf einer Höhe mit dem OP-Tisch und meinem Gesäß war. Seine einzige andere Berufswahl hätte Jockey sein können.

Ivan und Dawn hatten am Samstag ihre Hochzeitsfeier. Informell und einfach gehalten. Sehr, sehr schönes Fest. Sie ist eine wunderbare Frau. Stark, ehrlich, kein Schnickschnack, liebevoll. »Kapiert« Ivans ganze Güte und ignoriert seine Unsicherheiten, die allmählich verschwinden, dank ihr und der Arbeit bei PeaceJam. Er beschwert sich darüber, ist aber sehr stolz auf das, was sie tun.

Mein Nachbar Harry ist untröstlich. Seine Frau Judith möchte, dass er ihr jetzt einen Rasenmäher kauft. Er hat das Geld nicht, also sagte er Nein. Das erste Mal in vier Jahren, dass sie ihn nicht zum sonntäglichen Abendessen einlud. Sie hat endlich einen Job,

Köchin in einem Kinderbetreuungszentrum. Sie ist die einzige unsympathische Person hier.

Freut mich, dass Harold und Newty dir helfen. Hast du schon etwas gepflanzt?

Ich schicke dir *Sniper* mit meiner armen kleinen Geschichte.[31] Außerdem eine Übersetzung, die lesbarer wäre, wenn sie die Namen der indigenen Stämme kursiv geschrieben hätten, die aber trotzdem einen Eindruck von Marcos vermittelt.

Ich hoffe, die Padgetts sind angekommen und du und Patty geht spazieren. Es ist Montagmorgen, und nun habe ich einen Ultraschalltermin wegen Knoten in der Brust. Sie finden immer Knoten in der Brust, und dann habe ich einen Ultraschall, dann eine Biopsie, und alles ist okay, aber es ist eine Plage, das alles über mich ergehen zu lassen, und zum Röntgengerät ist es ein langer Weg. Werde das hier auf dem Weg dorthin einwerfen mit lieben Grüßen.

Ich hatte Ivan gesagt, dass ich lange nichts von dir gehört hätte. Meine Angst, dich vor den Kopf gestoßen zu haben, hat er noch gesteigert, als er sagte, dass ich dir den Witz über die siamesischen Zwillinge nicht hätte erzählen sollen. Kann mich nicht daran erinnern, dass ich ihm davon erzählt hatte, aber wir beide haben schon andere Leute mit diesem Witz vor den Kopf gestoßen. Diese Sache mit der Political Correctness geht zu weit. Jetzt können wir nicht einmal Witze über siamesische Zwillinge machen? Oder über ihr Sexleben? (Die echten Zwillinge hatten eigentlich ein ziemlich aufregendes Sexleben.) Einer meiner Lieblingssätze der Literatur ist aus E. M. Forsters ... tja, ich habe ihn vergessen, aber etwas wie: »so fröhlich wie Zwerge, die klatschen« ... »kleine Menschen, die klatschen«? ... »Eine Freundlichkeit wie von Zwergen, die sich die Hand geben, lag in der Luft.«[32]

Alles Liebe, Loosha

Boulder, Colorado
9. Juni 2001

Lieber Kenward,

»Der Mond und die Sterne schienen tatsächlich unnatürlich nah.« Wie schön das ist. Erinnert mich an Steven Cranes[33] »unbeschreiblich blauen Himmel«. Was nur bei ihm funktionierte, weil er mit Farben so gut umgehen konnte.

[…] Natürlich habe ich die Tonys gesehen. ICH LIEBE Preisverleihungen. Dieses Jahr habe ich zum ersten Mal seit Jahren wirklich einige der Oscar-Nominierungen gesehen. Auch sie liebe ich, und ich habe immer Lieblinge, sogar, wenn ich sie nicht gesehen habe. Meine Söhne fragen mich, was sie für Filme sehen sollen, das machen sie schon seit Jahren … obwohl ich nie welche sehe, sondern es eher so mache wie meine Mutter und mein Onkel John, die wollten, dass ich immer Pferde und Hunde mit Handicap ins Rennen schicke. Ich habe mich gefreut, dass *Frühling für Hitler* alles abgeräumt hat. Wenn ich doch nur jemanden hätte, mit dem ich den Film sehen könnte. Vermisse es auch, beim Baseballschauen mit meinen Söhnen zu murren oder zu brüllen … werde heute Nachmittag Belmont schauen. Ich tippe auf *Invisible Ink*. Mein Enkel Nico ist für *Monarchos*.

Seit meine Schreibmuse verschwunden ist, schaue ich mehr fern. Wunderbarer The-Movie-Sender. Schaute *Grand Illusion*, und gestern Abend weinte ich heftig bei *Ruhelose Liebe* mit Charles Boyer und Irene Dunne. Gute Dialoge damals. Habe zum wiederholten Mal einen Jean-Harlow-Film gesehen, der großartig war.

Ich habe wieder und wieder versucht, den alten Henry James noch einmal zu lesen, werde es abermals versuchen. Vor einigen Jahren war das mein Neujahrsvorsatz, und es wurde ein gutes Jahr. Bei jedem Satz eine Art Vergnügen, als würde man versuchen, das besondere Gewürz in dieser Suppe herauszuschmecken. Ein zutiefst befriedigendes Vergnügen, aber nur, wenn man ihm die volle Aufmerksamkeit widmet.

Ich habe in letzter Zeit auch immer mal wieder Faulkner gelesen. Seltsames und überraschendes frühes Buch: *Moskitos*. Intellektuelle in New Orleans, irgendwie Martin-Amis-artig! *Die Freistatt*, *Licht im August* und *Als ich im Sterben lag* habe ich mit Ehrfurcht wieder gelesen. Ich wollte sagen, dass seine Bösewichte das Sexyste sind, was die Literatur zu bieten hat, aber dann gab es Miltons Satan und Heathcliff. Popeye in *Die Freistatt* und Christmas in *Licht im A.* sind wunderbare Charaktere. Ich liebe das Dunkle seiner Worte. Miles Davis sagte: »Kennen Sie die dunklen Straßen nachts in Arkansas? So möchte ich spielen.« Faulkner schreibt wie Miles spielt.

Neue Übersetzung. *Der erste Schnee auf dem Fujiyama*. Geschichten von [Yasunari] Kawabata. Habe ich gerade beendet. Ich liebe seine Bücher. Kennst du seine Texte? *Schneeland* und *Schönheit und Trauer*. Romane und *Handtellergeschichten*, Lieblinge.

Anne Waldman hat mit mir geschimpft, weil ich sie nie zu mir nach Hause einlade. Also lud ich sie zum Mittagessen ein. Am Tag vorher machte ich Spargelsuppe. Gut für uns, Kenward. Sautiere Zwiebeln in etwas Öl, koche den Spargel, fettarme Hühnerbrühe oder fettarme Buttermilch, die cremiger ist als Sahne, rühre sie unter das Püree, stelle es kalt. (Dasselbe mit Möhren und Brokkoli, gebe Ingwer in die Möhrensuppe.)

Der blöde Computer hat jetzt hier wie verrückt rote und grüne Streifen produziert. Ich habe es überprüft, und er warf mir vor, zu viele Substantive zu benutzen. So etwas ist mir noch nie vorgeworfen worden.

Jedenfalls machte ich am nächsten Tag Huhn und Safranreis, Himbeerdessert etc. etc. Verbrachte den ganzen nächsten Tag im Bett. Kann es einfach nicht mehr. Wir hatten dann eine wirklich angenehme Unterhaltung. Sie scheint ruhiger, freundlicher. Diese Verlangsamung, die für den Rest von uns so schmerzhaft ist, steht ihr sehr gut! Steht?

Auf Spanisch setzt man sich nicht zur Ruhe. Setzt? Das Wort ist »*jubilar*«, jubilieren, was eine entschieden positivere Haltung zeigt. Ich habe mich in der Tat zur Ruhe gesetzt, meistens.

Ich habe versucht, »mehr rauszugehen«, geselliger zu sein und so viel wie möglich zu schwimmen. War gestern bei Peter Michelson (Lyriker / Kollege), um schwimmen zu gehen, und das Schwimmen war himmlisch, aber ich habe es übertrieben, heute bin ich im Bett. War kürzlich auf zwei Partys. *Die* Idee kann ich vergessen ...

Kennst du schon deinen Terminplan? Ich weiß, du liest am 19. Wenn du es weißt, könntest du mir sagen, wann du herkommen und wen du gern einladen würdest. Was immer du magst. Cocktails, Dinner, Frühstück, Mittagessen. Ich werde nicht selbst arbeiten oder backen etc., würde aber gern zu etwas einladen, um deinen Besuch zu feiern. Aber wenn zu viel los ist, sag mir bitte auch Bescheid. Ich freue mich sehr, dass du kommst.

Alles Liebe, LOOSHA

Calais, Vermont
22. August 2001

Liebe Loosha,

die Padgetts sind zurück! Gestern Abend sind wir bei dem einzigen Thai in Montpelier eingefallen: großartiges Essen – in der einen Gasse mit herausgeputzten, zweistöckigen Gebäuden, ein kleines Stück vom Parkplatz bei der Polizeistation entfernt, wo am Samstag der Bauernmarkt stattfindet. Patty hat Probleme mit dem Zahnfleisch, hat Schmerzen, also haben wir »mild« bestellt. Ron hat Kopenhagen sehr genossen, hat sich über aufgedonnerte, schöne Blondinen gefreut und wurde von zwei dänischen jungen Dichtern begleitet, die ihm ans Herz gewachsen sind.

Er vertrat seinen Vater, den Dichter Kenneth Koch, der immerhin die Krebsstation in Houston verlassen hat, da die bösen Zellen deutlich zurückgegangen sind. Er ist jetzt streitlustiger, ließ Ron nach dessen Rückkehr nicht vom Telefon und kritisierte seine »Joe«-Biographie[34] gnadenlos, wie mir Ron gestand. Pat, die währenddessen neben ihm stand, konnte nicht verstehen, was vor sich ging, sah nur Rons entsetztes Gesicht, seine Reaktionen beschränkten sich auf neutrale »Hm-hms«. Ihm wurde klar, dass Kenneth wegen der Drogen und der Isolation nicht mehr bei Sinnen war, und er ließ seine Wutausbrüche an sich abprallen.

Am Montag habe ich mit meinen Verwandten, dem Diabetes-Duo, zu Mittag gegessen, meinem Neffen Gordon [Weir] und seiner Frau Susie, einer Forscherin, die vorletztes Jahr einen großen Durchbruch erzielt hat. Meine Schwester Vivien war auch da. […]

Wir hatten viel aufzuholen beim Essen inklusive eines ausführlichen Berichts über die ganz großartige Hochzeit meines ältesten Neffen, ehemalige Führungskraft im PKW-Business, ein reicher Witwer, der eine ebenso reiche Witwe geheiratet hat. In Newport, mit allem Drum und Dran – die Brautjungfern trugen Tiaras, ein Vierspänner als Hochzeitswagen, Hunderte Gäste, die Blumengestecke waren superschick, eines in Form eines Schwans, alles voller Schickeria, meine Schwester hat sich bestens amüsiert. Ihr fiel die Aufgabe zu, die Hochzeitskerze anzuzünden, mitten in der Zeremonie, als eine Art Bestätigung, dass sich beide Familien ganz wunderbar verstehen. Sie hatte Bedenken, aus Angst dabei zu zittern, während alle Blicke auf ihre Hände gerichtet sind. Ein kleines Blumenmädchen hat komplett das Tempo herausgenommen, indem sie langsam, ganz langsam jede Blüte einzeln streute, erst hier, dann da, den ganzen Gang entlang. Braut und Bräutigam waren für das Festmahl auf Sesseln platziert – reiche Leute, die großen Bahnhof gemacht haben.

Heute neblig und kühl. Es ist schön, dass ich mich jeden Tag auf einen Morgenspaziergang mit Patty freuen kann. Wayne Padgett kümmert sich um meine Website, Gott sei Dank! Es gab ein Kreditkartenproblem (Mister Yu ist ein bisschen nachlässig mit Kreditkarten, weil er selbst keine eigene mehr besitzt). Wir haben keinen Kontakt mehr – wie es 21-Jährige nun mal tun und tun könnten, ist er weitergezogen. Ein neues Leben! Eine Ersatz-Kreditkarte ist gestern eingetroffen – sie waren sehr freundlich, was den geheimnisvollen Einkauf in NYC angeht, während ich hier war und Mister Yu dort. Ich erinnere mich dunkel daran, dass ich die Karte in einer Schublade in NYC gelassen hatte.[35]

Ich bin überhaupt nicht Mitten-im-Schreiben. Ich habe mit der Arbeit an dem begonnen, wofür Trevor Winkfield Zeichnungen gemacht hat, und habe beschlossen, es neu *Snippets*[36] zu nennen – ein Erinnerungsstreifzug aus Fragmenten, also so, wie ich mich an die Vergangenheit erinnere.

Hauptsächlich habe ich dieses Gespräch mit Mary Kite[37] gesäubert. Skanky Possum wird es als Leseheft [= *Spilled Beans*[38]] veröffentlichen, und zwar ziemlich schnell, was mir ganz gut in den Kram passt, mit kleinen Silhouettenzeichnungen von Joe Brainard: Hirschkopf, Auto, Fallschirmspringer.

Und ich bin mit dem *Zauberberg* fertig, bei dem ich manchmal sehr ungeduldig wurde – vor allem bei einer endlos langen Passage über die Ankunft eines Grammophons, zum Amüsement der TBler nach ihrer fünften Mahlzeit des Tages –, ein neuer abendlicher Zeitvertreib. Herr Mann hat pflichtschuldig jede einzelne Platte aufgeführt, die abgespielt wurde.

Jimbo [Morgan] soll mich bald besuchen kommen und hat glücklicherweise die neue, geschrumpfte *Lola* verschoben, ich hatte ohnehin eine Art Blockade beim Wiedereinstieg. In letzter Zeit ist mir eine Sondheim-Melodie aus *Follies* durch den Kopf gegangen, vielleicht ja ein Zeichen, dass ich zu meinem Leisten zurückkehren sollte.

Das war's mehr oder weniger, abgesehen von einem Bericht darüber, wie ich von Jack Graves nach Groton gefahren wurde und wieder zurück. Er plaudert alles aus, ein prächtiger Monolog, der mir, wenn ich ihn reproduzieren könnte, als Aufnahme, einen Platz in der [John Ashbery] Ashcan School of Narrative sichern würde. […]

Fast schon Zeit für meinen Gesundheitsspaziergang, 7:55 Uhr, also tschüssi, und ich hoffe, du hattest reichlich Familienfreuden, die noch lange nicht enden werden.

Alles Liebe, Kenward

Boulder, Colorado
28. August 2001

Lieber Kenward,

aus irgendeinem Grund träume ich oft vom *Zauberberg*, der Himmel klar und kalt, auf dem Balkon, dick eingewickelt, der Speisesaal, in dem die Tür zuschlägt. Träume ich von meinem Tod oder verwechsle ich das mit Pombillo? Skiresort in Chile. Wo wir alle so jung und irrsinnig glücklich waren. Wenn ich doch nur von der Skiszene im *Zauberberg* träumen würde, so außergewöhnlich. Ich glaube, ich habe dem alten *Zbb* seine letzte Weihe gegeben.

Ging dieser Tage meine Bücher durch (als ich in den Wohnwagen zog, trennte ich mich von der Hälfte nach dem Kriterium, ob ich sie wiederlesen werde oder nicht). Sortierte gestern fünf Kartons aus. Erstaunlich, wie viele ich noch einmal gelesen habe …

Es freut mich immer, wenn die Padgetts im Poet's Corner[39] sind. Tut mir leid wegen Kenneth Koch. Schwer, ihn sich auf irgendeine

Weise schwächer vorzustellen. Alles an ihm schien knackig & gut geraten, frisch.

Liebte deine Beschreibung der Newport-Hochzeit.

Du bist nicht gut zu deinem Schreiben. Es gibt reichlich Material, über das unbedingt geschrieben werden muss, in Prosaform, von dir. Freue mich, von *Snippets* zu hören. Es tut mir sehr leid wegen *Lola* – und ich verstehe das mit den Kreditkarten nicht ganz. Ist das ein neues Kreditkartenproblem? Es gab einen Vorfall, als du Mr. Yu aus dem Knast holen musstest. Aber vermutlich (vermeintlich?) hat er für dich Besorgungen erledigt? Das ärgert mich sehr. Schwer zu glauben von Mr. Yu. CW so lädiert & draußen & draußen bedürftig & gierig, dass es nicht überraschte. Ich bin erstaunt, wie lässig du das hinnimmst. Seine Zuneigung zu dir und der Respekt, sehr real. Manchmal muss es nervtötend sein, $ zu haben. Die Leute schalten die Moral vorübergehend ab, als sei es OKAY, ein Bankräuber zu sein.

[…]

Im Augenblick ist Oxycodon der Himmel für mich, dieses neue Schmerzmittel mit Depotwirkung. Ich schlafe die ganze Nacht, fühle mich nicht high oder zugedröhnt. Viel öfter schmerzfrei.

Keine Neuigkeiten. Alles Liebe, Loosha

New York, NY
2. und 4. September 2001

Liebe Lucia,

heute nimmt die »Ende-des-Sommers«-Panik ab, gelindert durch das Vermonter Wetter, klare, kühle, sonnige Tage, die scharfe Konturen zeichnen, nicht verschwommen vom Hitzedunst, der Himmel in sattem Königsblau – Mama Natur erkämpft sich ihren Weg: Schaut mal! Ohne Hände! Kunst! Das passiert hier oben im September jedes Jahr.

Früher Spaziergang mit Patty. Die Knie sind steif, also muss ich einen Stock benutzen. Unser üblicher Weg (in diesem Sommer), hinunter zum Teich, über das Gras, über den begrünten Erddamm, an der Hütte vorbei, ein Stückchen hinauf über den Waldweg, der sich wieder zum Teich öffnet, dann kurz, ein letztes Mal, ein angenehm anderer Blickwinkel. Um diese Jahreszeit schwimmen Entenfamilien herum. Keine Bibernase, die ihre V-Welle im Wasser zieht. Es ist windstill, aber der morgendliche Teichnebel weht ätherisch in eine Richtung (Süden?) – bergab, wo die Padgetts wohnen. Patty hat aufgehört, Antibiotika gegen ein fast schon chronisches Zahnfleischproblem einzunehmen, das ihr Sorgen macht: Schmerzen, Schwellungen. Sie hat keine Lust mehr zu kochen, will weg vom Herd und ständig auswärts essen. Ich auch! Etwas mürrisch wegen der E.-des-S.-Panik, Essen interessiert mich nicht, und so widerstand ich (gestern) zunächst Rons Einladung,

   A. zu ihm runterzukommen, um mir ein Joe-Video von zwei süßen, kichernden französischen Collegestudentinnen anzusehen, die Interviews mit Joes Nächsten & Lieben gemacht haben, im letzten Winter in NYC, sowie mit Paris-Brainardiern wie Harry Mathews & Ed White.[40]

   B. zu einem Essen bei Julios, einem mexikanischen Restaurant in Downtown Montpelier.

Bin ziemlich schnell eingeknickt. Ich beschäftige mich mit einem neuen »Gesundheits«-Gerät, mit dem ich meinem Arzt in Vermont (ein netter Kerl, und auch süß) meinen neuerdings hohen Blutdruckwert vermelden kann. Die Maschine (Ron hat auch eine) hat mich natürlich verwirrt, Oberarm richtig umwickeln, das hässliche Geräusch von Klettverschlüssen, versuchen, ein Schaubild für ARM und ARM WRAP, einen Zentimeter oberhalb des Ellbogens, zu verstehen. Also gab Ron mir Nachhilfe, und mir blieb immer noch Zeit für ein Nachmittagsschläfchen vor dem Video. War gut gemacht

(Zulassungsaufgabe für einen Abschluss anstelle einer schriftlichen Arbeit). Die Kamera hat mich nach der Abnehmklinik erwischt, sodass ich weniger wabbelig und vergrämt aussehe, und ich war erstaunt, wie »ausdrucksstark« – und andauernd – meine Hand- und Armgesten ausfallen. Vielleicht lag es daran, dass ich mich mit Französinnen unterhielt und dachte, mein Englisch bräuchte eine physische Unterstützung – zusammengekniffene Augen, um Ironie zu signalisieren etc. –, und da die Franzosen so gut im Gesten-Hokuspokus sind, versuchte ich zu kompensieren, dass ich ihre Sprache nicht beherrsche. Das Geplapper wirkte okay, und meine Bildschirm-Persönlichkeit stieß mich nicht ab, wie es vorkommen kann. Es ist, als würde man seine eigene Stimme aufgezeichnet hören – eine Das-bin-nicht-ich-Vortäuschung, Tech-Trickserei. Buh!

Eine geheimnisvolle Lücke hat sich aufgetan. Eine Zusammenarbeit mit Jonathan Williams[41], er hat eine Art Schwulen-ABC oder so was geschrieben, gähn, mit »Schwulenporno«-Zeichnungen, die Joe gemacht hat, und die ich noch nie gesehen habe, weil ich immer schon versunken war in die schicklichen Romane von Barbara Pym, E. M. Forster und Thomas Mann, in denen »Miss Manners« immer noch eine Art Gottheit ist und in denen die Jalousien für das, was im Bett passieren kann, geschlossen sind. Und so wurde ich immer wieder von »Sehe-ich-was-ich-sehe?«-Schocks überfallen. Ich wusste nicht, dass Joe das gezeichnet hatte. Er war gebeten worden, Zeichnungen für das Handbuch für schwulen Sex anzufertigen – der Nachfolger des Bestseller-Handbuchs für Heteros. Aus seiner Beteiligung wurde nichts, aber was ist aus dem Handbuch geworden? Ron hat nachgesehen und kann keines finden. Aber ich erinnere mich irgendwie daran, dass ich es durchgeblättert und dann beiseitegelegt habe. Keine Joe-Zeichnungen. Neben der großen Angst vor dem Umgang mit neuen Maschinen finde ich Sexfilme extrem einschüchternd. Das dorthin stecken, während ich hier dies mache? Meine Güte, was werden die sich als Nächstes ausdenken? Ed White (seine riesigen weißen Video-Fleischbeine sahen völlig unwirklich aus; weshalb ist menschliches Fleisch auf Film oft so weiß wie der Tod?) sollte den Text schreiben. Oder tat es.

Das ist das Rätsel. Die ABC-Zeichnungen sind von der Bildfläche verschwunden, aber das ist kein Rätsel. Ron hat sie bei dem Gaga-Verleger der Jonathan-Williams-Kollaboration mit Joe von damals gefunden. Der Assistent des alten Mannes hat hundert Exemplare an Ron verkauft, die meisten für John Brainard, Joes Bruder, der Brainardiana dort bunkert, wo er mit Caroline [Stuart][42] in Connecticut lebt, eine gerissene Geschäftemacherin aus der Gastro-Welt, die die James-Beard-Stiftung betreibt. Nur dass Joes Bruder im Sommer nach Paris gezogen ist, um sich als Künstler zu »finden«. Vorübergehend. Oder doch nicht? Ein weiteres Rätsel.

4. September

Tja, ich bin abgeschweift in den Reality-Soap-Dschungel. Es ist wieder Morgen, der Tag nach dem Labor Day. England hat den KRIEG erklärt, Hitler ist in Polen einmarschiert. »Mein« Land im Krieg, 1939, ich, ein zehnjähriger »überzeugter Brite«. Das ist das Größte, was es gibt – Kindheitserinnerungen an Supra-Ereignisse der realen Welt, die sogar noch Einfluss auf die Coolness der Millennials haben.

Patty & Ron fahren zum Burlington International Airport, um ihren Sohn Wayne abzuholen, der sich um meine Website gekümmert hat. Mr. Yu lebt jetzt in einem anderen Leben – *Berlin artist* – und wir haben keinen Kontakt mehr. Ich bin nicht neutral, was Kreditkartenbetrug angeht. […] Wayne hat es aufgegeben, nach Brooklyn ins Fitnessstudio zu gehen, und konzentriert sich jetzt ganz auf meine Website. Er hat einen Laptop, also werde ich die Ergänzungen heute Nachmittag auf seinem kleinen Bildschirm sehen können. Mitte des Monats wird meine Website, *tadaa*, ins Weltall starten, zusammen mit Abermillionen anderer Websites. Gefühlt bin ich im Moment nicht in der Lage zu schreiben, aber vielleicht setze ich mich trotzdem noch heute Morgen wieder an *Lola* … Es ist so still draußen, kühl, und ich habe Stunden für mich allein, bevor ich zum Röntgen meiner Knie ins Krankenhaus fahre, um der Steifheit auf den Zahn zu fühlen.

[…] Ich schätze, das bringt dich auf den neuesten Stand. Muss meinen Eisschrank putzen, seltsames Aroma, dann *Lola*. Und die Küche aufräumen. Dann *Lola*.

Alles Liebe, Kenward

Boulder, Colorado
9. September 2001

Lieber Kenward,

was für ein besonders herrlicher Brief. Die letzten Vermonter Sommertage klingen so schön, mit Enten auf und Nebel über den Teichen, königlich blauem Himmel, den Padgetts am Fuß des Hügels. Es hat mich gefreut, Joes Gemälde vom Haus zu sehen. Ganz und gar nicht, wie ich es mir vorgestellt hatte (und normalerweise bin ich ziemlich gut). (Stimmt nicht. In ersten Eindrücken etc. liege ich meistens bemerkenswert falsch, gelegentlich *sehr* richtig.) Als Kind wollte ich immer in einer *Heidi*-artigen Hütte in den Wäldern wohnen, und so war MEINE Version deiner Calais-Behausung ein winziger, ungestrichener Holzbau, eine Art Hüttchen, wirklich, mit einer kleinen Veranda und einem Schaukelstuhl. Wie alle deine Gäste in meine Version hätten hineinpassen sollen, habe ich mich nicht gefragt.

Dein Bericht über Joes sexy Video hat mir sehr gefallen. Wie peinlich, das zuzugeben, und ziemlich erstaunlich in Anbetracht all der

Dinge, die ich erlebt habe, aber ich habe nie einen Porno irgendeiner Art gesehen! Südliche Lady? Lateinamerikanischer Einfluss? Warum auch immer; bei Gelegenheiten, wo ich einen hätte sehen können, habe ich mich davor gedrückt. Einmal wollten Terry und ich uns *Behind the Green Door* anschauen, aber sie wollten uns nicht reinlassen, weil er minderjährig war. Ich fühle mich sehr unbehaglich bei Sexszenen im Film. Alle scheinen sie so abgeklärt anzuschauen. Wie können erotische Bilder nicht erregend sein? Für mich sind sie sehr sexy und, nun ja, ablenkend. Hatte das gleiche Problem mit einer unattraktiven Zahnpflegerin, deren riesige Brüste andauernd gegen mich wogten, während sie vor sich hin kratzte und sagte: »Spucken!« Gottchen. Ich wollte sie fragen: »War das auch für Sie gut?«

Eine der witzigsten Liebesszenen aller Zeiten gibt es in *Flash and Filigree* von Terry Southern. In allen Einzelheiten wird gezeigt, wie zwei Leute Sex in einem Auto haben, ein so kompliziertes Gewirr von Armen und Beinen und Zungen, Ellbogen und dazugehörigen Teilen, dass es wie eine Paarung indischer Götter aussieht. Ermüdend, weil beide so viele Dinge gleichzeitig tun, am linken Ohr knabbern etwa, während man einen BH öffnet und das Automatikgetriebe auf *Parken* stellt und der Partnerin in den Nacken pustet. Als ich fünf war, konnten mein Freund Kentshereve und ich beobachten, wie unsere Nachbarn »es machten«, auf oder am Küchentisch. Wir rollten uns vor Lachen im Gras herum. Es war das Lustigste, das wir je gesehen hatten. Beischlaf ist lächerlich, wirklich. Ich glaube, es war ein guter »Kniff«, es zur Sünde zu erklären – macht es glamouröser und weniger grotesk.

Ich fand es interessant, dass Reinaldo Arenas in *Bevor es Nacht wird* sagte, er habe im Knast kaum Sex gehabt, weil es ohne jede Überraschung oder Verstellung und Gefahr und ohne das Vergnügen der Enthüllung zu langweilig gewesen wäre. Oder etwas in diese Richtung.

Faszinierend das Drama über die verschwundenen Zeichnungen von ABC, eine noch dramatischere Intrige, sollte die James-Beard-Stiftung irgendwie darin verwickelt sein.

Vergiss nicht, mir zu sagen, wenn du eine Website hast, und wie sie zu finden ist.

Wow. Seite zwei, und ich habe noch nicht gesagt, dass ich eine Geschichte schreibe oder so was. Niedergeschlagenheit und Düsterkeit sind vollständig ausgeblendet. Ich fühle mich zu Hause, bei mir angekommen. Weiß noch nicht, ob es »funktioniert«. Ist mir eigentlich egal, selbst wenn ich sie am Ende wegwerfen sollte. Ich glaube, ich werde mich daran erinnern: Keine Stille muss endgültig sein.

Rob Creeley, Bobbie und Sidney Goldfarb kamen gestern zum Frühstück. Wir hatten einen langen und vergnüglichen Morgen, viel Gelächter, viele Erinnerungen. (Meine letzten beiden Ehemänner, Newton und Berlin, gaben gemeinsam mit Rob die Harvarder *Wake* heraus und waren jahrelang sehr gute Freunde.) Ich habe Rob und Bobbie 1956 kennengelernt, habe sie beide sehr gern. Er hatte am Freitag eine gute Lesung, Prosa. Bobbie bereitet sich auf eine Solo-Aufführung von Monologen im Oktober vor. Sechs Vorstellungen im Boulder Museum. Die Monologe sind witzig, scharf, klar ... die besten seit Jahren. Auch sie weiß das und strahlt, sieht aus wie 45.

Freut mich zu hören, dass du dir *Lola* erneut vorgenommen hast. Ich weiß, dass das eine gute Idee ist. Hoffe, deinen Knien geht es besser. Ich bin in schlechter Verfassung, schlimme Rückenschmerzen, aber das liegt daran, dass ich in der letzten Woche mehrmals Abendessen war, dann die Lesung, dann das Frühstück. Mir ging es viel besser, was mir die Kraft gab, alle diese Dinge zu tun. Also fange ich wieder von vorn an: Mache jeden Tag Yoga und Atemübungen, bleibe im Bett und schreibe die ganze nächste Woche an meiner Geschichte.

Freut mich zu hören, dass du dein persönliches Blutdruck-Kit hast. Klettverschluss ist schrecklich, oder ich hege eine ganz besondere Abneigung dagegen. Während einer meiner post-alkoholabhängigen Zusammenbrüche und meiner Phasen der Arbeitslosigkeit, auf der verzweifelten Suche nach einem Job, legte ich die Prüfung zur Assistenzlehrerin an den öffentlichen Schulen von Berkeley ab. Die Prüfung dauerte den GANZEN Tag und war sehr schwierig. Multiple Choice in den meisten Bereichen, dazu ein Essay für den Schreibtest. Tja, ich bekam eine 1 in Mathe, Geschichte, Lesen etc., aber im Essayschreiben bekam ich eine 5, wurde also nicht als Lehrerin eingestellt. Das Essaythema lautete: »Schreiben Sie über eine der wichtigsten Erfindungen, die im Laufe Ihrer Lebenszeit gemacht wurden.«

Okay. Ich schrieb über Klettverschlüsse. Es war ein perfekt geschriebenes Essay. Ich legte meine Grundprämisse deutlich dar und begründete alle meine Behauptungen in exzellenter Prosa. Ich zählte interessante, nebensächliche Fakten auf wie etwa die, dass das Design von Klettverschlüssen genauso aussieht wie die Bäuche von Raupen und dass sie auf dieselbe Weise kleben, wie Raupen an Zweigen hängen. Ich glaube, dass Klettverschlüsse das grundlegende Gefüge amerikanischen Lebens untergraben. Leider kann ich mich an die vielen Gründe, die ich dafür anführte, nicht erinnern, aber einer davon war der Gebrauch von Klettverschlüssen bei Kinderschuhen. Früher war es ein Initiationsritual der amerikanischen Kindheit und vielleicht tatsächlich eine der wenigen Gelegenheiten für Väter, eine Verbindung zu ihren Kindern herzustellen, wenn sie ihnen beibrachten, wie man die Schnürsenkel bindet. Heute sind Kinder auf sich allein gestellt und auf die einfache Lösung beschränkt. Das Geräusch von Klettverschlüssen, das in der gesamten Nation widerhallt, beeinflusst unsere Jugend mehr, als die Medien es tun. Dieses ständige Zerren und Reißen schürt die zügellose Gewalt, mit der wir täglich konfrontiert werden. (Interessant, dass in den Anrainerstaaten des Pazifiks, wo es keine Klettverschlüsse gibt, Selbstmorde und Morde seltener auftreten.)

Na ja, du weißt schon, was ich meine. Sie waren nicht begeistert. Sorry, dass ich abgeschweift bin!

Alles Liebe von Loosha La Louche

Boulder, Colorado
1. Oktober 2001

Lieber Kenward,

eine kurze Nachricht, nur, weil wir schon zu lange keinen Kontakt mehr hatten … Vielleicht geht es dir genauso … Ich kann nicht wirklich reden oder schreiben. Nichts scheint Sinn zu ergeben. Meinen Freunden geht es allen gut; ich hoffe, deinen auch. Alles scheint beängstigend und falsch zu sein. Die Grausamkeit der Ereignisse vom 11. September hat den Schmerz über viele andere Tode zurückgebracht und lässt mich um Freunde bangen, die am Leben sind, und auch um mich selbst auf allergrundsätzlichste Weise.

Verstehst du, warum ich nicht schreibe? Das klingt so melodramatisch und albern. Bei mir ist alles in Ordnung, ich kümmere mich um meine Angelegenheiten, welche das auch immer sind, aber wie kann ich darüber schreiben, wie ICH mich fühle? Nämlich zutiefst traurig und erschüttert. Also, bitte schreib mir und sag mir, wie es dir geht. Ist der Herbst schon da? Wann wirst du in die Stadt zurückkehren? Würdest du lieber in Vermont bleiben?

Eigentlich habe ich große Neuigkeiten. Mein Sohn Dan und seine neue Frau haben sich in Venice (Kalifornien) Häuser angeschaut. Sie haben ein Doppelhaus gefunden, in dem eine Wohneinheit kleiner ist als die andere, die sie an mich vermieten könnten. Im Dezember kommen zwei weitere meiner Söhne und helfen mir beim

Packen und beim Umzug in die Rialto Street, fünf Straßenzüge vom Meer entfernt. Nur wenige Schritte bis zum Beyond Baroque. Ich kann auf der Strandpromenade die Zukunft vorhersagen. Ich habe meine eigenen Karten gelegt, um herauszufinden, ob das eine gute Idee ist. Die letzte Karte war die Pik-Neun, die als der Anbruch einer neuen Ära gelesen werden kann, als Transformation oder Tod. Tja, wir werden sehen.

Ich bin sehr *bewegt* (entschuldige das Wortspiel). Ich bin schon so lange hartnäckig unabhängig, aber diese Tragödie hat mich in den Augen meiner Familie sehr einsam gemacht. Dan sagte liebevoll, dass sie sich für mich einsam fühlten und wollten, dass ich zu ihnen ziehe.

Ich bin aufgeregt und natürlich unruhig und nervös. Ich ertrage den Gedanken nicht, Jenny und Ivan verlassen zu müssen, und Bobbie et al.

Würde so gern von dir hören. Hoffe, dass unsere Briefe sich kreuzen. Ich vermisse dich und habe dich sehr gern,

LOOSHA

Boulder, Colorado
12. Oktober 2001

Lieber Kenward,

deine Briefe bedeuten mir so viel. Ich habe mich gestern bei Ivan beschwert, dass es ewig her ist, seit ich von dir gehört habe. Er hat mich sofort getröstet, sagte mir, ich solle mir keine Sorgen machen, er sei sicher, dir gehe es gut, du seist nur sehr beschäftigt. Nein, ich mache mir wegen Kenward keine Sorgen, sagte ich. Ich muss nur einfach von ihm hören!

Ich machte mir ein bisschen Sorgen. Reine Projektion, und zu Recht, wie es aussieht. Unsere körperlichen Probleme sind ziemlich ähnlich und unsere Stimmungen auch, besonders dann, wenn es uns mies geht und wir nicht schreiben. Ich habe mein bisher schlimmstes Jahr. Selbst mit dem wundersamen Oxycodon ist mein Rücken in ziemlich schlechtem Zustand und die Fortbewegung viel schwieriger, ich musste es absetzen, weil ich Warfarin nehme, aber eine Weile wirkte Celecoxib sehr gut gegen die Arthritis in Knien und Händen etc. Bitte gib mir wegen Schilddrüse, Blutdruck etc. Bescheid. Es ist erbärmlich, ich weiß, aber ich finde diese Themen jetzt interessant, und ich möchte wissen, wie es dir geht.

In Oakland sagte der Schilddrüsentyp, ich hätte Hashimoto-Thyroiditis und verschrieb mir L-Thyroxin, was eine wunderbare Energie-Pille war. In Mexiko haben es die Ärzte abgesetzt, und mein Arzt hier sagt, die Schilddrüse sei in Ordnung. Es gibt eine spezielle Untersuchung für dieses Leiden. Nicht, dass ich irgendwelche *neuen* Beschwerden haben wollte, aber die Energie (überhaupt nicht wie Speed), die mir L-Thyroxin gab, bleibt mir in schöner Erinnerung.

Ich sympathisiere mit Arthritis wegen der Schwierigkeit, die mir die Fortbewegung macht. Und wie soll ich abnehmen, wenn mir jede Bewegung so schwerfällt?

Was ich nicht verstehe, ist, warum es nicht als Aerobic gilt, wenn ich meine Sauerstoffflasche mit raus nehme.

Ich glaube, ich habe dir erzählt, dass ich endlich wieder arbeite. Nicht wirklich, da ich aus irgendeinem Grund keine Zeit habe. Es ist unmöglich, die Nachrichten nicht zu sehen. Heute warnen sie vor einem neuen Terroranschlag, der jederzeit bevorstehen könnte. Punkt. Wieso war es nötig, uns das zu sagen? Sie sagen, wir würden dann besser aufpassen. Worauf?

Brauche immer noch meinen Mittagsschlaf von 13 bis 15 Uhr und falle immer noch um sechs ins Bett. Seit bekannt ist, dass ich umziehen werde, bekomme ich oft Besuch und viele Telefonanrufe, was schön ist, aber auch ermüdend. Meine Geschichte »steht« allerdings, es wird eine Art langes, skurriles Memoir.[43] Ich habe Spaß beim Schreiben, also sollte es mir nach dem Umzug oder auch schon, wenn die Dinge hier zur Ruhe gekommen sind, leichtfallen, wieder einzusteigen. Nichts macht mich glücklicher als ein neuer Text, der mir durch den Kopf geht.

Großartig, von deinen beiden neuen Auftritten zu hören. Wunderbare Liederauswahl. Ich glaube, ich habe sie alle gehört. Wie du und Steven »Who'll Prop Me Up?« gesungen habt, war wunderbar, trieb mir die Tränen in die Augen. Wow, wie unheimlich aktuell es jetzt ist. Nicht wahr? »Middle of Nowhere« ist herrlich, die Musik ein Vergnügen.

Der Abend im Poetry Project[44] klingt auch gut. Mir gefällt die Kombination von dir und Bill Berkson. *Snippets* auch in Arbeit. Du machst ziemlich viel, das musst du zugeben.

Anselms ausgewählte Gedichte haben mir gefallen. Sein Buch *Caws & Causeries* ist auch toll. Wunderbare Essays. Ich werde ihn und Jane so vermissen.

Hörte sich nicht so an, als hättest du meinen Brief mit der Neuigkeit erhalten, dass ich in etwa einem Monat nach Venice ziehe, um im kleineren Teil eines Doppelhauses neben meinem Sohn Dan zu wohnen.

Ich schwanke zwischen Trostlosigkeit darüber, meine Freunde hier verlassen zu müssen, und wilder Freude darüber, meine Familie zu sehen. Alles durcheinander. Heute war Donnerstag, Einkaufstag mit Harry. Lieber alter Kerl, schniefte den ganzen Weg nach Hause, und beim Aussteigen sagte er: »Ich möchte, dass du weißt: Es ist nicht nur, weil du mich in Geschäfte und zu Ärzten fährst. Du bist einfach großartig.«

Grace Paley mochte ich nie besonders, obwohl ihre Titel großartig sind. Sie ist irgendwie zu klug. Penelope Fitzgerald habe ich genossen. Eine Art B-Novel, nicht klug, aber schlau, etwa wie Muriel Sparky.[45]

Lese gerade [George] Merediths *Der Egoist*. Hätte es fast weggelegt, bin froh, dass ich durchgehalten habe. Sprache und Witz vergnüglich. Der Held ein solches Arschloch, man muss ihn einfach lieben. Super Buch.

George W. Bush redet gerade davon, die Feinde in die Flucht zu schlagen. O Gott. Todtraurig. In der ersten Woche war das Hissen der amerikanischen Fahne sehr bewegend. Jetzt finde ich sie erschreckend, Symbol von Macht und Aggression. Meine mexikanischen Nichten sagen, dass Lateinamerikaner mehr Mitgefühl hätten, wenn die USA einen Versuch unternehmen würden, sich selbst zu hinterfragen, *die* Handlungen unter die Lupe nehmen würden, die den Hass auf uns geschürt haben. Scheint so, als würden wir die Arroganz, die uns so übelgenommen wird, förmlich zur Schau stellen. Bizarr zu sehen, wie die Nachrichten über die Tragödie und den Krieg von Werbung für Luxusprodukte unterbrochen werden. Spielzeugkatalog von FAO Schwartz mit Tausend-Dollar-Barbiepuppen etc.

Ich bin sehr froh, nach Venice zu ziehen. Meine anderen Söhne haben alle gesagt, sie würden aushelfen, wenn Dan oder ich $ bräuchten. (Ich werde $ 800 Miete zahlen.) Mein Lieblingsenkel in Oakland hat mich gefragt, ob er mich hin und wieder besuchen und übers Wochenende bleiben könne. Seine Eltern sagen, er sei ein typischer unmöglicher Teenager, und halten es für eine großartige Idee. Ich auch. Einer der Gründe für meine Niedergeschlagenheit ist, glaube ich, dass ich nicht das Gefühl habe, irgendjemandem eine Hilfe zu sein. Kann es nicht erwarten, wieder Großmutter zu sein. […] Ich komme mir vor wie ein Kind, das nach Hause zu einer liebevollen Familie zurückkehrt. Bushs Rede übertönt meinen Brief. Es stimmt, was er sagt, wir sind einander nähergekommen und … Er sagt, es erstaune ihn, dass irgendjemand uns hassen könne. Er hat wirklich gerade »ich rel*i*tiviere« gesagt, aber sich über ihn lustig zu machen, ist nicht länger cool.

Am nächsten Tag:
Hoffe, deine Katzen haben sich eingewöhnt. Meine Schwester ist auch, als sie schwer krank war, noch aus dem Bett aufgestanden, um sich die Nachrichten mit Peter Jennings anzuschauen und ihre zwei Katzen zu streicheln. Olivia und Violet, Mutter und Tochter. Die Mutter zwölf, die Tochter sechs, unzertrennlich. Ihr Fell erschwerte meiner Schwester das Atmen, Lungenkrebs in weit fortgeschrittenem Stadium, also beschlossen wir, die Katzen waschen zu lassen. Marcelino (Seferino in meiner Geschichte[46]) setzte sie in einen Korb und brachte sie zum Tierarzt. Der Tierarzt setzte sie unter Narkose und wusch sie. Gute Idee, ähnlich wie bei Zahnärzten in Mexiko, wo man nicht wie hier erst eine Zahnreinigung machen lässt und dann noch drei-, viermal wiederkommen muss für die Füllungen. Dort narkotisieren sie dich, erledigen alles, und schicken dich nachmittags, wenn du aufwachst, nach Hause. Also, die Katzen kamen nach Hause, immer noch schlafend, immer noch im Korb. Als sie aufwachten, griffen sie einander sofort an, fauchten und jaulten. Wegen ihres neuen Geruchs erkannten sie einander offenbar nicht, und jede von ihnen nahm an, die andere habe sie in den Korb gesetzt und weggebracht. Sie kämpften, na ja, wie Katzen und Hunde, schrecklich. Mussten in verschiedenen Zimmern gefüttert werden und meine Schwester getrennt voneinander besuchen. Redeten NIE MEHR miteinander, obwohl sie immer ineinander eingerollt geschlafen hatten. Als meine Schwester gestorben war, saßen beide draußen vor ihrer Tür, die eine links, die andere rechts, heulten tagelang für sich allein.
Ivan und Dan für Friedensnobelpreis nominiert![47] Ich soll es

nicht weitersagen, aber ich muss es dir sagen. Stell dir vor, wie es Ivan geht. Er überlegt sich schon, was er in Oslo tragen soll.

Es war so gut, von dir zu hören.

Alles Liebe, LOOSHA

New York, NY
18. Oktober 2001

Liebe Loosha,

dein großer Umzugsbrief ist verschüttgegangen – hat mich ganz schön durchgerüttelt, der Gedanke, dass du deine Zelte abbrichst, obwohl deine Zelte für mich so angenehm waren, als Gast, als Brunch-Teilnehmer, als Betrachter deines Umfelds aus Nachbarskids und knabbernden Rehen, alles war so sehr von dir erfüllt: ein gemütliches, einladendes Umfeld.

Überholspur diese Woche, ein bisschen beängstigend, wenn man das versucht aufrechtzuerhalten. Die wirklich wichtigen Neuigkeiten sind: Ich weiß jetzt mit Sicherheit, dass Joe ein Genie ist. Die Ausstellung im MoMA PS1, irgendwo in Long Island City, ist ein Knaller, perfekt aufbereitet, nicht in schlaue Themenfelder zusammengefasst (seine Whippoorwills) (mein Whippet) und anmutig aneinandergereiht (das war in Berkeley), auch nicht bei den *Nancy*-Arbeiten und seinen Blumen.[48] Der Hauptsaal – es gibt drei – ist ziemlich groß, schlicht, autoritär, aber irgendwie nicht museal. Hohe Decke. Parkett. Ich mietete ein Auto, fuhr mit Jean Boulte von oben und mit Jean-Claude, Helfer Nr. 1 und Computerexperte, hin. Ron Padgett stand während der gesamten sechs Stunden der Eröffnung Wache, und viele alte Kumpels waren da, für Klatsch und Tratsch aus vertrauten Kanälen.

Joes Arbeit ist erstaunlich einnehmend. Ron und ich hatten die gleiche erfreuliche Reaktion – dieser Joe, mit dem wir so viel

Zeit verbracht hatten: Wir hatten nicht wirklich erfasst, was für ein großartiger Künstler er war, eine gewaltige Erkenntnis, an die wir uns gewöhnen werden müssen. Kein dunkles Geheimnis – ein ekstatischer Zugewinn. Natürlich liebten wir ihn und seine Arbeit, schätzten sie, sahen es nie als selbstverständlich an, wie sie unseren Alltag erhellte. Dennoch ist es verblüffend, ihn so weit oben zu sehen, in einem so erhabenen Reich, in dem nur sehr wenige Künstler ansässig sind, die einen Platz verdienen, an dem sie überleben werden, aller Moden und Trends und sich ändernder Sichtweisen auf die Kunst zum Trotz.

Ich habe einen wirklich grummeligen Brief wegen meines Ausschlusses aus Boulder an Joes Kuratorin Connie [Lewallen][49] geschrieben, und gestern Abend haben wir uns wieder zusammengesetzt (sie akzeptierte meine Offenheit und Wut darüber, dass ich im Boulder Museum kuratorisch »ausgeweidet« wurde).

Ich drängte sie, dafür zu sorgen, dass es eine Fotodokumentation der Ausstellung geben wird – was wo gehängt wurde etc. –, denn nach ihrer Station in Vegas wird sie aufgelöst werden und verschwinden. Ich denke, meine Vehemenz wird Connie dazu veranlassen. Ich habe auch Ron direkt darauf angesprochen – er wollte selbst die Ehre des Kamera-Klickens-haben –, das MoMA PS1 hat zu schlecht organisiertes Personal, um dies selbst vorzunehmen. Also wird hoffentlich ein Profi dieses Projekt in Angriff nehmen.

Die Hommage an Joe in der New School[50] war gut – drei Dichter lasen Joes Texte (Ron, Bill Berkson und Frank Bidart[51], der seine Sache sehr gut machte), dann sprach Connie über Joes Werk – gut, aus kuratorischer Sicht –, und ich wurde für den Schluss aufgespart (das Sahnehäubchen); brauchte zwei Lieder, um warm zu werden, aber am Ende war's okay. Gestern Abend beim Poetry Project war Bill Berkson der Erste – die toteste Lesung, die ich je von ihm gehört habe. Lag es an der Doppelten-Leistenbruch-Operation, die er kürzlich hatte? Auch ein Lungenemphysem. Einfach nur leblos. Das ist der Grund, warum ich nicht oft zu Dichterlesungen gehe: Leichen-Aura. Das Publikum war (zum Ausgleich) sehr freundlich zu mir, meine Stimme war in Ordnung, habe die hohen Töne gut getroffen, die Witze saßen. Danach war ich glücklich, dass ich zur Höchstform auflaufen kann.

[…]

Also, ich hoffe, dein neues Zuhause lässt sich gut an, und ich bin froh, dass du Familie in der Nähe hast. Und ich freue mich wirklich sehr, dass du wieder bei der Wort-Arbeit bist. Ich nicht, noch nicht, aber ohne weitere Auftritte finde ich vielleicht den Weg zurück in das Labyrinth, aus dem mir die Worte zufliegen.

Und ich wünschte, du könntest nach NYC hopsen, um dir Joes Ausstellung anzusehen. Es sieht so aus, als gäbe es eine Aufführung der *Grasharfe* im Pasadena Playhouse im Februar (Probeaufführung) und auch von drei Szenen aus *City Junket*[52] in San Francisco (Probeaufführung) – als Teil eines Lyrik-Abends, den Kevin Killian zusammengestellt hat … plus Joe in Vegas. Im Februar mache ich mich nach Westen auf und hoffe sehr, dich in Venice zu treffen: nicht so weit weg, zumindest zeitlich. Nächste Woche treffe ich meinen netten Jewish Doctor und werde das Medikament erwähnen, das dir geholfen hat.

So großartig, dass Ivan ein möglicher Nobelpreisträger ist, was ich bisher keiner Seele erzählt habe.

Alles Liebe, Kenward

Boulder, Colorado
28. Oktober 2001

Lieber Kenward,

freut mich, dass du eingesehen hast, dass Joe wirklich ein Genie war, nicht nur in deinen Augen. Ich habe vor allem seine *Nancy*-Gemälde gesehen und andere Pop-Art. Bewunderte besonders seinen Witz und seine gute Laune. Aber als ich die Ausstellung sah, war ich erstaunt über den Reichtum und die Vielfalt seiner Arbeit. Mir war auch nicht klar, wie sehr er seiner Zeit voraus war, wie viele Sachen er gemacht hatte, ehe andere sie für sich entdeckten. Die religiösen Arbeiten sind außerordentlich, wunderbar. Was er über sie sagte, hat mir sehr gefallen; wenn die Leute der Meinung waren, er würde die Religion verspotten, wollte er ihnen die Gemälde nicht zeigen. Ich habe mir seine Ausstellung mehrmals angesehen. Ich glaube, den meisten, die seine Arbeiten sehen, geht es wie mir: Das Vergnügen ist nicht einfach nur ein ästhetisches, egal, wie gut die Werke in visueller Hinsicht sind … im Geist jedes einzelnen von ihnen und des Gesamten steckt eine zutiefst spirituelle und freudvolle Intention. Ich habe mehrmals gelesen, dass er es liebte zu gefallen, aber da ist mehr als das. Seine Liebe kommt in jedem Bild zum Ausdruck. Wegen seiner Bilder und natürlich wegen allem, was du mir erzählt hast, fühle ich mich ihm sehr nah. Wenn wir doch nur in deiner Wohnung herumliegen und Barbara Pym lesen könnten. Ich hätte ihn so gern kennengelernt. Es wäre so schön, wenn ich die Ausstellung im MoMA PS1 sehen könnte.

Freut mich, vom Erfolg der Hommage und dem Poetry Project zu hören. Du bist immer noch gut in Form, oder? Ich hoffe, dich im Februar zu sehen.

[…]

Großes Ereignis. War gestern Abend auf einer Party bei Jenny [Dorn]. Alter Liebhaber war da. Sportreporter aus Boston, unglücklich verheiratet. Immer noch irrsinnig attraktiv. Ich ärgerte mich, dass er mich jetzt so sah, so dick und krank und alt. Aber er mochte mich noch immer! Rief heute Morgen an, drängte mich, zu ihm zum Abendessen zu kommen und über Nacht zu bleiben. Wir hatten jahrelang eine tolle, glühende Romanze. Wünschte, ich hätte zu ihm gehen können. Nach gestern Abend bin ich zu kaputt. Hat mich allerdings wirklich aufgemuntert.

Ach, der Umzug. Ich bin sehr durcheinander. Der Deal mit dem Haus in Venice ist geplatzt. Jetzt sehen sie sich eines in Santa Monica an. Mein Kabäuschen bestünde aus einem großen Zimmer mit Kocher und Tischbackofen. Klingt schrecklich, obwohl Dan sagt, es werde mir gefallen. Ich mag meinen kleinen Wohnwagen und will nicht gehen. Er ist hell und hübsch, und ich habe eine Waschmaschine und einen Trockner, Rehe und Hasen ... großartige Küche, jede Menge Platz an den Wänden, sodass ich jederzeit die Gemälde wechseln kann. Ich habe Dan gefragt, ob meine Bücher reinpassen. Wahrscheinlich nicht, sagte er, aber ich könne sie in Kartons in seiner Garage unterstellen. Ach, Schmerz und Elend. Ich sehe mich schon um zehn Uhr abends durch Kartons wühlen auf der Suche nach Lesestoff.

Ich weiß, dass ich bei ihnen wohnen möchte. Sie sind herzlich und liebevoll. Wollen sich *wirklich* um mich kümmern. Ich fürchte auch, ich brauche jemanden, der sich um mich kümmert, mein Rücken wird immer schlimmer, und das Atmen fällt mir schwerer. Die Welt ist ein furchterregendes und hässliches Schlamassel, sodass ich bei meiner Familie sein muss, sie fehlt mir jetzt mehr als je zuvor. Habe nächste Woche einen Termin für CT und Ultraschall, Jane Hollo wird mich im Rollstuhl hinbringen. Es wird gut sein, starke Söhne zu haben, die das übernehmen können. Ich habe dir sicher schon gesagt, dass mein ältester Sohn – der mit den Alkohol- und psychischen Problemen und ein paar kürzlich erfolgten Einweisungen – ebenfalls beschlossen hat, nach Venice zu ziehen. Zuerst war ich zutiefst besorgt. Aber wir haben uns täglich E-Mails geschrieben, fast täglich telefoniert. Ich war sehr aufrichtig und streng mit ihm, damit er sich zusammennimmt, und wir haben jetzt eine gute, ehrliche Basis. Nun bin ich froh, dass er dort sein wird. Dynamischer, liebevoller, liebenswerter Mann.

Ich mag es überhaupt nicht, Freunde hier zurückzulassen. Jenny, Ivan, Bobbie, die Hollos, Steve Katz[53] etc. Habe gestern Abend den ganzen Weg von Denver nach Hause geweint.

Bobbie hat vier Vorstellungen der Monologe im Boulder Museum gegeben. Großer Erfolg, das hat sie ermutigt, sie sieht umwerfend aus.

Ivan hat einen neuen Song geschrieben. Er ist glücklich. Er ist »erleichtert, wirklich«, dass er den Nobelpreis nicht bekommen hat. An der Spitze ist es anstrengend.

Tja, ich vermute, ich bin auch glücklich. Fühle mich sehr geliebt und vom Glück begünstigt. Ich habe einen guten Anfang für eine Geschichte oder vielleicht eine Novelle. Das Packen beansprucht die wenigen Stunden, die ich jeden Tag »auf« bin, aber ich behalte den Anfang im Hinterkopf, werde dahin zurückkehren, sobald ich eingezogen bin. Das ist ein weiteres Problem, das Sorge bereitet: Ich weiß nicht, *wann* ich umziehen werde ... Wenn sie »schließen« oder mein Wohnwagen sich verkauft, muss ich umziehen, selbst wenn es dort keine Wohnung gibt. Die Post macht mir Sorgen ... noch habe ich keine Adresse. Keinen Arzt. Wow, ich werde meinen wunderbaren Arzt vermissen. Ich muss zweihundertmal in meinem Leben umgezogen sein[54] ... Normalerweise macht mir das Umziehen Spaß, und ich liebe es, neue Wohnungen einzuräumen. Diesmal bin ich total nervös, fürchte mich vor der Reise. Na ja, nervös natürlich wegen der gesamten Weltlage im Moment. Hast du den Artikel im *New Yorker* gelesen über die Theorie eines Bürgerkriegs? Neueste Sache, die mir Angst macht. Jedes Mal, wenn ich die Zeitung lese oder die Nachrichten schaue, bin ich froh, nach Hause zu meiner Familie zu kommen.

Beim Packen habe ich einen Blick in den Karton mit deinen

Briefen geworfen. Frag Ron, was er davon hält, sie zu veröffentlichen. Das gehört wirklich zum Besten, was du geschrieben hast, jeder einzelne ein Juwel.

Alles Liebe, Loosha

TEIL III

2001–2003

Briefe aus der Croyden Avenue, Los Angeles, Kalifornien
Briefe aus Calais, Vermont, und New York, NY

Los Angeles, Kalifornien
10. Dezember 2001

Lieber Kenward,
werde keinen Drucker haben, bis meine Kartons ankommen … zwischen dem 18. & 23. … (da es so wenige sind, sind sie Teil einer größeren Ladung …) Werde eigentlich am 25. einziehen. Mein kleines Haus sieht aus wie auf Bildern, die ich als Kind von meinem Traumhaus malte (kein Schornstein) – ich weiß, dass es die richtige Entscheidung war. […]
Bin heute zum Frühstücken an die Strandpromenade gefahren. Parkte. Nahm meine Gehhilfe, um nah genug ans Wasser zu kommen und die Gischt zu *fühlen*! Das Wasser zu *riechen*! Herrlicher Tag … klarer, reiner Himmel. Alle finden, es sei kalt! Also war niemand am Strand außer all diesen Leuten, die was gegen ihr Rheuma machen, Tai-Chi-Übungen.
Ich ging in eine Rastabude mit T-Shirts und Räucherstäbchen, kaufte etwas Myrrhe, und der Typ hatte kein Wechselgeld, um mir auf einen Zehner rauszugeben – bat mich, auf den Laden aufzupassen! So cool –, ich verkaufte 25 Tempelbaumstäbchen für je einen Dollar und packte sie in eine Tüte, aber die Leute mussten warten, bis er mit dem Wechselgeld zurück war.
Der Kellner eines Straßencafés ließ mich durch den Notausgang rein, damit ich nicht erst ums Haus gehen musste. Central Casting hatte ihn geschickt – John Cusack – süß mit witzigem Dauer-Geplapper. Ich fragte ihn, was das für ein Rennen sei (Hun-

derte von Menschen in blauen Shirts rannten vorbei). Er sagte, sie würden kostenlose Proben mit Süßstoff von Nutrasweet verteilen. Das Beste war – ganz bestimmt nicht der Kaffee –, dass der Hilfskellner nur eine Hand hatte! Irrsinnig geschickt. Schrubbte das Geschirr mit seinem Stumpf!

Buchladen Small World – neue und gebrauchte Bücher. Sie hatten dich & mich & die neue Alice Munro! Noch viel mehr, aber da war ich schon völlig erledigt.

Ich mag alle diese Menschen hier. Fühle mich zu Hause beim Spazierengehen oder Sitzen etc., was in Boulder nie so war. Viele alte Leute hier (anders als in Boulder). Alle möglichen hübschen und verrückten Leute hier & das Beste ist, dass alle einen grüßen, ob normal oder verrückt, vergleichbar mit Mexiko, auch wieder nicht wie in Boulder, wo sie ihrer inneren Stimme lauschen oder der Meditationskassette.

[…]

Ich schreibe nach wie vor. Stecke im Schiffskapitel fest, aber das ist ein technisches Problem der Perspektive … meine Geschichte ist immer noch da, was mich zutiefst beglückt und heimisch fühlen lässt.

Ich weiß, du bist immer noch am selben Ort, aber der Ort, an dem ich deine Briefe bekomme, hat sich geändert. Und das Schreiben an dich hat sich verändert. Deshalb kommt es mir so vor, als wärst du weiter weg, & ich *vermisse* dich.

Ein irgendwie neues Problem: nicht neu, aber nun, da ich mit anderen zusammen wohne, offenkundig geworden. Ich bin ausgesprochen plemplem. Vielleicht nicht Alzheimer, aber ich bin langsam & durcheinander & gaga … Komme mit dem Fernseher nicht klar, weder mit der Mikrowelle noch mit Telefonen oder Computern und, na ja, mit allerlei anderen einfachen Aufgaben auch nicht. Fühle mich wie eine Idiotin und/oder eine Tattergreisin. Plus, ich rede zu viel.

Alles Liebe, Loosha

New York, NY
13. Dezember 2001

Liebe Loosha,
was für eine Vorstellung! Ein einarmiger Tellerwäscher – ein unerschütterlicher Stumpf. Ich bin versucht, meine Zelte abzubrechen, in deine Richtung zu ziehen und mich voll auf Kalifornien einzulassen. Die Nähe zum Pazifik wirkt sich auf die Menschen aus, so viel ist sicher. Braungebrannte Haut. Blondes Haar. Braungebrannte Blondschöpfe. Organische Flockigkeit – in der Nähe einer so endlosen Weite fallen gewisse Sorgen und Pseudo-Notwendigkeiten irgendwie weg. Das erinnert mich an das Jahr, in dem ich mit Joe nach San Diego gefahren bin – an die University of California, wo sein Nachlass & mein Vorlass archiviert sind.[1] Ein Sammler/Stifter, Robert Butts, dessen Eltern ein höchst profitables Spirituosengeschäft betreiben, schenkte der University of California die Werke Joes, die er im Lauf der Jahre fleißig gesammelt hatte, und zu Ehren dieser Schenkung wurde eine Feier veranstaltet – einschließlich einer Lesung, für die eine ganze Reihe von Dichtern eingeflogen wurde. Joe und ich bekamen ein Universitäts-Penthouse zur Verfügung gestellt, das, wie ich annehme, für Würdenträger auf Vier-Sterne-Niveau bestimmt ist.

Dieser spezielle Ehrengast war nicht abgeneigt, durch die Spalten der Jalousien auf ein flaches Dach zu schauen, wo sich ein etwas exotischer Anblick bot: Hunderte von jungen Körpern, die sich sardinendoseneng und reglos bräunten. Ich bekam Lust, *Lolita* erneut zu lesen. Natürlich war Joes Ausstellung einfach miserabel gehängt, wie in einer Schulmensa, die Schattenseite der kalifornischen Mentalität (Mensas) – aber die Lesung war toll: Anne Waldman, bevor sie in totale Selbstüberhöhung verfiel. Bill Berkson, Ron. Und diese unbeweglichen Dachkörper zum Anglotzen, Stunde um Stunde.

Ich bin so froh, dass Kalifornien dir gut bekommt. Ich habe mir vorgestellt, dorthin zu ziehen, San Francisco, L. A. – ich leide unter einer wiederkehrenden Sehnsucht nach der Westküste. Mit Seattle war es mir ernst, bis die Political Correctness *Postcards on Parade* wegschwemmte. Das Tageslicht ist dort oben so wunderbar, und in den Augen der jungen Männer bricht sich das energiegeladene Blau.

Solange man sich in der Nähe des Pazifiks aufhält, ist die Atmosphäre unbeschwert, erfüllt von der Möglichkeit, eine Rolle anzunehmen, albern, aber geerdet, wie die Charaktere in den Stücken von William Saroyan[2] (Mann, wie sehr ist der in Vergessenheit geraten!) – eine gutmütige Natur von wohlwollender Freundlichkeit.

Ich bin wirklich in ein Loch gefallen, jetzt bin ich wieder raus, puh. Das Knieproblem hat mich ganz schön umgetrieben, weil ich irgendwie dachte, ich müsste unbedingt sofort operiert werden. Es hinter mich bringen. Dann hab ich eines Morgens in der NY *Times* gelesen, dass drei Menschen nach einer Knieoperation gestorben sind. Gefühlt war ich damit irgendwie aus dem Schneider.

Gestern kamen die korrigierten Druckfahnen von *Snippets* bei mir an – drei weitere kleine Fehler, aber diesmal vollkommen verständlich, und es sieht großartig aus. Das Buch erscheint im Januar – ein Glück, dass ich nicht ein Jahr lang warten muss. Verkrampft unter Termindruck schreiben zu müssen, widerspricht meiner Arbeitsmoral und der Gehirnwäsche, die mir in meinem elitären WASP-Internat[3] zuteil wurde. Arbeite hart, sonst zählt es nicht. Mir sind schon einige Werke schnell und einfach aus dem Kopf geflossen (der Selbstmordmonolog in *Postcards on Parade*), aber ich habe Angst zu schummeln, beim Schummeln erwischt, als schlechter Mensch entlarvt zu werden, weil ich mir nicht die Mühe mache, jeden Tag achtzehn Stunden lang mit Hingabe zu schreiben. Das ist schon etwas lästig, ehrlich gesagt. *Snippets* kann auch auf dem Papier bestehen. Das ist einfach so. Habe ich mich die ganzen Jahre unnötig in die Mangel genommen? Natürlich. Die gedruckte Seite stützt die Worte immer, gibt ihnen eine unantastbare Aura der Zwangsläufigkeit. Jedenfalls: Damit bin ich fertig.

Ich bin das Gegenteil von streitlustig, aber neulich hatte ich die Faxen mit dem York Theatre & mit Chef Jimbo echt dicke. Er führt es einfach viel zu planlos und unorganisiert. Also habe ich mich zurückgezogen, das habe ich ihm klipp und klar geschrieben. Claibe, der liebe Komponist von *Lola* mit der texanischen Stimme, ist froh, dass ich unser Musical von einer möglichen Produktion dort abgezogen habe. Claibe hat glücklicherweise einen Agenten, ein Macher, der für das überarbeitete, schlankere Skript, an das ich mich letzte Woche gesetzt habe, die Werbetrommel rühren wird, sobald ich fertig bin. Claibe steht eine Chemotherapie bevor ... Es hat in der Prostata begonnen.

[...]

Ich denke, das ist genug echtes Leben für einen Brief. Das Abendessen, das ich zubereitet habe, war köstlich und vernünftig. Karotten und Zwiebeln in Hühnerbrühe gekocht. Eine Bratkartoffel. Zum Nachtisch gab es eine aufgeschnittene, in Grapefruitsaft marinierte Cantaloupe-Melone, die ich allein verputzte. Und dann, nach ein paar Schlucken Wodka und Grapefruitsaft ins Bett. Ach, du meine Güte. Es ist 7:32 Uhr, das Licht ist aus, und es ist Zeit für ein bescheidenes Frühstück zu Hause, aus cholesterinsenkenden Haferflocken, SAHNE, hahahaha, und Kaffee. Und dann – auf zu einer schlanken *Lola*.

Alles Liebe, Kenward

Los Angeles, Kalifornien
7. Januar 2002

Lieber Kenward,

in diesem proppenvollen kleinen Buch *Spilled Beans* habe ich so viel erfahren über dich, über Musicals, Lyrik etc. Es hat mir sehr gefallen. Du warst klar, witzig und warm wie immer. Mary Kites Fragen haben mir auch gefallen. Mir gefiel es, dass sie sagte, deine Gedichte seien »kleine Theater«. »Sie sind gut beobachtet.« Schöne Beschreibung, weil die Leserinnen und Leser von allem tatsächlich so viel *visuell* mitbekommen. Nicht nur das Tempo, sondern auch die Szenerie wechselt, und die überraschenden Gegenüberstellungen, die Jazzriffs, die die ganze Zeit stattfinden, geben jedem Gedicht eine Energie, die definitiv *physisch* ist. Zusätzlich natürlich die vielen Stimmen, die daraus Theater machen. Schön, das Gespräch und das Buch.

Heute hatte ich endlich einen Termin beim Spezialisten. Ich machte mir in den letzten Monaten große Sorgen über diesen Tumor in meiner Lunge. Blutige Szenarien. Was könnten meine letzten Worte sein? Nein, warte! DIES sind meine letzten Worte! Nein, besser ... *Ehrlich.* DIES sind meine letzten Worte!

Ich mag beide meine Ärzte. Der von heute ist Pavel Patel, Inder, gut aussehender, grüblerischer Kerl. Liebevoller Mann. Er ist ein Heiler, ganz bestimmt. Die Patienten verehren ihn. Das Wartezimmer war wie irgendwo in Kolkata. Viele sehr alte, sehr kranke Leute jeder Nationalität. Volle Stühle, viele von uns alten Leutchen auf unseren Gehhilfen, in Rollstühlen. (Es sah aus wie in der Fernsehserie *BattleBots*, über kämpfende Roboter.) Dutzende Kinder auf dem Boden, Bedienstete auf dem Boden, herumkrabbelnde Babys. Alle warteten so lange, dass die Teenager draußen Snacks holten und Cheetos, M&M's und Lakritz verteilten. Eine ältere weiße Frau in einem hübschen grauen Kostüm, mit Hut, schöner

Anstecknadel und perfekten Spectator-Pumps. Ihr Dienstmädchen hatte ihre *langen* Fingernägel schwarz lackiert mit Sternen drauf!

[...]

(Später am Montagabend) Traurig zu hören, dass Fielding Dawson[4] gestorben ist. Der liebe Fielding. Ich hatte ihn 1959 in Provincetown kennengelernt, wo eine Ausstellung seine Aquarellmalerei zeigte. Eitel und gut aussehend, sehr à la F. Scott im Seersucker-Anzug und sonnengebräunt. Seitdem sind wir befreundet und verfeindet gewesen. Wegen eines gemeinen Artikels, den er zu Tom Clarks Buch über den Dichter Charles Olson geschrieben hatte, habe ich jahrelang nicht mit ihm geredet. Habe schließlich das Kriegsbeil begraben, aber dann schrieb er einen schrecklichen Artikel über Ed Dorn und hat George und Martha King[5] so schlecht behandelt, dass ich wieder wütend auf ihn war, bis wir uns vor einigen Jahren versöhnten. Hatte kürzlich Krach mit ihm, weil er einen Brief benutzte und lektorierte, den ich für den Blurb eines Buches geschrieben hatte, ohne es gelesen zu haben. Die guten Sachen, die ich gesagt hatte, bezogen sich auf Fieldings Gefängnisgeschichten, die herrlich waren. (Er unterrichtete in Attica). Ach, was plappere ich da vor mich hin? Ich bin traurig, dass er tot ist. Konnte Susan [Maldovan][6] ein paar Nettigkeiten mitteilen, die er kürzlich in einem Brief über sie gesagt hatte, als ich vorhin mit ihr sprach.

Ivan hat gerade angerufen, auch er ist traurig wegen Fielding. Allen, mit denen ich heute Abend gesprochen habe, tut es leid, sich mit ihm gestritten zu haben. Na ja, er war einfach eine echte Nervensäge, und so kommt es einem vor, als wäre ein Verwandter gestorben. Er hat ein paar gute Geschichten geschrieben und war ein wichtiger Teil unseres Lebens. Mit »unseres« meine ich vermutlich uns alle, die etwas mit dem Black Mountain College zu tun hatten. Ich werde ihn vermissen, und ich bin traurig, und außerdem ist es noch ein weiterer Tod. Erstaunlich, dass Todesfälle immer eine Überraschung sind, vor allem, wenn wir älter werden, und sie doch so häufig geschehen.

Ivan gefällt sein neues Haus auf dem Land. Sobald eine Sirene zu hören ist, Feuer oder Polizei, fangen die Kojoten an zu heulen! Sie leben nebenan, damit die Weißkopfseeadler (Goldkopfseeadler?) nicht aussterben, wir sind direkt in ihren Flugzonen.

Ich schäme mich für meine Beschwerden über meine neue Familie. Es klappt großartig, eigentlich. Dan hat mir eine Dusche installiert: eine Bank, gute Düse an einem flexiblen Schlauch. Wunderbar, so zu duschen. War früher eine Tortur, weil ich nicht lange stehen konnte.

Jeder von ihnen ist weiterhin fürsorglich. Ich auch. Es ist ein gelungener Austausch, und wir halten ein gutes Gleichgewicht zwischen Privatsphäre und wechselseitigen Besuchen.

Hörte meine *Grasharfen*-CD.

Alles Liebe, Loosha

Los Angeles, Kalifornien
12. Februar 2002

Lieber Kenward,

sehr peinlich. Die einzigen Neuigkeiten, die ich berichten kann, handeln von deinem Besuch. Es tut mir so leid, dass ich nicht zur Aufführung der *Grasharfe* kommen konnte … Ich hätte dir alles davon berichten können. Ich kann gar nicht sagen, wie sehr meinem Sohn Mark und mir deine Lesung gefallen hat, die Dias, die Kommentare. Er musste am nächsten Morgen sehr früh aufstehen und konnte nicht Hallo sagen … aber er kennt dein Werk und liebt es. (Zwei meiner Söhne sind Leser, bei den beiden anderen null Interesse.) Er war wütend auf Mark Salerno[7], aus vielen Gründen, wegen seines perfekten Klamottengeschmacks und seiner so intelligenten Fragen, aber hauptsächlich, weil er nicht für einen besseren Veranstaltungsort und ein größeres Publikum gesorgt hatte bei einem so tollen Auftritt. Ich finde auch, dass das sehr billig war, habe aber gelernt, dass das bei Autorinnen und Autoren wie *uns* nun mal so ist. Einmal lasen Leslie Scalapino[8] und ich vor *fünf* Personen! Eine davon war ihr Freund, und die anderen vier waren meine Söhne. UNS hat die Lesung trotzdem Spaß gemacht, und wir wurden gute Freunde.

Wenn man in Betracht zieht, dass es ein Seminar war, war die Reaktion auf deine Lesung ziemlich gut. *Snippets* gefällt mir sehr und *Nite Soil* ist eine großartige Sammlung. Ich sitze und blättere die Karten wieder und wieder durch.

Meine beste Lesung fand an einem eiskalten, regnerischen Abend in einem überheizten Buchladen von San Francisco statt. Vielleicht 15 Leute im Publikum. Ich beschloss, Geschichten zu lesen, die meine schlimmsten waren und/oder von denen Leute gesagt hatten, sie könnten sie nicht leiden. Das Schöne an der Lesung war, wie sehr sich das Publikum beteiligte. »Nein, Lucia ... die ›texanische Weihnachtsfeier‹ war schlimmer als diese Geschichte.« »Überhaupt nicht ... ›Mama und Papa‹ war *wirklich* schlimm.« »Habe ›Verregneter Tag‹ gelesen ... die kann ich nicht ertragen.«

Ich hoffe, du hast dich ausgeruht und von der Reise erholt. Bin gespannt zu erfahren, wie dir Las Vegas gefallen hat. Hätte ich doch mit dir dort sein können. Es hätte Spaß gemacht, so, wie wir mit Sicherheit in der Abnehmklinik Spaß gehabt hätten.

Es tut mir leid, dass ich zehn Jahre zu alt und zu krank bin. Wäre es nicht so, würde ich darauf bestehen, bei dir zu wohnen, deine Assistentin zu sein, deine Köchin, Übungsguru und generelles Faktotum ... Faktota? Nur das Faktotum, gnädige Frau. Wir würden uns schlapplachen.

Ich muss mehr Erkundungen machen ... ich mache kurze Ausflüge zum Einkaufen und hinunter zum Strand, um am Meer zu sitzen, das ist in etwa alles, und da ich mich mittlerweile nicht mehr verlaufe und am Flughafen lande, ist es nicht mehr besonders aufregend. Dieses lässige L. A. gefällt mir immer noch. Die Leute hier lieben es, sich zu unterhalten, in der Schlange, im Fahrstuhl. Während man in Boulder den Ausdruck »Wife-Beater-Unterhemd« so oft wie möglich verwendete, reden sie in L. A. ständig von den »Klempner-Hintern-Jeans«, das ist so weit der einzige soziologische Fakt, den ich einsammeln konnte. Dan musste mir erklären, dass bei Klempnern, wenn sie sich vor deinem Waschbecken hinhocken, die Arschritze zu sehen ist. Gnade.

Mark Salerno kommt zum Tee, ich werde mit dem Weiterschreiben warten und dir davon erzählen. Ich fand ihn nett, werde also sehen, wie berechtigt meine Mark-Einwände sind.

Ich hoffe, das klingt nicht zu stereotyp homophob, aber es scheint wirklich so, als müssten Lesben, wenn sie auch nur den kleinsten Klamottengeschmack hätten, die Frisur und den himmlischen Schlips, den die Richterin der Kriegsverbrecherprozesse trägt, einfach vergöttern.

SPEZIFISCHES DETAIL! Das war natürlich eine von Tschechows wichtigsten Regeln und zeigt, warum er der Beste ist. Wenn sich etwa in »Das Duell« alle im Wald versammeln, wusste man, dass es fast dämmerte, als er den Gehstock des Arztes sehen konnte. Du bist der Fürst der perfekten Wortwahl.

Tja, Mark Salerno ist gekommen und wieder gegangen. Ich hatte gehofft, mit ihm über Schriftstellerinnen und Schriftsteller aus L. A. zu reden ... Freunde von mir wie Amy Gerstler, Benjamin Weissman.[9] Vielleicht über Bücher, dich und deine Arbeit ... was auch immer. Du warst mein einziger anderer Gast. Er war nett und brachte mir zum Valentinstag eine Schachtel Pralinen vom

Chocolatier Lady Godiva mit. Wir redeten tatsächlich über dich und deine Arbeit, die er wirklich mag und respektiert.

Am meisten aber ... also *hier* ist ein spezifisches Detail: Jeder, der diesen grausigen Ausdruck verwendet, kriegt von mir ein Thumbsdown ... er wollte mich »ausquetschen« über die Leute, die man in Colorado kennen sollte, weil er dort eine Lesung haben wird. Mir wurde klar, dass er nicht die Leute meinte, die ich in Colorado gernhabe, stattdessen wollte er wissen, wer in der literarischen Szene, die nie meine Szene war, angesagt ist. Es war ein netter Besuch, aber ich wette fünfzig Dollar, dass er beim nächsten Mal nach einem Blurb fragen wird.

Er ließ ein hübsches spezifisches Detail fallen, als er ging. Kein Streichholzheftchen aus einem Strip-Club oder einen Koks-Löffel, sondern einen kleinen Plastikbehälter mit einer winzigen Zahnpasta und einer Zahnbürste, nass. Dadurch wurde er mir irgendwie sympathischer. Er bemüht sich so sehr, gut auszusehen, gut zu riechen, einen Master of Fine Arts zu bekommen, um auch auf dem Papier gut auszusehen, die richtigen Leute kennenzulernen, die richtigen Namen fallen zu lassen ... Er hat keine Ahnung, dass er wirklich ein netter Kerl ist. Ich gab ihm eines meiner Bücher und bat ihn, mir eines von sich zu schicken. Vielleicht ist er ein phantastischer Schriftsteller.

Ich bin der Beweis einer weiteren Tschechow'schen Theorie. Es ist möglich, über *nichts* zu schreiben! Ich werde hier aufhören. Hoffe, bald kommt ein Brief von dir.

Alles Liebe, LOOSHA

New York, NY
18. Februar 2002

Liebe Loosha,

gestern Abend hat Mr. Wogga Wogga[10] gekocht und zu einer Yorker Aussie-Invasion eingeladen, es müssen acht Männer gewesen sein, eine Frau, Charlotte [Moore], Chefin eines Off-Broadway-Theaters wie dem York, Irish Rep[11], die ich sehr mochte und mit der ich länger geplaudert habe. Theatergespräche, sehr intensiv, »jetziges« Treiben –

die Leute aus der Literaturbranche, jedenfalls die, die ich kenne, reden nicht mit so einer ernsthaften Unmittelbarkeit. Als begnadete Erzählerin berichtete Lady Charlotte von ihrem Besuch von Elaine Stritchs[12] Einfrauenshow, die gerade das Must-see in der Stadt ist. Elaines Eröffnungssatz lautete in etwa: »Wie die Prostituierte sagte: ›Es liegt nicht an der Arbeit, es liegt an der Treppe.‹« […]

Heute kommt Patty zu mir auf die Tretmühle, aber mein Rücken ist »raus«, also schaue ich nur zu. Erhole mich von der Reise. Hatte Glück mit den beiden anderen Auftritten – großes Publikum an einem prächtigen Ort, viele Zuschauerreihen, eine Bühne, das volle Programm. Uni von San Francisco, in einer ehemaligen katholischen Bildungseinrichtung, wo Pietas und selige Jungfrauen in den Gängen herumlungern. Mr. WW war erstaunt, wie sich meine Stimme öffnete. Als Nächstes: Kevin Killians Poets Theatre, *City-Junket*-Szenen, denen zwei schrecklich langweilige Avantgarde-Nummern vorausgingen. Die Besetzung von *City Junket* war gut – das eng platzierte, aber zahlenmäßig kleine Publikum fand nach den ersten beiden Stücken aus der misslichen Stimmung heraus. Die Dialoge saßen, und genau wie nach der *Grasharfe* zischten Pfeile der Dankbarkeit aus den Augen der Darsteller in meine Richtung. Sie hatten solchen Spaß dabei, genau wie in Pasadena. Es ist der lohnende Himmel auf Erden, wenn man die Zielscheibe dieser aus tiefstem Herzen abgeschossenen Pfeile ist. Letzter Auftritt in der Mills Faculty Lounge, sehr herzliche, zugewandte Zuhörer, Mac [McGinnes][13] war da und der mysteriöse Jeff Clark und seine neue *Mamma-mia*-Madonna, Carmen, deren Mutter ihre Heimat Peru für die USA verlassen hat, wegen der *West-Side-Story*-Verfilmung!

Gestern Abend bin ich in San Francisco in der *casa* meines Großneffen William [Bill] Weir und seiner Frau Margaret gelandet (sie hat »Creeyative« Writing studiert), wo drei phantastische Kinder herumtollten. Willum, wie Margaret Bill nennt, war Tontechniker bei meinem Auftritt in der Faculty Lounge. Er hat seinen Job beim Werbefilm aufgegeben, um einen Film übers Windsurfen zu drehen – seine Leidenschaft. Ich habe beschlossen, ihn zu bitten, einen Job für mich zu übernehmen: »Interviews« an der Westküste für meine Website. Ich hoffe, dass ich Jeff Clark & Carmen überreden kann, nach Venice zu fahren, um dich zu interviewen, während mein Großneffe Bill Weir filmt. Sie sehen so toll zusammen aus, Jeff & Carmen, und mir ist aufgefallen, dass Bill & Margaret & ihre Kinder in meiner Verwandtschaft eine Seltenheit sind – sie sind zusammen und scheinen das Leben zu lieben. Ich glaube, du würdest dich mit ihnen allen wohlfühlen. Carmen leitet ihre eigene private Schreibgruppe in San Francisco. Geeeeeht das?

Vielleicht könntest du die chilenische Entjungferungsschauergeschichte[14] lesen (die mir, wie du weißt, so unglaublich viel bedeutet) – ihre Erhabenheit und die Nuancen deines Tons müssen einfach sichtbar/hörbar gemacht werden … Falls die gesamte Geschichte für den Bildschirm zu LANG wäre, dann zeig den Text mit einem Voiceover von dir dazu. Vielleicht mit einem visuellen »Rahmen« (du, die du den Text liest) & die Reise selbst, die man als Text auf der Seite sieht, mit deiner Stimme als Audio. Dazu ein wenig Geplauder über deinen Alltag, egal was – wie du nach Chile und jetzt nach Kalifornien gekommen bist, wie wir in so vielerlei

Hinsicht korrespondieren. Wenn du ein Fragment aus einem Brief von mir lesen möchtest, aus einem, der dir besonders gut gefallen hat, wäre das für mich in Ordnung.

[...]

Denk mal drüber nach und gib mir Bescheid. Soll nicht in Stress ausarten – du kannst es gestalten –, aber wenn du das Gefühl hast, dass du dich dem nicht widmen möchtest, ist es natürlich in Ordnung. Allen G[insberg] hat mich mal beschimpft, weil ich mich nicht um die Nachwelt kümmern würde. Und das tue ich tatsächlich nicht, gewissermaßen. Ich schätze, unterm Strich würde es mir eine riesige Freude bereiten, das Schauermärchen von deiner Stimme gelesen zu hören – die, wie du weißt, eine große und unmittelbare Präsenz hat – & auch zu sehen, wie du es liest.

Es ist jetzt Montag, die Sonne scheint, Zeit für ein weiteres Date mit Patty auf dem Laufband. Dem Rücken geht's besser, also gibt's keine Ausrede. Gestern Nachmittag war ich mit den P's im Kino, für *Iris*[15]. Ein echtes Muss.

Liebe Faktota, ich bin froh, dass ich dein Refugium gesehen habe, und weiß, dass du in Sicherheit bist, der sehr geerdete Sohnemann nur ein paar Meter von dir entfernt ist und du dich auf ihn verlassen kannst.

Alles Liebe, Kenward

Los Angeles, Kalifornien
27. Februar 2002

Lieber Kenward,

ich bin beeindruckt, wie du die Dinge am Brodeln hältst. Und du SOLLTEST an die Nachwelt denken. Ich würde deine Briefe gern veröffentlicht sehen. Du bist einer meiner Lieblings-Prosaautoren, und es gibt so viele schöne lyrische Passagen in all deinen Prosatexten, abgesehen von einigen sehr witzigen Teilen und historisch interessanten Informationen. Mit Blick auf dieses Interview werde ich versuchen (in etwa einer Woche, ich mache gerade eine schlimme Phase durch), einen oder zwei Briefe von dir herauszusuchen und einen Antwortbrief von mir, Letzteren würde ich dann lesen, Erstere jemand anders.

Ich hoffe, du hast den Briefwechsel zwischen George Sand und Flaubert gelesen. Ihre Briefe sind das Beste, was sie jeweils geschrieben haben. Ich schätze den ersten Band von Flauberts Briefen sehr. Falls du sie nicht gelesen hast, mach das bitte.

Ich liebe es, Briefe und Tagebücher zu lesen. [Eugène] Delacroix, Darwin, Dawn Powell. Sogar die von James Joyce, die ekelhaft sind, und jene von Faulkner, obwohl er nur von Geld redet.

Natürlich würde ich die Muirs gern kennenlernen und dann irgendetwas zusammen unternehmen.

Ich freue mich, dass dir meine süße Liebesgeschichte gefällt. Der Mann in dieser Geschichte (»Andado«) und ich sind viele Jahre gute Freunde geblieben. Er war Botschafter in den USA, und ich traf ihn mehrmals, als ich in New York lebte. Während der Revolution war er in Paris im Exil. Gerade, als er wieder zurück in Chile war, ist er gestorben, nach dem Sturz von Allende, bekam ein Staatsbegräbnis unter der Leitung seines Priestersohnes (der aus der Geschichte). Die Geschichte ist lang ... etwa dreißig Seiten. Ich werde versuchen, sie zu lesen, und schauen, ob sie was taugt. Ob ich was tauge. Vielleicht könnte ein Teil davon eigenständig funktionieren. Mir gefällt die sehr kurze Chile-Geschichte »La Vie en Rose«[16] über zwei Mädchen am See, mit Kadetten und Küssen. Niemandem scheint sie je gefallen zu haben, geschweige denn, dass jemand etwas dazu gesagt hätte. Sie steht in *So Long*.

Passiert dir das auch? Dass ein Gedicht oder in meinem Fall eine Geschichte, die einem besonders gut gefällt, niemanden sonst so zu berühren scheint, wie es andere eigene Texte tun? Ich habe etwa vier davon. Habe versucht, sie zu lesen, aber die Reaktion des Publikums war kühl.

Du hast kein Wort über Las Vegas verloren, also hatte es offenbar nicht den Effekt auf dich, den es auf mich hatte.

Habe auf der Grenze neben meinem kleinen Häuschen ein bisschen was angepflanzt. Farne und Sukkulenten, kleine Palmen, aufgehellt durch kleines rosafarbenes Indisches Blumenrohr. Schön, zu buddeln und zu gießen … Die Poolheizung wurde repariert, also werden wir in ein paar Tagen drinsitzen können. Ich kann es nicht erwarten. Mein Rücken war schrecklich. Sie haben ein Medikament gegen Epilepsie zu meiner Medikation hinzugefügt. Es hilft enorm. Sie sagen, die anfängliche Benommenheit wird in ein paar Tagen weggehen. Hoffentlich. Ich habe die verdammte schwere Zunge satt. Nur ein Witz.

Ich war glücklich, als ich das Kapitel über Ed Dorn aus Tom Clarks Biographie las.[17] Es ist genauso geschrieben, wie es sich für die Biographie über einen Lyriker gehört, das Leben wird mit den Gedichten verknüpft … sieht aus, als wäre es ein gutes Buch.

Lese Trollope, todsicheres Zeichen dafür, dass ich dahinsieche. *Doktor Thorne.* Wenigstens bin ich nicht deprimiert, was *harte* Arbeit erfordert.

Werde dir bald schreiben.

Alles Liebe, Lucia

Los Angeles, Kalifornien
5. April 2002

Lieber Kenward,

ich bin entzückt, die erste der Interviewten zu sein. Margaret [Weir] und Sophie [Constantinou] sind gegen 9:45 Uhr angekommen.[18] Sie sind das perfekte Team für dieses Projekt. Sophie scharfsinnig, professionell, effizient, Margaret gütig und belesen, warm. Und kommt direkt auf den Punkt – also, das tun eigentlich beide. Margaret weiß einfach genau, was sie fragen muss: wirkliche Fragen dazu, wie sich die Dinge anfühlen, zum Seelischen, nicht zu Fakten oder das immergleiche »Woher nehmen Sie Ihre Geschichten?«. Ich mag Margaret sehr, würde mich gern mit ihr anfreunden. Jemand wie sie ist heutzutage etwas sehr Rares, und – ich vermute, es ist nicht politisch korrekt, das zu sagen, aber – sie ist gut erzogen. Mit allem, was das beinhaltet: Liebenswürdigkeit, Werte und ein solides Gespür für sich selbst. Mhm ... Ich denke wirklich, dass das auch auf mich zutrifft, ob du es glaubst oder nicht.

Ich habe diese Erfahrung wirklich genossen. Das hat meine Stimmung gehoben, gab mir das Gefühl, eine Schriftstellerin zu sein. Vor allem, durch deine Texte zu gehen, sie vorzulesen und darüber zu reden, was sie mir bedeutet haben (und das nicht wirklich gründlich zu machen), und zu schauen, wie viel sie mir tatsächlich bedeuten. Ich redete viel darüber, wie ähnlich wir uns in unserer Empfindsamkeit sind, wie wir übereinstimmen etc., aber ich glaube, ich nahm einfach an, dass die Leute das von selbst verstehen, zusätzlich zum Vergnügen und der Freundschaft, die in unserer Korrespondenz zum Ausdruck kommt.

Ich bin dankbar dafür, dass jeder deiner Briefe ein Kunstwerk ist, einige umwerfender als andere, alle an mich adressiert! Du bist ein brillanter Lyriker, aber ein ebenso guter Prosaautor. Ich bin so dankbar für diese Briefe. Sachen wie deine *Viehdieb*-Postkarte, all die Briefe über *Nancy*[19]. Ich glaube, eigentlich habe ich deine Arbeit nicht hoch genug gelobt. Margaret nahm viele Briefe mit nach Hause, um beide Seiten zu kopieren. Sie hat verstanden, wie wichtig diese Karten und Briefe sind (bitte weiter so, Leute). Sie verehrt alles, was du geschrieben und gezeichnet hast, selbstverständlich.

Einer der Briefe, den ich vorlas, drehte sich um deine Beschreibung der Bühne für *Lizzie*. Außerordentliches Stückchen Prosa.

Sie hat eigentlich alles verstanden, von meinem Werk, deinem. Ich glaube, ich habe mich danach gesehnt, mit jemandem zu reden. Der Tag heute hat mich glücklich gemacht.

Ich hatte so viel vorzulesen, dass sie an einer Stelle sagte: Wie wäre es, einen Brief nach dem Zufallsprinzip auszuwählen. Das tat ich, und es war witzig, entzückend, aber leider – und ach, es tut mir so leid, aber es WAR witzig – war es einer, in dem du ihren Schwiegervater beschreibst! Frevelhaft amüsant. Jedenfalls hat es ihr gefallen, sie sagte, du hättest ihn perfekt getroffen.

Ich las »Mama«, »Unbeherrschbar«, »La Vie en Rose«, »Mein Jockey«. Meine besten Geschichten sind zu lang, um das Interesse der Zuhörerinnen und Zuhörer wachzuhalten. Diese schienen zu funktionieren. Dann blätterte ich ein Fotoalbum durch und redete über dies und das und beantwortete gute Fragen zu meinem Leben und meiner Arbeit. Ein langer Tag, ich bin erledigt und sie auch, da bin ich sicher.

Aber ich wollte das loswerden, also herzlichen Dank dafür, dass du das organisiert hast. Ich fühle mich geehrt. Deine Liste ist super. Bitte mach auch ein Interview mit Joanne Kyger.

Ich stehe wegen so vieler Dinge in deiner Schuld.
Loosha

New York, NY
9. April 2002

Liebe Loosha,

um gleich mal damit anzufangen: Margaret Weir hat mir gestanden, dass sie dich – und dich als Autorin – liebt und bewundert, genau wie ihre Assistentin. Mein Großneffe war, wie ich aus unserem

Gespräch geschlossen habe, überwältigt, einfach überwältigt von der Intensität des Nachmittags, bei dem er sich als Mann wie ein Voyeur gefühlt habe – drei Frauen, die so natürlich und vollständig zueinander gefunden haben. Er versprach, mir eine Aufzeichnung des Gesprächs zu schicken, damit ich mir nicht ausgeschlossen vorkomme, was ich nicht tue, ganz und gar nicht. Es ist ein bisschen so, als würde ich im Theater etwas sehen, wofür ich den Text geschrieben habe, bei dem ich – wenn eine gewisse Intensität erreicht ist – vergessen kann, dass ich Schriftsteller bin, und mich in einer Wirklichkeitstreue verliere, die in gleichem Maße vergnüglich wie einnehmend ist. Was nicht immer der Fall ist. Also: Ich freue mich auf deinen Alleinflug, auf die Sprünge, Wirbel und Schleifen, die du ins Spiel gebracht hast.

Es muss eine furchtbare Woche für dich sein, in einem medizinischen Schlund zu verschwinden – was wird er für dich ausspucken – delphische Unwägbarkeiten, unkonkrete Optionen, invasive Rituale. Ich war so wütend über alles, was Joe durchmachen musste, trotz seiner unglaublichen Krankenschwestern, die ihn alle treu und ergeben behandelt haben. Ich wünschte, ich würde mich nicht darüber aufregen, was du auf dich nehmen musst, als gäbe es da oben jemanden, der solche Wendungen des menschlichen Schicksals kontrollieren kann, der die Signale, die Handlungsstränge durcheinandergebracht hat, und das nicht mal mit Absicht, was wirklich dumm ist: Verschwendung, einfach nur Verschwendung.

Ich beginne, an Vermont zu denken, eine natürliche Folge des Frühlings und des günstigen Wetters, die Bäume in der Jane Street, auf die ich von meinem neuen Fenster im zweiten Stock aus blicke, wo sich mein Schreibtisch befindet, schlagen aus. Das erinnert mich an meine Lieblingstante, die einzige wirkliche Schriftstellerin in der Familie – Margaret Leech war ihr *nom de biographie*, für mich Tante Peggy. Sie entdeckte erst recht spät, dass sie Geschichte schreiben konnte, und veröffentlichte drei Bücher, eines pro ermordeten Präsidenten. Romanautorin und einstige Broadway-Dramatikerin. Das von ihr mitverfasste Theaterstück floppte, aber Jimmy Stewart wurde dadurch entdeckt – das Einzige, was es für sich verbuchen konnte. Tante Peggy saß in jedem meiner nacheinander bewohnten Village-Häusern gern am Fenster und beobachtete die Straße. Was sie in ihrer Hochhauswohnung weit oben im Norden der Stadt nicht tun konnte. Einmal nahm sie mich mit zu einem Treffen mit Edna Ferber[20], eine aggressive, sehr nüchterne Freundin, von der sich meine ziemlich furchtlose Tante Peggy einschüchtern ließ. Und das ist kein Wunder. Edna Ferber, damals verkleidet als *Macbeth*-Hexe, flirtete unverschämt mit mir, einem damals noch jungen Naivling. Hast du je *Reveille in Washington* gelesen? Über D.C. während des Bürgerkriegs. Es wurde während des Zweiten Weltkriegs vom Book-of-the-Month-Club ausgewählt, was ich für ein durchaus bedeutendes Zeichen hielt. Ich habe es in einem Rutsch gelesen und war so stolz darauf, dass ich nicht nur die Autorin kannte, sondern auch mit ihr verwandt war, zwar nicht blutsverwandt, aber immerhin.

Du kanntest also die beiden Kids aus dem großartigen mexikanischen Film *Tambien ... Miasma* (kriege den Titel nicht mehr hin)[21] und hast sie eingeladen. Sie sind so großartig. Mein Lieblingsmoment ist, wie (auf dem Beifahrersitz im Auto) ein Paar klare jugendliche Augen leer werden, als die ältere Frau beschreibt, wie ihr erster Liebhaber bei einem Motorradunfall ums Leben gekommen ist. Das knüpft an deinen letzten Brief an, in dem es darum ging, dass die Jugend sich die Verletzlichkeit des Alters nicht vorstellen kann.

Mein wiederkehrendes Problem ist das Spazierengehen mit einem jungen Mann. Ab einem bestimmten Punkt hält er es nicht mehr aus, sich meinem langsamen Tempo anzupassen. Zügel, die er abschütteln muss.

[...]

»Ruhiger diese Woche« klappt nicht so richtig – ich gehe mit Mr. Wogga Wogga in Musicals. Ich habe den größten Teil des ersten Akts von *By Jupiter*, meiner letzten Vorstellung im York Theatre, wie in Trance verbracht, das Buch in der Hand, eine prima Besetzung, gut gemacht – ein Rodgers-und-Hart[22]-Oldie (1943), der den männlichen Amazonen und einem schwulen Anti-Helden, damals gespielt von Ray Bolger, die Hosen auszieht. Langweilige Lieder – Lorenz Hart war dank des Alkohols als Texter am Ende seiner Kräfte. Als nächstes: *Oklahoma!*

Matt Cowles[23], mein Kumpel von der American Civil Liberties Union, war ganz euphorisch über einen TV-Vorstoß zum Thema gleichgeschlechtliche Elternschaft, was in Florida gegen das Gesetz verstößt. Wegen der großartigen Rosie O'Donnell wird der Gouverneur von Florida gerade mit E-Mails überschwemmt.[24] Ich lese gern über pädophile Priester. Und sehe dazu wütende alte Leute im Fernsehen, die ihre Verführer dazu verurteilen, in der Hölle zu verrotten.

Ich habe eine Buchbesprechung in der *NY Times* gelesen – und Patty hat sie aufgetrieben –, es versetzt mich noch nicht in Ekstase, aber es ist geschickt, an Borges angelehnt und spielt im 19. Jahrhundert in Tasmanien: *Goulds Buch der Fische* von Richard Flanagan. Bisher ist es nicht so gut, dass ich es dir schicken würde ...

Denke an dich, mucho, mucho. Mucho.
Alles Liebe, Kenward

Los Angeles, Kalifornien
17. April 2002

Lieber Kenward,

sehr, sehr schöner Brief von dir.

Ich bekam in letzter Zeit viele Telefonanrufe. Ein lieber Freund hat den Leuten gesagt, sie sollten mich anrufen, damit ich mich nicht einsam fühle. Peinlich, wo ich das Telefon so überhaupt nicht mag. Ich bin gern allein, vermisse aber das Vergnügen witziger und kreativer Gespräche. Ich bin nicht *einsam*, sondern allein mit einer ichbezogenen Blödheit, die mich immer ums Kranksein kreisen lässt. Deine Briefe heitern mich auf und erlösen mich von mir, immer.

Ich war so erleichtert zu hören, dass *mein* Filmteam mich genauso mochte wie ich sie alle. Margaret sofort eine gute Freundin. Großartige Frau. Ich bin gespannt auf den Film.

Gott, ich bin so beeindruckt, dass du Edna Ferber getroffen hast. Als Kind las ich alle Bücher meiner Mutter, was so viel hieß wie Bestseller wie Ednas Buch, wäre also genauso begeistert gewesen, wie du es warst, ihr im sogenannten echten Leben zu begegnen.

Noch besessener las ich die andere Lektüre meiner Mutter, die sie unter der Matratze versteckte. *Die Tabakstraße, Fänger im Roggen*, einige andere berühmte »schmutzige Bücher«, deren Titel ich vergessen habe. *Amber*! War sehr verwirrt, denn in einem der Bücher bemalte sich eine Frau die Fußnägel, weil, wie sie sagte, »du nie wissen kannst, was er tun möchte«. Das faszinierte mich. Was könnte es bloß sein?

Ein lebenslanges Dilemma, genau wie Pater Haley, der mir sagte, ein Kuss auf den Nacken sei eine Todsünde, wohingegen ein Kuss auf den Mund eine lässliche Sünde sei. Ich glaube, er hatte recht damit, aber es hat Jahre gedauert, ehe ich alt genug war, um das zu überprüfen.

Ich denke ernsthaft darüber nach, einen Artikel zu schreiben mit dem Titel »Ich war eine Priester-Schänderin«. Armer Pater Haley. Ich erzähle immer, dass ich meine erste Erektion unter einem Talar gesehen habe, und in seinem Jesuitengewand sah sie ziemlich lächerlich aus. Ich könnte jetzt ziemlich ernsthaft behaupten, dass ich von einer Nonne sexuell missbraucht wurde, von Schwester Cecilia, und von Pater Haley … aber die Wahrheit liegt näher an etwas, das, wie ich glaube, oft passiert. (Wenn alle diese Missbräuche durch Priester TATSÄCHLICH stattgefunden haben … ich habe genug Highschool-Schülerinnen und -schüler unterrichtet, um zu wissen, wie verbreitet diese Phantasie ist, die am Ende das Leben von Erwachsenen ruiniert.) In meinem Fall, die ich tatsächlich von Erwachsenen missbraucht wurde, seit ich vier Jahre alt war, war es wohl so, dass ich vermutlich dazu neigte, mich ALLEN Erwachsenen gegenüber verführerisch zu verhalten. Erst jetzt, wenn ich zurückschaue, wird mir das klar … Ich schmiegte mich an Schwester Cecilia, streichelte sie, beugte mich beim Lesen über ihre Schulter … verhielt mich mit ihr so, wie ich gelernt hatte, dass Erwachsene es mochten. Aber als die Szene in der Garderobe passierte, schlug ich sie nieder und wurde der Schule verwiesen. Habe sie nie laut beschuldigt, und ich glaube, das lag daran, dass ich sogar damals wusste, dass ich daran nicht ganz unbeteiligt war.

Was den armen Pater Haley betrifft, armer hübscher Kerl! Ein Jesuitenpriester Anfang zwanzig, der eine Jungenschule in Santiago besucht hatte, spielte Poker mit anderen Priestern und mit meiner Mutter. Ich bat ihn, mich im Katholizismus zu unterrichten, weil ich konvertieren wollte. Jeden Donnerstag ging ich nach der Schule in den Gemeindesaal der St.-George-Kirche. Zwölf Jahre alt. Ich habe AKTIV versucht, ihn dazu zu bringen, in mich vernarrt zu sein. Er war wirklich ein wunderbarer Priester und Mensch. Er versuchte, sich peinlich an das Programm zu halten. Er brachte mir die Grundsätze der Kirche und des Katechismus bei, gab mir aber hübsche Aufgaben wie die, jeden Tag anderen zu helfen, ohne, dass diese es bemerkten, jeden Morgen um sechs Uhr zu einer anderen Kirche von Santiago zur Messe zu gehen. Ich lernte so viel über die Stadt. Ich machte das monatelang, lernte Hunderte Kirchen und Viertel kennen. Auch das durfte niemand wissen. Erstaunlich, wie schwierig es ist, gut zu sein, wenn niemand es wissen darf!

Er holte für mich die Erlaubnis ein, die Messe in einem französischen Kloster zu besuchen, dessen Nonnen nie nach draußen in die Welt gingen. Die Kapelle war klein, steinern, sehr einfach und sehr dunkel, weil es frühmorgens im Winter war und regnete. Kerzen spendeten das einzige Licht. Die Nonnen sangen so schön, dass ich noch immer Gänsehaut bekomme, wenn ich an diese Morgen denke. Ihre Stimmen waren hoch wie Kinderstimmen und voller Freude.

Ich habe wirklich ernsthaft mit Pater Haley gearbeitet, flirtete aber auf schamlose Weise. Ein lieber Mann, schlussendlich teilte er mir sehr freundlich mit, dass es noch zu früh war für mich, um ans Konvertieren zu denken. Ich solle ein paar Jahre warten, dann wieder zu ihm kommen. Ich erinnere mich, dass er beim Abschied einer Umarmung widerstand (klein Lolita weinte die ganze Zeit) und mich energisch zur Tür hinausschob. Mehrere Jahre später war ich in einem Seebad, in Algarrobo, und hörte, dass es in einem Nachbarort einen Jesuitenpriester gab, Pater Haley, der mit den Tagelöhnern arbeitete, der einzige Priester in einer riesigen Gegend. Ich ritt mit einem Pferd los, um ihn zu besuchen. Er war ein so guter Mann ... heilig, ganz bestimmt. Es war schön, zu sehen, wie die Tagelöhner ihn mochten und respektierten, wie sie die Tatsache akzeptierten, dass die (hübsche junge) Frau, die sich um den Haushalt kümmerte, eigentlich seine Frau war, und mit Sicherheit war er der Vater der zwei blauäugigen, rothaarigen irischen Babys.

Sorry ... alles, was ich sagen wollte, ist, dass mir diese Priester so leidtun.

Auch viele Teenager werden heutzutage des Missbrauchs beschuldigt, weil sie Dinge tun, die wir alle getan haben und dabei dachten, wir spielten das Arztspiel.

Freut mich zu hören, dass du brav ins Fitnessstudio gehst. Ich gehe noch immer jeden Tag schwimmen und werde immer kräftiger. Obwohl ich starke Rückenschmerzen habe und verschiedene Krebserkrankungen still und heimlich schlimmer werden, bin ich so gesund wie seit Jahren nicht!

Gleicher Tag, später: Zurück von Doktor Patel, netter Arzt. Langes Gespräch. Er gibt dir das Gefühl, alle Zeit der Welt zu haben, nur, um sich mit dir zu unterhalten. Er hat mich davon überzeugt, mit Bestrahlung anzufangen, widersprach allen meinen Argumenten. Ich mache es, weil er der Meinung ist, es könnte mir guttun. Er wird mir eine Kopie meines Skeletts besorgen.

All das Gerede über »Früherkennung«. Das hier wurde im Oktober erkannt. Jetzt habe ich am Dienstag einen Termin beim Radiologen, also werden wir wohl im Mai damit anfangen!

Zeit für ein Nickerchen.

Alles Liebe, Loosha

PS: Ich kann gar nicht sagen, wie erleichtert und dankbar ich war, vom Angebot medizinischer Hilfe durch die Z Press zu erfahren. Der Umzug, hohe Miete, Steuern, meine idiotische $-Neurose machen mich im Notfall handlungsunfähig.

Calais, Vermont
11. Mai 2002

Liebe Loosha,
diesmal war es ein leichter Umzug in die Wälder. Sonntags-Exodus – Der »Mann mit dem Lieferwagen« [Jack Graves] kam wie geplant mittags an, und Mr. Wogga Wogga und ich erreichten Calais gegen sieben Uhr in der Abenddämmerung. Immer noch nicht ganz ausgepackt. Es ist so schön, wieder in meinem Außenhäuschen zu sein, der Computer funktioniert, der Drucker auch, der Schreibtisch ist groß, und die Sachen, die noch abgeheftet werden müssen, liegen auf dem Boden. Mr. ww ist eine große Hilfe, sehr organisiert: eindeutiger Fokus.

Kühler Morgen, grauer Himmel, die Blätter sprießen, einige Bäume noch kahl. Ron und Pat Padgett haben uns um einen Tag geschlagen – zwei Abendessen unten, eines hier – gebratenes Huhn in Estragon eingelegt. Ich habe die Bilder im großen Zimmer aufgehängt, also ist alles in bester Ordnung. Das Klavierzimmer, mein Schlafzimmer, Joes Studio, immer noch mit vielen Chaosstapeln. Habe Stunden um Stunden in Montpelier verbracht, um Rahmen und Mattierung für eine ganze Ladung von Joes Arbeiten auszuwählen. Es hat so unglaublich lang gedauert, mühsam, aber auch belebend, seine Arbeit zwischen den Rahmenentscheidungen genau zu studieren. Bei The Drawing Board[25] kennt man Joes Arbeit inzwischen, ich höre Ohs und Ahs. Meine Pflichten sind hier oben nicht so stressig, die Leute sind freundlich und daran gewöhnt, alle Zeit der Welt zu haben. Und es ist wahr, die Zeit dehnt sich hier oben aus. Die Gewichtung der Zeit auf dem Land gegenüber den vielen Möglichkeiten in der Stadt, wo der nicht kanalisierte Input unerbittlich um Aufmerksamkeit kämpft.

In NYC fällt es mir schwer zu lesen. Hier oben bleibe ich an Ort und Stelle, lese im Bett und hamstere die Zeit. *Home Again*[26], ein

Geburtstagsgeschenk von meiner Nichte Vivy – ein weiteres Exemplar, das irgendwo versteckt ist. Mit ungetrübtem Erstaunen wiedergelesen. Rons neues Coffee-House-Buch, gerade erschienen, ebenfalls verschlungen: *You Never Know*[27]. Umwerfend, architektonische Sequenzierung. Verstärkt die Gedichte, die sich gegenseitig befruchten. Inklusive untergründiger Erzählung. Einfache Sprache, reduziert auf das Wesentliche des Alltagstrotts, geschickt geerdet, mit Schlenkern in Verstandes- und Traumräume – phantastische »Verrücktheit«.

Nach dem gestrigen Abendessen erzählte Ron sehr lustig, wie er mit einem Dichterfreund, Larry Fagin[28], bei einem Randolph-Scott-Festival im Kino war, und wie er, mit den eingefallenen Wangen und ohne Dialog, versuchen musste zu schauspielern. Nach dem Festival im Lincoln Center ging er zu seinem Lieblings-Sabrett-Stand, um sich einen Hotdog zu holen, und traf unterwegs auf eine blinde Dame, die ihn um Hilfe bat. Sie nahm seinen dargebotenen Arm, und Ron genoss die zeremonielle Freundlichkeit – wie ein Paar aus ritterlichen Zeiten. Sie unterhielten sich, und er erfuhr, dass sie Opernsängerin war. Sie kannte den Hotdog-Wagen, und so gingen sie gemeinsam dorthin und plauderten, wobei sich auch Larry Fagin zu ihnen gesellte, der verblüfft feststellte, dass Ron seltsamerweise mit einer schönen, milchäugigen Dame unterwegs war.

Ron hat mich gefragt, was aktuell meine Schreibprojekte sind. Gute Frage. Wayne Padgett, Website-Maestro, hat einen Stapel Fotos zusammengestellt und möchte, dass ich darüber schreibe. Dann kommt das wohl zuerst, schätze ich. Außerdem denke ich an ein Buch, das ich vor Urzeiten gelesen habe, *Spoerri* (?) *Typography of Chance* (?)[29], in dem die Gegenstände eines Raumes aufgelistet sind und beschrieben wird, wie sie dort hinkamen – eine Art Autobiographie, und eine Richtung, in die ich mich bewegen könnte, denke ich. Ich bin pingelig, was das Zurücklassen bestimmter Gegenstände anbelangt, wenn ich hierherfahre (zwei dunkle Stoffpuppen, die ich Joe geschenkt habe – sie sitzen auf verschiedenen Stühlen; Schreibtisch-Talismane –, ein winziger Buddha aus Silber etc. etc.) ... Der Matrose in Blau (Porzellan) steht wieder auf dem Kaminsims, zusammen mit der Keksdosenfrau mit dem Waffelbauch.

Die Reise nach Connecticut ein großer Spaß. Die *Grasharfen*-Eröffnung war überschwänglich gesungen, vorher gab es ein Abendessen mit der Diva (und Mr. ww). Die Diva ist Brenda Lewis[30], 81, die in den späten Sechzigern die Original-Lizzie war, ihr Opern-Abschied. Perfekt frisiertes weißes Haar mit guten Gesichtszügen, hat nicht zugelegt, ist unglaublich klug, hat zwei Ehen hinter sich und eine bittere Scheidung und hat Kinder, die neugierig auf ihre Starvergangenheit sind, aber ihr »altes Ich« nicht damit in Verbindung bringen. Ehemann Nr. 2 erfand das automatisierte Mautstellen-Ding und erkrankte an Alzheimer, sodass sie ihn jahrelang pflegte. Es war ein Vergnügen, neben ihr zu sitzen.

Ein Lied von Joe, das er, als es ihm schon schlechter ging, für [die Figur] Judge Cool, den Witwer, geschrieben hatte, wurde endlich zum ersten Mal vollständig gesungen – *The Dark Night of My Soul*, wunderschön vertont von Claibe Richardson und wunderschön gesungen. Wie es der Zufall will, wurde dieser Judge Cool wegen seiner gesanglichen Fähigkeiten ausgewählt – ich konnte seine Sprechstimme nicht ausstehen. Insgesamt sehr gut performt, die Orchestrierung wurde von meinem derzeitigen Musikguru David Harris, der für diese Produktion verantwortlich war, für die Combo reduziert – musikalisch tadellos, besser als in Pasadena. Schauspiel? Nein. Aber meine Überarbeitungen hielten stand. Ein solides Werk, endlich. Brenda und Mr. ww (ich in der Mitte) reagierten beide sehr stark auf den neuen Judge-Cool-Song.

Wayne Padgett, Mr. ww und ich fielen am nächsten Morgen um elf Uhr bei Brenda ein – Website-Gelaber. Abgesehen von zwei Anfällen von Gedächtnisverlust (Namen waren weg) lieferte sie eine gute Autobiographie: Wie sie von einem Job zum nächsten getingelt war, ohne auch nur einen Gedanken an ihre Stimme zu verschwenden, wie sie ihren Stolz heruntergeschluckt und Stand-up-Comedy gemacht hatte, um ihre zwei Babys füttern zu können, und wie sie nach ihrer ersten Ehe komplett pleite war, aber ohne das geringste Fitzelchen Selbstmitleid oder Rachsucht, weil sie zum Opfer gemacht worden war. Lustige Showbiz-Zwischenfälle, chaotische Probeaufnahmen, Vorsingen bei Irving Berlin, ausgewählt für die Rolle der Ethel Merman (basierend auf Perle Mesta) in *Call Me Madam*[31] ... sie wechselte vom Opernhaus zum Broadway, bevor das Stück fertig war ... Wayne war als Fragesteller großartig, gelassen und nicht zu schüchtern – gar nicht einfach. Es war auch ein Bonus, aus NYC herauszukommen, eine kleine Vorschau auf Vermont.

[...]

Ich hoffe, deine medizinischen Eingriffe sind kein ständiger Albtraum. Noch ein Hoch auf dich für *Home Again*.

Alles Liebe, Kenward

Los Angeles, Kalifornien
15. Mai 2002

Lieber Kenward,

wunderbar, dein erster Brief aus Calais. Du warst schon lange nicht mehr in so gutem »Zustand« und in so guter Stimmung. Deine Kreativität und dein Schwung bringen das Papier zum Knistern, wenn ich den Brief lese. Ich spüre Gutes auf dich zukommen, einen großartigen Sommer. Estragon-Hühnchen ist ein guter

Anfang, und ich finde, da, wo die Padgetts sind, wird alles gut werden. Mit »alles« meine ich *dich*, was sie *dir* für gute Freunde sind.

Morgen bekomme ich Rons Buch, vermittelt über das Coffee House hoffentlich oder von der guten Buchladendame in Venice.

Herrliche Geschichte über Ron und die blinde Opernsängerin. Milchaugen.

Ich hatte einmal einen Job, der darin bestand, einem blinden Mann vorzulesen. Machte es für wenig Geld ... nicht aus Freundlichkeit, sondern aus purer Neugier. Ich stellte mir vor, wie sich diese bewegende Beziehung zwischen uns entwickeln würde aufgrund der Liebe zur Literatur, bla, bla. Ich las ihm juristische Texte vor, Stunde um Stunde, wieder und wieder. Er roch, war weinerlich, kleinkariert, sarkastisch, fordernd. Ich erledigte einen Haufen Sachen für ihn (Hausarbeit, Kochen und Besorgungen), die er mir auftrug, aber auch viele Sachen, von denen ich annahm, sie könnten ihm gefallen. Nichts stellte ihn zufrieden. Doch das war nicht so schwer zu ertragen. Schlimm war, wie sehr ich es vermisste, ihm bei den seltenen Gelegenheiten, wenn DOCH mal etwas schön oder witzig war, lächelnd in die Augen sehen zu können. Ist dir klar, wie oft man anderen Menschen im Gespräch lächelnd in die Augen sieht? Nicht einmal »lächelnd«, weil unsere Münder nicht lächeln müssen dabei ... Es ist einfach eine warme Verbindung zwischen den Augen der Menschen. Es machte mich verrückt, von einem (unfreiwillig) komischen Satz zu ihm aufzusehen und nicht nur keine Verbindung herstellen zu können, sondern zu sehen, dass er dabei auch noch in der Nase bohrte oder fest schlief.

Ich fürchte, meine Erfahrungen mit taubstummen Menschen waren auch nicht so herzerwärmend, obwohl es einmal sehr hübsch war, als ich aus einem Fenster im oberen Stock auf ein gehörloses Ehepaar hinabblickte, das sich mit Gebärden auf dem Boden des Autos verständigte. Andere gehörlose Freunde standen draußen vor dem Auto. Ich brauchte eine Weile, um zu begreifen, dass das Paar FLÜSTERTE!

Was für ein guter Freund Ron doch ist, dass er dich nach deinen Schreibvorhaben gefragt hat. Das hilft auch mir, denn du bist eine so große Inspiration für mich, Kenward. Auch deine Briefe, die mir wirklich ein riesiges Vergnügen bereiten – im Grunde fast das einzige momentan –, helfen mir immer, aus meiner schweren Krise herauszukommen. Ich beneide dich so um deinen kontinuierlichen Schwung.

Gute Idee, Fotos zusammenzustellen und über sie zu schreiben. Deine Reaktion auf das unglaubliche Foto vom Soldaten und dem hübschen Jungen, beide gedankenverloren, hat mir gefallen.

Auch großartig die Liste von Gegenständen in einem Raum. Gegenstände an sich. Dann kann uns wirklich alles Mögliche helfen, in Gang zu kommen … Die Idee ist, uns in deren Welt hineinzuversetzen. Wie Tschechow, als sich jemand bei ihm beklagte, er wisse nicht, worüber er schreiben solle … Tschechow nahm einen Aschenbecher in die Hand und sagte: Nimm das, fang damit an, schreib darüber. Die Geschichte wird kommen.

Mein jetziges Buch [*Welcome Home*], in dem jedes Kapitel aus einem Zimmer oder einem Haus besteht, in dem ich gelebt habe, wenige Figuren, kein Dialog, nur eine minimal erzählte Geschichte. Der Großteil der Geschichte wird durch den Ort und die Gegenstände erzählt. Die Idee ist phantastisch und macht Spaß.

Aber ich bin in großen Schwierigkeiten. Nicht, weil ich krank bin. Ich war auch vorher schon in Schwierigkeiten. Ich versuche, den Laptop oder Computer zu meiden.

Ich habe das Vertrauen in mich verloren oder auch nur das Gefühl für mich als Schriftstellerin. Der Videotag war aufmunternd, aber ich habe mich wie eine Betrügerin gefühlt, hasste, was ich las. Mir gefallen deine Komplimente, aber ich habe das Gefühl, du machst sie, weil du mein Freund bist. Ich bin NICHT auf Komplimente aus! Sie werden nicht helfen. Bestätigung von außen würde überhaupt nicht helfen. Ich bin in ganz schlechter Stimmung. Keine Niedergeschlagenheit. Ich bin immer guter Laune, auch wenn ich traurig bin!

Ich habe das Gefühl, eine miserable Mutter gewesen zu sein, ein selbstsüchtiger Mensch und eine allzu simple, dumme Autorin. Bitte hab Mitleid. Kein Kompliment wird helfen, hab einfach Mitleid mit meinem miserablen Zustand. Muss davon wegkommen.

Hat nicht geholfen, dass mein Verlag Black Sparrow dichtgemacht hat. Er hat die Rechte an Bukowski, Fante und Bowles an Ecco verkauft,[32] der Rest von uns ist jetzt vergriffen. Ich habe versucht, ein paar Bücher über Amazon zu kaufen, aber keine Chance: *Nicht mehr lieferbar.*

Meine Nichte Monica und ihr Ehremann (wow, das war ein Freud'scher Versprecher) waren hier. Sie ist die ganze Woche geblieben, er drei Tage. Gott, waren das herrliche Tage. Sie ist gestern abgereist. Ich finde, sie ist der schönste Mensch auf der Welt. Sieht noch mit 35 umwerfend aus (sie war Model für Armani, brillant, sie hat viele mexikanische Oscars gewonnen, Milan, Cannes etc., Preise für Ausstattung beim Film). Sie und ich wurden sehr vertraut miteinander, als wir uns um meine Schwester kümmerten, die im Sterben lag. Ich habe ungefähr ein Jahr dort gelebt.

Ach, es war ein so schöner Besuch! Wir waren überall … das erste Mal, dass ich in Hollywood und am Rodeo Drive gewesen bin, in der Melrose Avenue, in Downtown, Japantown, Beverly Hills. Großartiger Ausflug zum Bahnhof … viele schöne Erinnerungen bleiben mir. Tolle Videos und Restaurants. Und so großzügig von den beiden eingeplant, mich zwischendurch ein Nickerchen machen zu lassen, mich rein und raus und nach Hause ins Bett zu bringen, sodass ich mich nie wie eine Invalidin fühlte, aber immer ausgeruht war.

Wie lässt sich die ANMUT dieser Mexikaner beschreiben? Ihre Wärme, die mit ihrem Sinn für das Praktische einhergeht. Ich habe mehr gesehen und gemacht und war weniger müde als je zuvor, seit ich hier bin. Nachdem ihr Mann am Sonntag abgereist war, begleitete mich Monica zu den frühmorgendlichen Bestrahlungsterminen.

Diese Bestrahlungen sind keine große Sache, und ich brauche niemanden, der mich begleitet. Sie dauern nur wenige Minuten, ich kann problemlos Auto fahren. Aber meine Güte, war das herrlich, dass sie mitkam und mit mir diesen langen Flur entlanglief, meine Hand hielt, während sie die großen Kreuze über den Tattoos auf meiner Brust und an den Armen nachbesserten. Sie hat jeden der schrecklichen Menschen dort entwaffnet. Hat sie buchstäblich ent-schärft. Sie agierte wie ein Minenräumboot … sie entwaffnete den fiesen Radiologen und den herrischen Techniker. So königlich, mit tiefster und samtigster Stimme … Was sie machte oder sagte? Es war mehr die Art, wie sie mit *mir* umging, glaube ich … Was immer es war, alle lächelten sie an und wünschten mir einen Guten Morgen! […]

Schlimm war nur, dass sie meine Katze gestohlen hat. Das herzlose, kleine Flittchen schlüpfte einfach auf Monicas Schoß, schlief die ganze Nacht bei ihr, wollte ihr nicht von der Seite weichen.

Wir waren schwimmen und redeten und schliefen, bestellten Take-away beim Thai und beim Japaner, redeten und redeten und umarmten uns Tag und Nacht. Ich muss drei Stunden geweint haben, nachdem sie abgefahren war, fand immer wieder Geschenke, die sie mir dagelassen hatte. Gestern Abend rief sie an, um mir zu sagen, ich solle schlafen gehen, weil ich um fünf Uhr aufstehen müsse. (Noch weitere vier Wochen Bestrahlung.)

Sie hat mich sehr, sehr glücklich gemacht. Sie sagt, ich sie auch, womit, ist mir allerdings schleierhaft. Ich war sehr, sehr einsam, was mir erst bewusst wurde, als ich nicht mehr einsam war.

[...] Hoffentlich erwische ich den Postboten noch, tut mir leid, dass ich so ausführlich schreibe.

Welches Buch ist *Home Again*? *Homesick*? *Where I Live Now*? Seltsam, denn *Home Again* oder *Welcome Home* waren Arbeitstitel für dieses neue Buch. Oder meinst du das Buch von jemand anderem?

Ich lese das exzellente neue Buch von Louise Erdrich.[33] Ihre Bücher sind insgesamt phantastisch. Gut.

[...]

Freut mich, dass du dich in Calais zu Hause fühlst.

Ich habe dich sehr gern, Loosha

Calais, Vermont
18. September 2002

Liebste Loosha,

völlig verwirrt heute Morgen, zum Teil weil ich gehört habe, wie Claibe [Richardson] völlig fatalistisch seinen Tod hinnimmt. Bestes Vermont-Wetter – blauer Himmel, Luft kein bisschen wie in Jakarta, frisch & trocken – Antidepressivum, aber Claibe kämpft gegen »das große K« – bekam Katheter implantiert, wogegen er sich zuvor gewehrt hatte.

Hochgefühle wegen der *Grasharfe*. Sie hat es aus dem Verleger-Slum herausgeschafft in ein erstklassiges kleines Theater – dem Rodgers & Hammerstein Org. Gestern habe ich einen alten *New-Yorker*-Artikel über Richard Rodgers gelesen: menschlich ein Monster. Der Erfolg hat aus ihm ein unerreichbares Monument gemacht, und er hat absichtlich seinen wichtigsten Texter, den großen Lorenz Hart, um seine Tantiemen betrogen, sodass Harts Bruder & Verwandte bettelarm blieben.

Die professionellen Fans des Werks bei R&H feilen an der

Partitur, säubern sie von Fehlern, stellen sicher, dass die gesprochenen Einsätze für die Lieder korrekt sind und dass die Überarbeitungen, von denen einige für die Produktion in Connecticut im vergangenen Mai vorgenommen worden sind, alle ausgeführt wurden. Claibes Bühnenabschied wird womöglich ein Konzert am 25. Oktober in der Carnegie Hall sein, mit Skitch Henderson[34] als Maestro der Philharmonie The New York Pops – in der ersten Hälfte zwei Orchesterwerke, darunter Claibes *Grasharfen*-Suite (über die ich dir schon einmal geschrieben habe); in der zweiten Hälfte einer der wenigen Broadway-Stars, die noch strahlen, Faith Prince, als Solistin – ihr Part leider ohne einen Song von Claibe, verflixt. Schon ausverkauft, also habe ich Caroline Brainard angerufen und um Hilfe gebeten. Sie hat mich zu *The Producers* eingeladen – ein Must-see – und hat anscheinend Verbindungen zu den Größen der Box-Office-Gewerkschaft. Ein Inner Circle nach dem nächsten. Ich habe sie, Ron & Pat und meinen ACLU-Musical-Liebhaber Matt Coles eingeladen. Ich hasse die Vorstellung, wegen meiner Langsamkeit *außen vor* zu sein.

Gestern Abend habe ich die Padgetts ausgeführt zu dem phantastischen Chinesen, A Single Pebble. Beide sahen total schick aus, und wir haben so geschlemmt, dass wir das Dessert ausfallen lassen mussten. Ron macht mit uns auf dem Nachhauseweg immer eine weitschweifige Verdauungsrundfahrt. Es war schon dunkel, und wir sind an bereits überschatteten Häusern und Feldern vorbeigefahren. Ich war zwar müde, habe aber trotzdem HBO angemacht, meine neue Sucht. Habe mir zum vierten Mal denselben Teil der *Sopranos* angesehen. Habe mich an Broadway-Musicals, in denen ich immer wieder und wieder war, erinnert und in wunderbaren Momenten geschwelgt, Variationen auf die Zuschauerreaktion abgestimmt. [...]

Wir haben's im Kasten. Bobbie Louise [Hawkins] rief an – großartiger NYC-Gig in Joe's Pub, das zu Joe [Joseph] Papps Public-Theater-Showbiz-Imperium in der Innenstadt gehört. Es hat Stil, die Kellner kommen diskret zwischen den Auftritten. Mein Kumpel, der Librettist Arnold Weinstein[35], hatte dort eine Show mit seinen Liedern, meisterhaft vorgetragen. Ich werde leider trotzdem noch hier in Vermont sein.

Schreibblockade. Heute ist der Tag für den Durchbruch, vielleichtvielleicht. Zeug für die Website – Erinnerungsschnipsel in Kombination mit alten Fotos, Collagen als Bildmaterial für Songs eines auf Eis gelegten Musicals über Oscar Wilde, Musik von Steven Taylor.

Ron hat die Korrektur seines Vater-Buches[36] abgeschlossen, und sein Lektor geht auf einige Design-Korrekturen ein. Aus alter Tradition habe ich einen Roman von Barbara Pym wiedergelesen, ihren letzten, *An Academic Question*, den ihre Assistentin post mortem zusammengestellt hat. Perfektes Gegenmittel zu HBO mit wildem Jargon, Sex, totaler Erschließung aller Aspekte der Realität, die früher nicht auf dem Bildschirm gezeigt wurden.

Erstaunlich, dieser Kulturwandel. Immer noch auf die Unterschichten beschränkt. Besonders *Oz – Hölle hinter Gittern*, Leben im Gefängnis. Da es um das Gefängnis geht, ist alles erlaubt. Derselbe Faktor künstlerischer Freiheit wie bei den *Sopranos* durch die Mafia. Legitimiert die Freiheit auf dem Bildschirm. Die Werte der Mittelklasse bleiben unangefochten. Vielleicht als Nächstes eine CEO-Enthüllung, basierend auf Milliken & Co., Schrottanleihen-Kniffe. Unternehmensgier & schmutzige Tricks. Enron. Bis es im Kabelfernsehen passiert.

Irak-Rede am Rande. Banalität = Böses.

Die Haushälterin ist gerade vorgefahren, in Weiß gekleidet. Meine Problem-Beine sind heute besser, aus irgendeinem Grund. Patty hat eine tolle Masseurin für mich gefunden, ich war letzte

Woche eineinhalb Stunden auf ihrer Liege und bin in eine Art Trance verfallen. In ihrem Radio lief Mozart, eine Wohltat – kein New-Age-Minimalismus. Nur noch einen Monat hier oben. Die Blätter fangen gerade an, sich zu färben – das Geräusch, das sie beim Fallen machen, steht noch aus. Gerade jetzt herrscht selige Stille. Und mein klappriger Drucker funktioniert.
    Alles Liebe, Kenward

Los Angeles, Kalifornien
19. September 2002

Lieber Kenward,
    wann ist dort offiziell Herbst? (Wann kehrst du nach New York zurück?)
    Es ist schön, hier die Jahreszeiten zu erleben ... habe noch eine Art Herbst vor mir. Meine Vergesslichkeit war ein Pluspunkt. Ich habe zum Frühlingsbeginn so viel gepflanzt, es dann vergessen ... war überrascht von den Unmengen an Gladiolen, dann violette, rote, korallenfarbene, zottelig weiße Chrysanthemen. Jetzt wächst das Indische Blumenrohr, stattlich und tropisch. Tiefe Töne von Koralle, Rot, dunklem Orange. Der riesige grasige Busch vor meiner Tür ist, wie sich herausstellte, Pampasgras, das jetzt in voller Blute steht (geschickter Tippfehler), festlich und eher albern eigentlich. Die Damen bei Proust haben Urnen voller Pampasgras, also habe ich ihm zu Ehren ein bisschen was abgeschnitten. Sie hatten auch Unmengen an »Hortensien«, wofür ich nie eine Übersetzung gefunden habe, Marktfrauen in Paris sagten mir, es sei Rhododendron, irgendwie gewöhnlich, aber ich sehe sie jetzt in riesigen Bouquets. So viele Sträuße von Parmaveilchen auf seinem Grab in Paris zu finden, war schön.
    Herrlich, im Garten zu liegen, wenn niemand da ist. Niemand im

ganzen Viertel, auch nicht zu Hause. Durch die Straßen zu fahren, fühlt sich an wie in einer bizarren Science-Fiction-Story. All diese Leute aus Guatemala mit Masken und ihren Laubbläsern, kleine Muong-Männer auf Händen und Knien, die die Kanten stutzen, Mexikaner, die Rasen mähen, Pooljungen von den Philippinen, lateinamerikanische Dienstmädchen, die den Müll rausbringen. Weiße UPS-Männer, meistens schwul. Warum?

Von drinnen höre ich die Bläser und Mäher nicht wirklich. Ich habe dir erzählt, dass unsere Spottdrossel ein Handyklingeln im Repertoire hat, oder? Das Beste von allem ist, so reglos zu bleiben, dass die drei Kolibris zur Fuchsia kommen. Das leise Geräusch ihrer Flügel wie Applaus aus großer Entfernung, so delikat wie ihre Farben.

Erstaunlich, dass wir die Flugzeuge nicht hören. Wir sind so nah am Flughafen. Es gibt eine sehr physikalische Erklärung dafür, wohin der Lärm verschwindet. Aber es ist unheimlich, die Flugzeuge zu sehen, Fahrwerk ausgeklappt, nur Zentimeter über der Mauer und sich riesenhaft abzeichnend, während sie Tag und Nacht unerbittlich vorübersegeln.

Es wird sehr beängstigend sein, wenn sie damit aufhören. Alles möglich, jetzt, da unser idiotischer Präsident dabei ist, die ganze verdammte Welt zu provozieren. Er läuft schon wie ein Schläger.

Ich lese Joanne Kygers neuen Gedichtband von Penguin.[37] Entzückend tröstliche, stille Gedichte.

Hier ist alles bestens. Wegen Mark und dem Finanzamt hatte ich Geldprobleme, bat Z Press, den Scheck eher zu schicken, was, glaube ich, bei ihnen nicht vorgesehen ist und großen Ärger verursacht hat. Tut mir leid, hat auch so geklappt.

Die gute Nachricht ist, dass die Bestrahlung das Wachsen des Tumors gestoppt hat. Man ist der Ansicht, ich sollte mich darüber mehr freuen, als ich es tue ... Die Wahrheit ist, dass ich der Krebsgeschichte nie große Beachtung geschenkt habe. Mir tut es nur leid, dass es dazu kam, und es tut mir SEHR leid, dass ich überhaupt davon erzählt habe. Mein Rücken und die Lungen sind genauso nervig wie vor dem ganzen Trara.

Mark ist für drei Monate auf Entziehungskur, oben in den Bergen, Gott sei Dank. Das mag ihm wie das Ende der Welt vorkommen, aber wir glauben alle, dass es sehr gut für ihn ist. Er hörte sich gut an, als ich gestern mit ihm sprach. Ach, es bricht einem das Herz, Kenward, zu sehen, was für ein Chaos er angerichtet hat. So gut wie er ist und liebevoll und talentiert.

Immer noch schön, dass seine Brüder »für ihn da sind« und füreinander, für mich. Jeff und ich haben jetzt viel Zeit miteinander verbracht, was großartig ist. Er ist klug, witzig.

Nein, leider, keine Perspektive oder Prospektive und kein Abrakadabra können meinem Buch helfen. Es ist ein Memoir. Die ursprüngliche Idee hielt mich etwas auf Abstand und »mich selbst« außen vor. Das ist nicht mehr möglich. Auch nicht mehr möglich ist, mir in den Kapiteln, die noch kommen, all die schlechten Entscheidungen anzuschauen und meine eigene Gedankenlosigkeit. Habe den Mut nicht. Und so habe ich einen Riesenschlamassel, ungefähr so, als würde ich ein ganzes Haus für den Umzug zusammenpacken und dann meine Meinung ändern. Was soll ich jetzt mit all dem anfangen, und will ich wirklich *irgendwas* davon?

Tut mir leid, dass ich so aushole. Meine literarische Karriere ist zerscherbelt. Das ist alles, was ich zu sagen hatte, und zerscherbelt ist ein so gutes Wort, dass es mich sogar aufmuntert. Ich bin nicht mal mehr verärgert!

Ich habe dich sehr gern, LOOSH

Los Angeles, Kalifornien
29. Oktober 2002

Lieber Kenward,

schöne Vorstellung, du und Steven auf dem Naropa-Fest. Ihr beide seid eine geniale Kombination. Könntet ihr nicht eine anständige Produktion in New York für ein großes Publikum auf die Beine stellen, nur ihr beide? Ich habe euch mehrmals zusammen gesehen und war jedes Mal erstaunt über den sechsten Sinn zwischen euch und euer Aufeinander-Eingespieltsein. Bei Lieblingsliedern wie »Sneaky Pete« und dem Reggae-Song jedes Mal aufs Neue. (Ich glaube, das sind die, an die ich mich so gut erinnere.) Wow ... auf einer Rechnung mit Lou Reed zu stehen, einer meiner absoluten Lieblinge. [...]

Hairspray klingt großartig. Freut mich, dass du dir das angeschaut hast, und die *Grasharfe* hoffentlich auch. John Waters[38] ist toll, faszinierend. Ich habe vor langer Zeit eine Dokumentation über ihn gesehen, hauptsächlich über sein Haus und seine Obsessionen.

Erzähl mir noch mal von der Oscar-Wildeiana. Was sind deine Pläne diesbezüglich?

Mein Großvater hatte tatsächlich eine Telefonzelle im Wartezimmer seiner Praxis, man ging hinein, machte die Tür zu, und ein Licht ging an. Es gab eine Holztafel, auf der stand: *Mir ist nie ein Mann begegnet, den ich nicht mochte.* Auch mein Vater hat das ständig zitiert, dabei hatte keiner von beiden jemals echte Freunde.

Gott, diese Tage scheinen lang her zu sein, oder? Ich erinnere mich an erwachsene Männer, Texaner, die weinten, als Franklin D. Roosevelt starb. Scheint, als wäre ständig H. V. Kaltenborn[39] im Radio zu hören gewesen. Vielleicht, weil mein Vater in Übersee war, auf einem Munitionsschiff vor Nagasaki, ... hatte ich schon als Kind patriotische Gefühle, wenn ich im Plaza Kino gemeinsam mit dem ganzen Publikum die ruckelnde Wochenschau guckte, wir applaudierten unseren G.I.s, buhten Hitler aus, der auf seinem Balkon tanzte. Soweit ich mich erinnere, waren Szenen mit Roosevelt und Stalin, Churchill etc. beruhigend. Unser Land würde durchkommen. Jetzt die Nachrichten zu verfolgen, ist absolut entsetzlich. Nicht nur die Gefahr eines Krieges, auch der Wahnsinn, der ringsherum unbemerkt ausbricht.

In [Dylan Thomas'] »Eines Kindes Weihnacht in Wales« gibt es eine Szene, in der ein Haus in Brand steht, die Feuerwehrmänner sind gekommen, die Flammen züngeln an den Fenstern hoch, und eine Tante kommt ins Zimmer und fragt: »Möchte jemand etwas zu lesen?« Die Scharfschützen machen am meisten Angst, weil sie *nicht* zu einem terroristischen Plot gehören. Die russische Theatertragödie mit Geiselnahme eine grausige Metapher für unsere heutigen Regierungen. Bleib dran! Mehr in Kürze.

Ich kann es nicht erwarten, Ron zu hören. Bete, dass es nicht am 12. November ist. Meine verrückte Schwägerin, die mit den Nerzen und dem Alzheimer, kommt für vier lange Tage her. Mir graust vor diesem Besuch. Leider ist im Augenblick alles schwierig für mich. Ich mag Anselm und Jane Hollo so sehr. Hatte eine schöne Zeit mit ihnen, aber wir waren für 9:30 Uhr zum Frühstück verabredet. Sie kamen sehr spät, ich kam um 16:30 Uhr nach Hause, völlig fertig, beim Lunch und danach.

[...]

Gott sei Dank wurde mir ein Engel geschickt. Ben Jackson[40]. Ein 24-jähriger Keats. Einer der besten Studenten, den ich je hatte. Junger Mann, schön in jeder Hinsicht. Suchte mich auf, um mich um Empfehlungsschreiben zu bitten, und als ihm klar wurde, dass ich in der Nähe wohne, fragte er mich, ob er seine Gedichte für ihn lektorieren könne (um sie der Bewerbung fürs College beizulegen). Er und sein Zwillingsbruder sind Söhne von Phil Jackson, dem Basketball-Trainer der [Los Angeles] Lakers. Ein großartiger Trainer und ein sehr guter Vater.

Ben und ich hatten so erfreuliche Gespräche miteinander. Er kommt Gott sei Dank um neun und geht um zwölf. Ich habe in seinen Texten brutal den Rotstift angesetzt. Er hat viel umgeschrieben und weitergeschrieben, mich mit Überarbeitungen angerufen, mit neuen Gedichten.

Es war toll, sich wieder als Lehrende zu fühlen. Doch eigentlich ist es schön, weil er mich großartig findet! Er erzählte mir, er habe einen großen Dichter entdeckt: Vicente Huidobro[41]. Ich hatte sein Langgedicht *Altazor* für meinen Abschluss in Spanischer Literatur übersetzt und lektoriert, verblüffte Ben damit, dass ich seitenweise aus dem Gedächtnis rezitieren konnte … wunderbar übersetzt.

Seine Gesundheit macht mir gute Laune. Sein Eifer macht mir gute Laune. Seine körperliche Schönheit macht mir gute Laune. Vor allem, weil nicht einfach nur sein Körper und seine Gesichtszüge schön sind, sondern weil das Temperament in seinen Augen und in seinem Lachen so umwerfend lebendig und jung ist. Tolles Elixier. Brachte mich zu meinem eigenen Buch zurück! Etwas von diesem Enthusiasmus muss ansteckend gewesen sein. Gestern und heute bin ich früh aufgestanden. Die Steroide haben auch geholfen. Ich bin jetzt nicht mehr so seltsam, sondern fühle mich okay, hoffe also, dass ich gut in Schwung komme, bevor es sich abnutzt.

Es tut mir leid zu hören, dass dir jede Bewegung schwerfällt. Und bei dir gibt es einen zweiten Stock? Ich habe schon Schwierigkeiten mit der einen Stufe bei meinem nächtlichen Ausflug ins Badezimmer.

Habe eine süße Fernsehshow entdeckt, die mir gefällt: eine britische Sitcom mit Judi Dench, *As Time Goes By*.

Lese einen Erzählband des entzückenden Alexander Hemon, Autor aus Sarajevo. Eine gute Erzählung von ihm war vor einigen Wochen im *New Yorker*, über die Bienen seines Onkels.

Ein anderer Student hat mir einen schönen Erzählband mit dem Titel LA geschickt … gestern Abend las ich beim wunderbaren [Christopher] Isherwood[42] etwas über L. A.

Gut zu hören, dass du voller Enthusiasmus durch die Gegend hüpfst. Das inspiriert mich. Um diese Jahreszeit, wenn es so früh dunkel wird, werde ich es auch, *dunkel*. Muss diesen Blues schnellstmöglich loswerden. Dein Brief hat mich gestern aufgeheitert, gerade rechtzeitig. Immer wieder danke.

Alles Liebe, LOOSHA

New York, NY
2. November 2002

Liebe Loosha,

ahhh, du hast einen jugendlichen Begleiter gefunden – ein Herbst-Tonikum, das dazu in der Lage ist, deine Fähigkeiten zu erfassen, und, als großer Bonus, auch noch zum Augenschmaus dient, ein Ausdruck, über den ich sonst spotte, aber für einen würdigen Anlass bemühen möchte: das Anbandeln mit einem begabten jungen Dichter.

Es ist fünf nach Mitternacht, ich bin aus dem Bett gekrochen und der unbeachtete Fernseher zeigt Charlie Rose[43]. Das Fernsehgedudel verwandelt sich in weißes Rauschen, das mich einschläfert. Ich habe meine Knirschschiene aufgefrischt, nachdem ich mir Abendessen von einem neuen Imbiss bestellt hatte, bei einer Filiale, drei Türen weiter von der Greenwich-Avenue-Filiale (auf der anderen Straßenseite), einer Kette, von der sich Joe ernährt hat, als er in der Greene Street in Soho wohnte. Die Kellner dort sind quirlige Latinos, die mit den Gepflogenheiten der Stadt noch nicht vertraut sind und sicherlich gefälschte Papiere haben.

Habe keine Geduld fürs Kochen – manchmal nicht mal fürs

Frühstück. Ein Glück, wenn man die Tür öffnen kann, und es kommen: Pakete! Mit Essen! Noch warm! Überraschung! Plastikbesteck zum Wegwerfen. Sie nehmen auch Kreditkartengeld, diese erstaunlichen Dienste. Gemüsesuppe + Lasagne, großartig, so sättigend, dass ich den Salat nicht angerührt habe. Direkt weiter zum Apple Crumble. Einer der Vorteile, wenn man allein isst – Madame Etikette ist nicht da. Man kann schlingen und rülpsen.

Ein kurzer Weg vom hinteren Schlafzimmer im zweiten Stock zum Arbeitsbereich im vorderen Zimmer des zweiten Stocks, in dem ein riesiges Laufband thront, das noch nicht in Betrieb genommen wurde. Patty ist heute aus Vermont zurück, und sie ist meine einzige Co-Treterin. Eine Anschaffung, die Mr. Oz getätigt hat, ragt dort ebenfalls auf: eine separate Arbeitseinheit, auf der ich das Collagenmaterial ausbreiten kann. Es handelt sich um einen schrägstellbaren Architektenschreibtisch fürs Wolkenkratzerzeichnen, so groß wie die Haustür eines Neureichen in Hollywood. Unbenutzt, bis jetzt.

Elinor Pironti[44], eine von meiner Nichte empfohlene Künstlerin, hat mich heute, pünktlich um 9:30 Uhr, besucht, um mich dabei zu unterstützen, das Haus in Ordnung zu bringen. Ihre Liebste lebt in der Nähe, also ein kurzer Weg zu diesem Ein-Tag-die-Woche-Job. Sie holt gern im Starbucks die Straße runter einen Latte, was eigentlich nur die Kids tun sollten. Habe jetzt einen Stapel Druckerpapier und Pentels, die funktionieren. Ihre Ordnungsliebe ist ein Segen. Das Aufräumen ging unglaublich schnell. Allein schweife ich ab, Papiere, Papiere, Papiere, Papiere, und ich muss mich hinlegen. Noch viel zu tun, aber ich habe das Gefühl, ich bin jetzt drin. Das unordentliche Haus (eine Sünde, oder?) weicht zurück in den gefürchteten Keller. Collagen & Material landen unter der Hollywood-Tür. Fotos auch. Manuskripte im Schreibtisch. Briefe – dort. Bezahlte Rechnungen – o Gott, habe vergessen, wo die gelandet sind. Und ich habe nicht die leiseste Ahnung, was zur Hölle ich mit den Fotos gemacht habe, die mir Wayne Padgett gegeben hat, damit ich darüber schreibe.

GEFUNDEN:

A. den Flyer (zur Website) von Ruth Ford[45], den Joe Brainard aufgefrischt hat, ihr Gesicht geweißt. Sie ist meine versnobte *Grasharfen*-Schauspielerin, die die Z-Press-Lesungen in Calais ins Leben gerufen hat. Ich brauche ihn für Wayne und die Website-Fotoerinnerungen, die ich in Vermont in Angriff genommen habe.[46]

B. Scheck über 150 Dollar, Honorar für den Auftritt beim Poetry Project. Wütend auf mich selbst – spare in der Zeit, so hast du in der Not. Ist aufgetaucht, ich habe keine Ahnung wie.

FEHLT:

Frag nicht. Ich lege »wichtige« Dinge an einen besonderen Ort, damit ich sie nicht verliere. Dann vergesse ich, wo dieser besondere Ort ist.

Für heute steht hier: *13 Uhr, Lunch mit dem Regisseur von* Die Möwe, *Oper mit dem Mal-de-mer-Flyer.* Er hat ein paar Fragen zum Libretto, ein gutes Zeichen, denke ich. Später, aber bald, bald lässt er mich hoffentlich bei den Proben dabei sein, was ich wahnsinnig gern mache. Ich habe im Lauf der Jahrzehnte fünf Inszenierungen von *Die Möwe* gesehen, und es hat immer funktioniert, auch auf Bühnen in erschreckend großen Opernhäusern. Einmal sogar in einem berühmten Kino-Megapalast in Atlanta, wo *Vom Winde verweht* uraufgeführt wurde. Ein bisschen peinlich allerdings, dass die paar hundert Opernfans, die die Premiere besuchten, an Unmengen von leeren Sitzen vorbeigehen mussten, um nach vorne zu gelangen.

Also habe ich bei meinem geliebten Tschechow die Worte gründlich gekämmt, um Zeilen auszumerzen, bei denen ich zusammenzucken muss – außer »Will o' the wisps«: die Hölle, das »s-p-s« zu singen –, aber ich konnte doch nicht die »Monarch butterflies« ersetzen, oder? *Die Möwe* hatte eine sechste Pseudo-Inszenierung, die nicht zählt. Direkt hier in NYC. Kleines Kellertheater. Vorletztes Jahr, glaube ich. Ein engagierter Techno-Trottel verbrachte Monate damit, die Orchestermusik auf einen Computer zu übertragen, der dann die Musik ausspucken sollte. Eine Schar von Sängern tat, auf der winzigen Bühne zusammengequetscht, ihr Bestes, um mit dem »Orchester« zu harmonieren. [Thomas] Pasatieris[47] Musik klang, als wäre sie von einem Abhörgerät aufgezeichnet worden, das Scotland Yard vor langer Zeit ausgemustert hatte. Ein verwaschener Klang – in einer Meeresspalte, von unterirdischen Strömungen gestoßen und von Hummerscheren gestreift. Schrecklich, und auch der zweite Akt entwickelte sich fürchterlich.

Der Regisseur hörte sich am Telefon nett an. Mark Harrison. Der Name klingt erfunden, vielleicht damit er sich in hellem Licht gut macht. Ich habe eine fast peinliche Schwäche für Showleute, die an etwas beteiligt sind, das ich geschrieben habe. Angenehme Intimität durch Worte, allesamt meine, die auf einem Blatt Papier ihren Anfang nehmen & schließlich aus menschlichen Mündern kommen, die – wenn ich Glück habe – so »in der Rolle« aufgehen, dass die Worte klingen, als wären sie allesamt ihnen, den Mündern, die manchmal küssenswert erscheinen. Keine Gefahr von »Verpflichtungen« im echten Leben.

Eine Scheinwelt aus dem Jenseits, teils aus Fleisch und Blut, teils aus einem Wesen, das meine Worte singt, Tag für Tag für Tag. Aber mit Regisseuren, keine Chance, außer vielleicht ein paar Mal, vor langer Zeit. So eine gefährliche Situation. All diese Macht, meine Worte durch ein dämliches Konzept zu verstümmeln – Madame Arkadina ist eine Dragqueen, Konstantin ist scharf auf Trigorin, sie sind Flüchtlinge aus Weißrussland in Chile, umgeben von Feldern voller Marihuana, das sie verkaufen müssen, um sich über Wasser zu halten, sie hausen in der Ruine einer Villa, die einmal Du-weißt-schon-wem gehört hat. Wir waren alle schon dort, in besseren Zeiten.

Muss positiver denken. Regisseure sind nicht alle dumm. Die schlauen wissen, wie sie meinen Worten Flügel verleihen können. Lasst die Sänger nach vorne blicken. Wenn sie starke Stimmbänder haben, können sie bei der unvermeidlichen Wahnsinnsarie auf der Bühne herumkriechen.

Heute Abend gehe ich dank Jimbo ins York Theatre, um *Jumbo* zu sehen, das einzige Mal, dass ich diesen Gleichklang in einem Satz verwenden kann, und zwar auch noch ganz legal. *Jumbo* ist ein Zirkusmusikspektakel. Dreißiger Jahre, Rodgers & Hart. Diesmal nur mit dem Buch in der Hand, keine Robben im Pool.

Morgen Matinee in Brooklyn, eine Robert-Wilson[48]-Fassung von *Wozzeck*[49], Lieder mit Texten von Tom Waits. Robert Wilson ist das Geniiiiee, das (schon vor zwanzig Jahren?) die Bühnenzeit ausgedehnt und geschrumpft hat, wie sie noch nie zuvor verlangsamt oder beschleunigt worden war, manchmal passierte beides zugleich.[50]

Linkes Bein macht auf den Treppen besser mit. Sehr wenige Spaziergänge gerade. Das Problem ist – es wird steif vom stundenlangen Sitzen.

Ende des Updates. Habe Rons *You Never Know* wiedergelesen. Dafür seinen Nachtkästchennachbarn Ashbery unterbrochen. So launisch als Leser. Du auch?

[...]

Claibe hat angerufen – richtig glücklich. Findet seinen Teil auf der Website, via Wayne Padgett, großartig. Wenn das San-Francisco-Team für die Oper nach Osten kommt, kriege ich die fertige Version ihrer Arbeit zu sehen.

Zeit für ein Gläschen Laphroaig, zwei Treppen runter, dann zwei wieder hoch ... so mild draußen, bin splitternackt.
Alles Liebe, Kenward

Los Angeles, Kalifornien
10. November 2002

Lieber Kenward,
wow. Wie aufregend, bei den Proben zu *Die Möwe* dabei zu sein. Dafür Worte beigesteuert zu haben, muss sich so gut anfühlen.

Ich habe versucht, »Will o' the wisps« vor mich hin zu sprechen, irgendwie zu singen, während ich meine Tage in Angriff nehme, das Stück entfaltet sich dann von selbst vor meinen Augen.

(Die Musik von Pastieri:) »... als wäre es von einem Abhörgerät aufgezeichnet worden, das Scotland Yard vor langer Zeit ausgemustert hatte. Ein umhertreibender Klang – in einer Meeresspalte, von unterirdischen Strömungen gestoßen, von Hummerscheren gestreift.«

Deine Briefe funkeln jetzt. Spritzig ist das Wort, das Sportreporter im Moment am liebsten verwenden (meine Lieblingsseite der Zeitung), auf Spanisch wäre es *chispa*, oder funkensprühend, eher Feuer als Licht. Mhm, will of the chispa!

Du und Tschechow, was für eine Kombination. Deine Sprache in Liedern, Gedichten und vor allem, finde ich, in deiner Prosa und in den Briefen ist beispiellos in ihrer Eleganz und ihrer schlichten, alten Schönheit. Ich drücke mich unklar aus, habe aber ein gutes Ohr ... diese Beobachtung ist von Tschechow'scher Objektivität. Den Leuten ist oft nicht klar, dass T witzig war. Ihm würde Madame Arkadina als Dragqueen, die auf Trigorin scharf ist, ausgesprochen gut gefallen!

Wie großartig es sein muss, zu Proben zu gehen, vor allem, wenn du daran beteiligt bist. Meine Mama hatte so viel, tja, *chispa*, eigentlich. Sie nahm mich zu Theaterproben mit, von Amateuren und Profis, ist da einfach mit mir reingeplatzt, und ins Gericht auch, tagelang. Reality-TV, auf alle Fälle, in Texas.

Eines meiner Lieblingsbücher ist das von Nabokov über russische Literatur. Erwartungsgemäß macht er sie alle nieder, außer Puschkin und Tschechow, vor allem den armen alten Dostojewski. Er ist allerdings gut in der Beurteilung von Tschechow. Er sagt, Ts Schreiben sei »grau«, ohne jede Anmut oder Schönheit. Das stimmt auf eine gewisse Art und ist deshalb, glaube ich, auch so gut zu übersetzen. Nichts passiert in seinen Geschichten, auch nicht in seinen Theaterstücken. N sagt weiter: Er habe eine spirituelle Größe, er fange die (russische) Seele seiner Figuren ein.

Das trifft auf die einfachsten seiner Geschichten zu, auf deine auch. Er hat keine »wirklichen« Nebenfiguren. Jede von ihnen wird gesehen und gehört und ist ganz vollständig. (Das sage ich jetzt.) Agafa (Schreibweise?), die im Fluss herumplantscht, zu spät, um ihren Ehemann zu täuschen. Onkel Wanja, das Paar, das auf dem Fest zusammen in der Diele tanzt, als die Gäste endlich alle gegangen sind. Ich liebe viele seiner Figuren, liebe sie zutiefst.

Ich bin so beeindruckt davon, dass Leute die Worte, die du geschrieben hast, gehört haben, hören werden (Tag für Tag). Ich weiß, dass die Leute Worte, die wir geschrieben haben, lesen ... Was für ein Vergnügen es für sie sein muss, sie GESUNGEN zu hören.

Wüsste ich es nicht besser, ich würde denken, du hättest dir das ausgedacht: mit Jimbo zu *Jumbo* zu gehen.

Großartiger Brief!

Ich bin sehr heiter. Diese blöden Steroide helfen. Die schrecklichen Nebenwirkungen sind weg, aber der Nutzen ist noch da, wird für eine Weile da sein. Der Schmerz-Kreislauf wurde durchbrochen, und es ist eine Erlösung gewesen, wieder leicht atmen zu können, kein Hydrocodon zu brauchen und keine Schmerzen zu haben, einen guten Schlaf und einen klaren Kopf. Kann gar nicht sagen, wie befreiend das ist, buchstäbliche Freiheit. Entweder liegt es daran oder an deinen Briefen oder an den Morgen mit Ben Jackson, an denen wir über Bücher reden ... seit Tagen schreibe ich, zwei oder drei Stunden am Tag ...

(Ich achte auf den Schmerz. Wenn er einsetzt, höre ich auf, bin ihm einen Schritt voraus.)

Habe uns aus Yelapa rausgebracht, tolle Fahrt nach Guatemala, super Zeit in Chiapas, Indigene der Lacandon und Chamula, habe uns in einem Dorf in Oaxaca, San Felipe del Agua, untergebracht. Wir hatten ein wunderbares Leben damals, Buddy und ich und unsere Jungs. Jeff und ich haben uns in letzter Zeit viel über diese Tage unterhalten. Er und auch Mark haben sie als idyllische, abenteuerlustige Tage im Gedächtnis ... manchmal nah am magischen Realismus. In Monte Albán traf uns ein Blitz!

Bin gerade nach nebenan gegangen, um Pfannkuchen zu essen, die Dan gemacht hat. Sein Sohn Cody ist übers Wochenende da. Hat sich als ein Überraschungsfrühstück für mich entpuppt. Eine neue Kaffeemaschine, Kerzen und Handcreme, Zeichnungen und Karte von Cody. Mein Geburtstag nächste Woche ... sehr süß von ihnen. Cody ist ein aufgewecktes, liebenswertes Kind, zehn Jahre alt.

Wunderschöner, strahlend blauer Tag nach einer Woche Regen. Die Vögel sind außer sich. Was für eine grandiose Formulierung. Heißt das, sie singen so laut, dass es klingt, als gäbe es außer ihnen noch ein paar Vögel extra? Wie auch immer ... sie feiern. Habe ich dir erzählt, dass wir einen Schwarm limonengrüner Papageien gesehen haben, als die Hollos hier waren? Ein normales Ereignis in Venice, aber das erste Mal für mich. Himmlische Überraschung. Das Vulgäre und Vergängliche dieses Ortes wird mir immer klarer, die Anomalien bemerkenswert und die Papageien, der Mann mit dem Kopf verkehrt herum etc. wie aus einem Drehbuch. Es gefällt mir aber immer noch.

Suchst du nach einer Sekretärin / einem Faktotum? Ich habe einen guten Freund, Chip, ein Ex-Student, »alternder« Schwuler ... (35!). Er glaubt, jetzt wäre alles vorbei. (Ihr Jungs ... das ist wie mit Hundejahren oder dem ersten Pitcher beim Baseball.) Er war Redakteur einer Zeitung auf den Jungferninseln, dann unterrichtete er mehrere Jahre an der Universität. Er ist mir ein lieber und sehr treuer Freund, blieben in engem Kontakt. Er ist wieder in Denver und erholt sich von einem gebrochenen Herzen, der, der ihm das Herz gebrochen hat, gehörte zu einer Gruppe, die sich in einem meiner Seminare kennengelernt hatte. Chip hatte eine zehnjährige Beziehung hinter sich, die damit endete, dass er sich um den an Aids sterbenden Geliebten kümmerte. Endlich war er wieder so weit, sich neu zu verlieben, ach, der arme Kerl. Jedenfalls schreibt er viel, veröffentlicht viel. Der jüngste Text erschien in einer Porno-Zeitschrift, *Our Family,* das hat mich schockiert! Aber sie haben sein Gedicht gebracht, das ich dir schicke.

Um zum Punkt zu kommen: Er mag deine Arbeit sehr. Ich weiß nicht, was seine Pläne sind, aber mir kam in den Sinn, dass er gut geeignet wäre, wenn du jemanden brauchen könntest oder wolltest. Er hat sich mal um meine Katzen und die Pflanzen gekümmert. Er ist absolut zuverlässig. Hat tolle Eltern, die ihn unterstützen, beide Lehrer. Ist nicht hinter irgendwas HER, würde dich nie ausnutzen, ist nicht an irgendwas interessiert. Dass er für seine Arbeit gelobt werden möchte, ist das einzige Problem, das ich hatte. Er ist aber nett ... schickt dir eine E-Mail und schreibt: *Dieses Rocky-Gedicht, das du nicht mochtest? Sie haben es in der* Kenyon Review *gefeiert!* Vor allem ist er gesund. Ich habe, wie gesagt, keine Ahnung, ob er einen Job braucht oder ob du jemanden haben möchtest. Weiß aber, dass er sehr gern alles für dich machen würde ... Wenn du also einen Assistenten brauchst, wäre das eine Idee.⁵¹

Schicke dir auch eines der Boote, die mein netter, aber versnobter Freund gemacht hat.

Alles Liebe, LOOSHA

New York, NY
7. Januar 2003

Liebe Loosha,

heute um elf Uhr Vorsingen für die *Grasharfe*. Chip ist mit mir angereist, saß im Theater neben mir, zusammen mit Jimbo, dem Pianisten David Harris und zwei Helfern aus dem York Theatre. Die erste Babylove sang so gefühlvoll und großartig, dass Jimbo und ich in hilfloses Schluchzen verfielen aus Trauer um Claibe Richardson, der am 5. Januar verstorben ist.

Claibe hörte, mit viel Morphium im Körper, laut seines Partners & liebevollen Betreuers Richie das *Grasharfe*-Album, insbesondere »Yellow Drum«, in dem es um Mut geht, den unbezwingbaren Mut, den man braucht, um sich der Reise des Lebens zu stellen, von der Stadt ins Tal bis zum – der Tod wird nicht direkt erwähnt, und ich wusste nicht, dass das Lied »davon handelt« – vom Ende der Reise des Lebens. Jetzt weiß ich es.

Im Musical identifiziert Dollyheart den Ursprung des Liedes – sie erinnert sich daran, wie ihr Großvater es gesungen hat, ein Bürgerkriegsmarsch. Und es gibt Dollyheart, ihrem Neffen Collin und Catherine, der Schwarzen Frau, die sich für eine Choctaw hält, den Mut, ihr Zuhause zu verlassen und sich in einem Baumhaus niederzulassen. Während sie das Lied singen, sammeln sie ein paar Habseligkeiten ein, und als das Lied endet (Szenenwechsel), sind sie im Baumhaus. Es ist das charakteristischste und wichtigste Lied der Show. Das Publikum klatscht manchmal im Takt zu seinem martialischen Rhythmus, wenn der Vorhang fällt und sich die gesamte Besetzung aufstellt, um es zu singen: und Schluss.

Claibe hatte mich angerufen, um mich wissen zu lassen, dass er gehen würde, um fünf Jahren Krebsschmerz zu entgehen und die sinnlose Grausamkeit von weiteren medizinischen Eingriffen zu vermeiden. Kein Selbstmitleid, kein Drama – echte Tapferkeit – wie Joe Brainard vor einer ganzen Weile, der seinem eigenen Tod offen gegenübergetreten ist, mit viel Umsicht für alle, die ihn liebten; er hat mir erst erzählt, dass er Aids hat, als klar war, dass es ihm immer schlechter gehen würde. Laut Richie saß Claibe schmerzfrei in seinem Bett, hörte sich das Show-Album an und begann glücklich »Yellow Drum« zu dirigieren. Und so ist er gegangen. Und deshalb lagen Jimbo und ich uns in den Armen, als »Babylove« gesungen hat (sie hat die Rolle bekommen), und weinten. Nicht gerade einfach für die Bewerberin, aber sie wusste von unserem Verlust.

Dein Leben ist unruhig genug gerade, deshalb erzähle ich dir so ungern von Claibe. Aber unsere Nähe im Leben und in Briefen ist stabil und direkt und wird es bleiben, auch wenn wir beide gleichzeitig schwere Zeiten durchlaufen.

Es ist eine Hilfe, dass ich mich ein wenig auf Chip stützen kann, zu Hause und außerhalb. Er geht sehr taktvoll mit meiner Trauer um.

Alles Liebe, wie immer, Kenward

Los Angeles, Kalifornien
13. Januar 2003

Lieber Kenward,

danke dir nochmals dafür, dass du mir erzählt hast, wie anmutig Claibe gestorben ist. Wie du davon geredet hast, worum es in »Yellow Drum« geht, hat mir sehr gefallen. Ich glaube, jede gute Geschichte, jedes gute Lied oder Gedicht handelt vom Tod. Manchmal nur dahingehend, wie er uns miteinander verbindet.

Es hat mich so berührt, mir vorzustellen, wie du und Jimbo euch beim Vorsprechen umarmt und wegen Claibe geweint habt. Es scheint so, als wären in letzter Zeit auch viele andere deiner Freunde von der prächtigen, eng verwobenen Welt gegangen, die nie wiederkommen wird. Ich hoffe, dieses Jahr wird ein Jahr der Heilung und der Öffnung. Die Produktion in San Francisco, *Die Grasharfe*, ist ein wundervoller Anfang.

Die Grasharfe ist eine meiner Lieblings-CDs. Ich höre nicht oft Musik, hasse Hintergrundmusik. Habe allerdings ein paar Lieblinge, die ich einlege und die mich wirklich begeistern ... Die GH, zwei Chopins, Marvin Gaye, Charlie Parker, mehrere Opern und Gospels von Johnny Cash.

Ich glaube nicht, dass man das in den USA machte, obwohl ich glaube, dass es Wochenschau-Kinos gab: In Santiago gab es einige Kinos, die denselben Film mehrmals am Tag zeigten, täglich für viele Jahre. *Vom Winde verweht, Fantasia*, zwei Al-Jolson-Filme (nicht mit ihm, sondern mit jemandem, der ihn spielte und seine Lieder lippensynchron sang), zwei Fred-Astair-Filme. Mein Lieblingsfilm aller Zeiten: *Kinder des Olymp*. Sie wurden nicht gebündelt gezeigt, jeder Film hatte sein eigenes kleines, schmutziges Kino mit klapprigem Projektor. Das Publikum liebte Fred Astairs Glamour. Alle in Chile tanzten damals schön und theatralisch, besonders Tango. Aber diese Filme brachten Sänger hervor. Alle sangen die ganze Zeit, in der ganzen Stadt. Chilenen, die kein Englisch sprachen, liefen die Straße entlang und sangen: »Toot, Toot, Toot, goodbye! Toot, Toot, Tootsie, don't cry!« In Bussen hörte man »My Mammy« oder »Night and Day«. Auch das Publikum in den Kinos sang. Als ich 92 in Mexiko war, sah ich *Mambo King*, ein schrecklicher Film, aber mir gefiel, wie das Publikum mitsang, die Bösewichte anbrüllte etc. In Südamerika weinen die Leute richtig, wenn der Film traurig ist, auch Männer. Ich meine, sie schluchzen, putzen sich die Nase etc. So viel schöner.

Ich bin froh, dass mir diese Erinnerung wieder einfiel. Es gehörte zur Kultur und zum Humor jener Zeit. Alle konnten jede Passage von *Vom Winde verweht* auswendig zitieren, und das machten sie oft. Wenn beispielsweise amerikanische Touristen einem Taxifahrer eine Frage stellten, spulte der den Anfang von »Night and Day« ab, etwas wie: »When the beat, beat, beat of the tom tom, and the winds upon the bay etc. etc.«, gefolgt von einem »Nicht sprechen Englisch«.

Jeff ist in Palm Springs, um nach einer Wohnung zu suchen. Es war wunderbar, ihn hierzuhaben. Er ist glücklich über seinen neuen Job ... Kunstredakteur von *Palm Springs Life*, was nicht so toll klingt, aber sie bezahlen ihn gut dafür, dass er die gesamte Zeitschrift neu gestaltet und ausrichtet. Sie geben ihm so viel Freiheit und ein solches Budget, dass er es kaum erwarten kann, loszulegen. Dan und ich werden ihn vermissen.

[...]

Enkel rufen mich an, um sich für coole Weihnachtsgeschenke von mir zu bedanken ... Ach, sie sind wunderbar. Ich habe ihnen eine kleine Rampe und ein Rohr fürs Skateboard-Training geschenkt ... Sie werden besser.

Oje ... die Buchstaben fallen. Hattest du je dieses Problem? Ich mache besser Schluss, dir alles Liebe

LOOSHA

New York, NY
18. März 2003

Liebe Loosha,

ich bin so froh, dass du zurück bist, gereinigt, sicher vor der Krankenhausluft, beladen mit Wer-weiß-was, weggesperrt in ein Labyrinth medizinischer Praktiken, die ich mir gar nicht vorzustellen wage. Es hat mir so gutgetan, dich zu hören, habe mich sofort von deiner Stimme und deiner Lebendigkeit erfrischt gefühlt. So inspirierend wie ein Besuch in Irland vor langer Zeit. Ich war verzaubert vom Singsang der Einheimischen, von der natürlichen Musik, die ihr Alltagsgeplänkel erhebt, und die Erinnerung daran hilft mir vielleicht, meine Ohren noch stärker für dich zu öffnen.

Ich war Gast des Gutsherrn von Guinness, Lord Moyne[52], ein ehemaliger Verehrer von Ruth Yorck[53], die mich eines Jahres auf eine Tour durch ihr Europa mitnahm, um mir viele bemerkenswerte Überbleibsel aus ihrem Leben vor Hitler zu zeigen. Ich war ihr Candide. Lord Moyne war ein Gentleman-Dichter: Ich tat es als georgische Poesie ab. Eine seiner Ex-Frauen war die Mitford[54], die zum Faschismus überlief. Wir versammelten uns fünfmal am Tag, um stur an einer großen Tafel zu essen – Kinder und Kindermädchen und eine ordentliche, manierliche, vernünftige Frau. Ein Stück oder zwei? Ich wollte drei. Also genoss ich es, nach Dublin auszureißen, das mir wie aus einem Dickens-Roman erschien – zahnlückiges Grinsen, dunkle Gassen, das Geheimnis (und die Verlockungen) weit verbreiteter Armut, die sich nicht auf den singenden irischen Tonfall auszuwirken schien.

Ich begreife die aktuellen Ereignisse nicht. So viel tiefes Schweigen. Tagt der Kongress überhaupt? Sind sie auf der Insel in der Nähe von Kuba eingekerkert, wo »Terroristen« abgesondert werden, um sie mundtot zu machen, während Bush an seiner Kriegskonferenz auf einer anderen Insel teilnimmt, auf die Friedensaktivisten & die Medien nicht fliegen dürfen?

Der Senator von Vermont, [Patrick] Leahy? Unser einsamer, unabhängiger Ex-Hippie-Abgeordneter Bernie Sanders. Und die kalifornische Senatorin [Barbara] Boxer, die sich vor »der Sintflut« so offen gezeigt hat. Das erinnert mich an die beängstigenden Zeiten, als ich mit John Latouche zusammengezogen bin, 53.

Drei Männer kamen jeden Tag, um kurze Zeichentrickfilme zu drehen. Sie konnten nicht für Unternehmen arbeiten (sie hatten Mr. Magoo[55] für die United Productions of America mitgestaltet), weil sie auf Hollywoods Schwarzer Liste[56] standen. Auch für John ein Problem. Keine Radioarbeit, die ihn zwischen den Musicals über Wasser hielt. Über Gore Vidal[57] schrieben John & ich (ganz aus dem Häuschen, dass John unsere Dialoge tatsächlich brauchbar fand) ein »Pilot«-Fernsehdrehbuch mit dem Titel *The Devil's Theatre*. Das Konzept lautete: Der Teufel sollte jede Woche in einer anderen Gestalt auftauchen. Wir gingen in ein echtes Fernsehstudio, wo die versammelten Darsteller, Broadway-Urgesteine, einige mit illustren, aber nicht berühmten Namen, unsere Dialoge probten. Der Regisseur erschien, bekam einen Anfall, als er John sah, und schmiss uns so schnell raus, dass ihm gar keine Zeit blieb, die Security zu holen. Eiserne Firmenregel.

KEINE Roten. Eine Schande, dass John so behandelt wurde. Völlig unerklärlich. Aber in meinem letzten Jahr in Harvard (1950) – wurden die John Reed Clubs[58] geschlossen. Mitstudenten wurden laut Gerüchten zum D.C. gerufen, um sich zu erklären. Und davor, mitten im Zweiten Weltkrieg, wurde mein Cousin Adrian [Moore] zusammen mit seinem – äh – Freund aus dem Außenministerium entlassen, als Teil einer massiven Entlassung von Homosexuellen, was mit der Gefahr begründet wurde (nationale Sicherheit), dass unerwünschte Personen (wie die

Zeitungen sie nannten) sich von männlichen Mata-Hari-Kommunisten erpressen lassen würden.

Patty und ich waren heute Morgen auf dem Laufband. Dann holte sie vier Kisten mit alten Finanzunterlagen aus dem immer ordentlicheren Keller, um sie wegzuwerfen. Ein Ritual, wenn sie vorbeikommt. Es sind etliche übrig. Sie hat einen Brainard gefunden, der für eine Party zu Ehren der legendären Schauspieltrainerin Stella Adler[59] entstanden ist. Herzförmiges, steifes Papier, jetzt geknickt, mit unzähligen Lippenstiftküssen von Joe. Nach und nach werden solche Werke von Elinor gepflegt, einer Künstlerin, die einmal in der Woche vorbeikommt, um das Chaos zu beseitigen. Abgestaubt, geglättet, versiegelt, gerahmt.

Chip strahlte heute Morgen – es ist ein warmer Frühlingstag –, der Winter ist endlich vorbei. Er hat Porridge zum Frühstück gemacht und berichtet, dass er gestern Abend Bush im Fernsehen gesehen hat. Keine einfache Aufgabe, Kriegsdrohungen und furchterregende, durchgeknallte Anführer in diese geistige Höhle zu schieben, in die man dunkle, beschämende Dinge, die man nicht verhindern kann, steckt.

Alles Liebe, Kenward

Los Angeles, Kalifornien
20. April 2003

Lieber Kenward,

wenn ich das hier nochmals durchlese, klinge ich wirklich durchgeknallt. Weiß nicht, ob es Prednison ist, Schmerzen im Bein, Stress, was auch immer. Könnte sagen, ich sei nicht ich selbst, aber mittlerweile habe ich vergessen, wer das war. Ich werde die Verbindung zu dir weiterhin halten, so gut ich kann. Der gute E. M. Forster am Ende seines Romans *Auf der Suche nach Indien*: »nur verbinden«.

Wenn ich mich doch an das wunderbare Zitat über die klatschenden Zwerge erinnern könnte.

Lieber Kenward, lass mich bitte wissen, wo du dich physisch aufhältst. Muss mir dich an einem Ort vorstellen, um schreiben zu können. Wo ich dich gern wüsste, wäre auf einem alten eleganten Ozeandampfer in Richtung Australien.

In meiner Jugend gab es jenes hübsche englische Schiff, das von England aus nach Valparaiso fuhr, dann an irgendeinen Ort in Australien und wieder zurück. Meine Freundinnen reisten nur mit diesem Schiff. Kapitäne, Köche, Stauer waren alle Italiener und sahen gut aus. Leider musste ich mit der Grace Line reisen, die den Guggenheims und Peter Grace gehörte, weil darauf das Eisen für die Firma meines Vaters transportiert wurde. Wurde irgendwie immer mit Rosen und Champagner empfangen oder losgeschickt oder habe an verregneten Tagen mit Mr. H (?) Canasta oder Schach gespielt. Wie kann mir der Name dieses Mannes entfallen sein? Er gehörte jahrelang zu unserem Leben, in Chile, New York, New Mexico, Mexiko, Kalifornien. Er war im Krankenhaus, als Jeff geboren wurde. (Jeffs Vater war weg mit neuer Frau, Mäzenin, Villa in Italien.) Ich unterrichtete an einer katholischen Schule die Mittelstufe. MR. KIRBY! Also kamen die Nonnen auch alle. Samt Catering eines italienischen Feinkostladens organisierte er eine hübsche Party mit mehreren meiner Freunde und den Nonnen, die so gut zu mir gewesen waren. An dem Tag, an dem Jeff geboren wurde, bestellte er Unmengen an Rosen für diese Party. Er war damals in seinen Sechzigern … lebte noch weitere dreißig Jahre, während derer wir befreundet waren. Wohltäter, der mir nie Geld gab oder lieh. Er war für die Eleganz zuständig. Die Santa Fe Opera. Flamenco. Dinner im La Fonda mit vier spanischen Bischöfen (ja, alle hatten Willa Cather gelesen). Cocktails im Offiziersclub von Treasure Island … unglaubliche Aussicht. Dinner in Merle Oberons[60] Villa in Acapulco.

Das war wirklich eine Abschweifung. Bist du in Vermont? Australien? Manhattan? Sind deine Augen in Ordnung? Deine Knie?

Das Seltsame ist, dass du dich gut anhörst, aber dein Assistent ein Wrack ist! Armer Chip. Ich schwöre, seine Probleme rühren daher, dass er sich Sorgen um dich macht.[61]

Elaine Equi hat mir ihr neuestes Buch geschickt, *The Cloud of Knowable Things*. Wunderbar. Ich bin seit vielen Jahren ihr Fan. Erinnerst du dich an L. A.-Zeitschriften wie *Barney*, als Equi und Dennis Cooper[62], Jerome Sala et. al. junge Strolche waren? Es war schön, sich vor einigen Jahren in der Naropa in sie und Jerome (persönlich) zu verlieben.

Bon voyage, solltest du nach Australien unterwegs sein. Wirst du deinen dortigen Freund besuchen, den adligen?

Alles Liebe, LOOSHA

Calais, Vermont
14. Juni 2003

Liebe Loosha,[63]

es ist 8:30 Uhr in Vermont, glaube ich. Ich blicke auf den Teich und den angeschwollenen weißen Wasserfall, dessen Weiß sich im Teich spiegelt. Die Bäume tragen Blätter, was nicht verwunderlich ist, denn es ist Mitte Juni. Ich habe Ziegenmilchjoghurt (eine Vermonter Delikatesse) & Toast gefrühstückt, mit aufgeschnittenen Jalapeños, Knoblauch & Mandelöl. Starker Kaffee.

[...]

Langsam komme ich aus dem Jetlag-Irgendwo heraus. Schlafmuster immer noch unruhig, unzuverlässig. Habe zum wiederholten Mal eine alte Ausgabe des *New Yorker*[64], vom Nachttisch, gelesen, einen Artikel von George Plimpton über Capote und sein halb erfundenes Mörderduo, das gehängt wird. Und eine schöne

Geschichte in derselben Ausgabe über zwei Schafhirten, die ein Paar werden, dann Mädchen heiraten, sich aber wieder zusammenraufen. Der eine wird als schwul gebrandmarkt und stirbt. Anne Proulx – habe evtl. ihren Namen ein bisschen falsch. Ihre Schwulengeschichte ist ungeniert lyrisch, aber nicht überschwänglich, sondern fest geerdet.

Ab heute werde ich für mehrere Monate hier bleiben. Chip scheint wirklich ein Freund der Provinz zu sein … puh. Ich bin an die Isolation gewöhnt … kein menschlicher Laut, nur Regen auf Gras und Bäumen. Er weiß noch nicht, wie lange er bleibt.

Neulich Abend hatte er die Idee, nach New Jersey zu fahren, ins Paper Mill Playhouse, zu einer energiegeladenen Aufführung von *Grease*. Ein Showbiz-Tänzer-Freund von ihm namens Colin spielte mit – anspruchsvoller, schneller Tanz. Süße Jugend! Die Probleme der Jugend, Schwärmereien und Multiple Choice.

Habe eingesehen, dass ich unbedingt bald ein bestimmtes Buch für dich bestellen muss – ein Fotobuch von John Gruen: *Young in the Hamptons*[65] –, ich bin der Cover-Boy, in Lebensgröße, im Profil, mir gegenüber eine Schönheit, Jane Wilson, seine Frau, eine Malerin, die mich anstrahlt. Was hatte ich gesagt? Mein Hund Whippoorwill ist zwischen uns zu sehen, zusammen mit Ruth Yorcks neurotischem Whippet Rossignol, der eines Sommers aus dem Auto gesprungen ist, als ich mit Ruth nach Vermont gefahren bin. Er wurde nie gefunden.

Ich jaulte jubelnd weiter, während Chip oben schlief, beim Anblick von uns Glücklichen, jung, lächelnd und braungebrannt, vor Ewigkeiten und Ewigkeiten. Larry Rivers, Kenneth Koch, Frank O'Hara, John Ashbery – etc. etc. etc.[66]

Chip ist wach – es ist jetzt 14:30 Uhr. Platzierungsproblem gelöst, er hat sich entschlossen, seine Vorsicht zu überwinden, und arbeitet am großen Tisch mit Blick auf den Teich. Er fragt, wie der heißt. Ich greife auf einen alten Witz von Joe Brainard & mir zurück: Veronica Lake.

Die Padgetts werden mit uns im größten Tempel für chinesisches Essen in den ganzen USA zu Abend speisen – A Single Pebble. Ein weiterer Reiz von Vermont. Ich habe angefangen, Kartons mit Papierchaos vom Haus über die Straße zum Außengebäude zu tragen. Beste Zeit, um zu einem gerissenen Aktenverwalter zu werden. Langsamere Beine dieses Jahr. Habe mir den Rat erteilt, meine Wut nicht an meinen wehrlosen Sehnen & Gelenken auszulassen, weil sie mich »im Stich lassen«. Sommervorsatz Nr. 1.

Sommervorsatz Nr. 2: die Langsamkeit des Geistes und den Verlust von Namen akzeptieren, verschlungene Passagen durch die Stromschnellen des Gedächtnisses. Eine hartnäckige Blockade. Ich habe Schwierigkeiten, mich an die raffinierte Bezeichnung meines Vaters (und meiner Stiefmutter) für Schwule zu erinnern. »Fairys« war zu »gewöhnlich«. Nicht »Plum Pudding«. Nicht »Nuthatch«. Schon wieder weg. Ah – »Fruitcake«. Fruitcake!

Was für eine Freude, nicht mehr durch Zeitzonen & die geographische Distanz, reisemüde Gaga-Vernebelung & fehlende Möglichkeiten zum Ausdrucken von dir abgeschnitten zu sein. Erledige mal deinen Job, HP DeskJet …

Deine letzte Veröffentlichung habe ich zwar zärtlich getätschelt, aber noch nicht gelesen bisher, und mir aufgespart, bis ich wieder im Augenblick angekommen bin, besser verwurzelt, & weiß, wo ich bin.

Alles Liebe, Kenward

Los Angeles, Kalifornien
12. Juli 2003

Lieber Kenward,
wunderbar, deinen schönen Brief zu bekommen. Ich habe deine Nachrichten vermisst. Dachte, ich hätte dich gelangweilt oder beleidigt … verstehe, dass du deine Sachen ordnen, dich ausruhen und erfrischen musstest.

Bitte vergib mir den Brief, den ich dir vor ein paar Tagen schrieb. (Im gelben oder orangen Umschlag.) Es tut mir so leid, dass ich dieses Gefühl hatte, es aufschrieb und abschickte.

Ich möchte nicht, dass du dich verpflichtet fühlst, mir zu schreiben. Ich habe mit Sicherheit weniger geschrieben als sonst. Briefe sind nur dann gut, wenn sie mit Gefühl geschrieben werden und spontan sind, wie deine immer. Ich schäme mich vor mir selbst, ach.

Meine einzige Entschuldigung ist die, dass deine Briefe mir so wichtig sind; sie halten mich am Leben. Dan war eine Woche in der Gegend von San Francisco. Außer dem Pooljungen habe ich keine Menschenseele zu Gesicht bekommen, geredet habe ich nur mit dem Labortechniker am Telefon. Ich bekam nur einige wenige Briefe und hatte vor allem keinen Brief von dir bekommen, seit Langem nicht, und besonders nicht in genau dieser einsamen Woche. (Wow, was für ein Satzbau … ich frage mich, ob es nicht einen einfacheren Weg gibt, diesen Gedanken auszudrücken!) Meine Abgeschiedenheit war beängstigend (überschnitt sich mit deiner beabsichtigten und angenehmen in Vermont). Klingt auch so, als hättest du eine Menge erreicht.

[…]

Mir geht es gut. Brauche endlich kein Prednison mehr, was die Paranoia mindert. Kann endlich wieder in den Pool und im Garten arbeiten.

Steve Emerson war für einen kurzen Besuch hier. Wundervoll,

ihn zu sehen. Ich muss mir wirklich Mühe geben, Leute zu treffen, und muss auch wirklich wieder anfangen zu schreiben. Derweil entschuldige ich mich für meine Bedürftigkeit und Weinerlichkeit. Igitt.

Alles Liebe, Loosha

Calais, Vermont
4. September 2003

Liebe Loosha,

Schulanfangsangst kommt wieder auf, ganz unbewusst. Plus Kriegsangst. Am 1. September 1939 hat mein ureigenes Königreich den Krieg erklärt. Ich habe eine ganze Weile ein Sammelalbum über die anschließenden Schlachten geführt. Meine Lieblings-Pin-ups waren Parfümwerbeanzeigen mit Schönheiten.

Mein Vater, ein alleinstehender Witwer, der in der britischen Botschaft Geheimcodes entschlüsselte (wir waren von Colorado Springs nach Washington, D.C. gezogen, damit er so am Krieg teilnehmen konnte), ging immer mit Parfümschönheiten aus. Die schönste von ihnen, eine blonde Dänin, hieß Ingrid Arvad. Ein halbes Jahrhundert (?) später bin ich in einer Biographie von JFK auf ihren Namen gestoßen. Kennedy hatte gerade in D.C. angefangen, und sein Vater verbot ihm, mit Ingrid auszugehen – er hatte sie überprüfen lassen. War sie eine Spionin? War sie deshalb auch mit meinem Vater, diesem attraktiven Ex-Rancher zusammen, dem das Alter gut zu Gesicht stand? Er machte sich Sorgen wegen kleiner Gedächtnisschwächen & seinem Bauchansatz, aber ansonsten ließ ihn das Alter in Ruhe. Im Frühling spielte mein Vater Polo im Country Club, was ziemlich anstrengend aussah, dieses ganze schlägerschwingende Herumgerenne.

Patty ist heute Morgen vorbeigekommen, um mich zum Abendessen einzuladen. Sie hat offenbar die Reise zu einer Beerdigung nach Tulsa gut überstanden (ihre Schwester Bernie ist an Krebs gestorben). Wir haben beide eine Zigarette geraucht und ein bisschen geplaudert. Es ist so entspannend mit ihr. Für ihr Menü hat sie die Gelben Bohnen aus meinem sehr eingeschränkten Gemüsegarten geerntet. […]

Ich habe keinen Strich gearbeitet, den ganzen Sommer nicht, alles ist gerade sehr weit weg von mir. Ron geht es genauso, dieselbe Ist-mir-egal-Haltung – aber das kann auch an dem leeren Gefühl nach Erscheinen eines Buches liegen (sein Vater-Buch). Sein Joe-Buch wird wahrscheinlich bei Coffee House erscheinen, die immer noch zu kämpfen haben.

Dieses Jahr treibe ich mich nicht zum Spazierengehen an, weder allein noch mit Patty. Ich bin so froh, dass du wieder allein atmen kannst! Es muss so schwer sein, bei etwas so Persönlichem von einer Maschine abhängig zu sein.[67]

Ich werde immer schlechter im Umgang mit Maschinen! Als ich letztes Mal von den Padgetts den Berg wieder hochgefahren bin – bin ich in wilde Panik verfallen. Ich habe einfach nicht herausgekriegt, wie man die Kinderverriegelung lösen kann. Irgendwann habe ich irgendwas gemacht und bin – endlich frei – in die Nacht geflohen.

Jimbo vom York Theatre will hierherkommen, zusammen mit seinem Choreographen, um über eine Inszenierung im Frühjahr, eine Vier-Personen-Revue meiner Stücke, zu sprechen. Er war am Telefon ziemlich aufgeregt wegen der Bandbreite meines Werks. Zum einen wegen der Künstler, mit denen ich gearbeitet habe. Joe. Alex Katz. Larry Rivers.[68] Die Vorstellung, ihre Arbeit im Theater zu sehen, freut mich sehr. Aber ich habe immer noch Angst davor, selbst auf der Bühne zu stehen, Show um Show um Show, wie ein Profi. Darin bin ich sehr unerfahren. Aber es ist auch aufregend, angesichts einer künftigen Möglichkeit absolut zu erstarren. Und mehr ist es im Moment wirklich nicht – eine Möglichkeit.

Danke für deine Geduld mit meiner zögerlichen Kommunikation ... Ich bringe nur ungern Worte zu Papier, wenn ich mich im Alltag gaga fühle, aber das ist keine Entschuldigung für Gejammer und Genörgel ... Ich bin ein glücklicher Mittsiebziger, sage ich mir immer wieder. Wenn ich nur nicht so viel Mühe hätte, mich an Namen zu erinnern. Genau wie mein Vater. Nie fällt mir der Name von Albert Finneys Co-Star in *The Dresser* ein. Tom Courtenay! Diesmal hat es sofort geklappt, ganz ohne Anstrengung! Uff! Ich habe seinen Namen in einem Werk (*Cyberspace*) untergebracht, damit ich weiß, wo ich im Zweifelsfall danach suchen muss.

Alles Liebe, Kenward

Los Angeles, Kalifornien
31. Oktober und 2. November 2003

Lieber Kenward,

ich schreibe das im Dunkeln! Es ist Halloween, und ich habe vergessen, Süßigkeiten zu kaufen. Ich hatte noch NIE keine Süßigkeiten ... Ziehen sie eigentlich noch von Haus zu Haus? Ich erinnere mich nur an ein Halloween als Kind. Ich hatte die Masern. Die Dame vom Gesundheitsamt hatte eine ANSTECKUNGSGEFAHR-Meldung ans Eingangstor gehämmert, sodass die Kinder nicht einmal bis auf die Veranda kamen.

Neuer Tag. Tag der Toten ... Todestag meiner Mutter.

Sonntag: Habe gestern eine tolle Wohnung gefunden. Winziges Studio in der sechsten Etage. Sehr sicher, leicht zu erreichender Parkplatz etc. Luftig, hell, schöner Ausblick nach Venice Beach, auf die Berge, kilometerweit die Stadt. Wie die geliftete, Botox-gespritzte, blondgefärbte Immobilienmaklerin sagte: »Wenn Sie sich über die

Balkonbrüstung beugen und nach Norden gucken, können Sie die Buchstaben des Hollywoodschildes erkennen!« Wow, ich bin angekommen! Es gefällt mir. Einen halben Häuserblock entfernt gibt es für Lebensmittel einen Super Real. Holzboden, echter Fleischer. Drei Straßen vom Meer entfernt! Strandblick aus dem Küchenfenster! Kann vom Bett aus den Sonnenuntergang sehen!

[…]

Viele Dinge sind hier besser. Leichter. Viele Coffeeshops und kleine Cafés in »meinem Viertel«. In all diesen Straßencafés sitzen die unterschiedlichsten interessanten Leute, die meisten in meinem Alter. Ich bin sehr zufrieden.

Habe ich erwähnt, dass ich krank war? Pechsträhne. Atemnot wegen der Asche von Bränden in der Luft. Beängstigend. Wieder hohe Dosis Prednison. Zumindest wird es praktisch sein fürs Packen. Und fürs Stehen, Kochen etc.

Mark kam heute Vormittag zu Besuch. Ich habe ihm Mittagessen gemacht! Es geht ihm so gut. Besser als seit vielen Jahren. Dan hat sich für Nachtisch und Kaffee zu uns gesellt, um mit uns zu lachen. Fast wie in alten Zeiten. Wow.

Alles Gute für dich, lieber Freund

deine LOOSHA

LA Loosha

TEIL IV
2003–2004

*Briefe vom Washington Boulevard,
Marina del Rey, Kalifornien
Briefe aus Calais, Vermont, und New York, NY*

Marina del Rey, Kalifornien
11. Dezember 2003

Lieber Kenward,
 danke für dein köstliches Schlafgedicht ... »Venus Preserved«[1]. Ach »... so kalt wie alte heilige Zehen/geschliffen von Kreuzritterküssen ...«

Wieder ein Kracher. Hoffentlich bist du noch nicht in die Weihnachtsferien gefahren. Ich weiß, dass ich dir von meiner neuen Adresse aus geschrieben habe. Ich hoffe, der Brief ist nicht verloren gegangen ...

Was mir an Frankreich mit am besten gefallen hat, waren die Steinfußböden, wie im Centre Pompidou und im Louvre – unglaublich weiche Steine. Ich musste sie unbedingt anfassen, glatt wie Haut, Jahrhunderte von Menschen, süßer Schauer, dass ich in ihren Fußstapfen gehe!

*Ein*gezogen ... *aus*gelaugt ...

Rapunzel im magischen Turm-Vollmondlicht. Samstag, fünf Uhr morgens. Falscher Alabastermittag. Ich wusste nicht, ob es die Sonne oder der Mond war, was da auf- oder unterging. Es war taghell – L. A. war taghell –, und dann war es Nacht. Und dann ging die Sonne auf. Damals in Westchester habe ich diese phantastischen Kreisläufe nicht bemerkt. Gerade eben, zum Beispiel, schaute ich hinaus auf die riesige, in Korallenfarbe getauchte Stadt. Die Farbe alter Technicolorfilme – dann ging die kitschige orangefarbene Sonne im Pazifik unter. Jetzt krachen die zitternden

Wolken aus weichen Rosa- und Korallentönen dank Santa-Ana-Winden ineinander ... Palmen glitzern, sich verdichtendes Gelb, rosafarbene Lichter wie Wunderkerzen am 4. Juli!

Dan war mehrmals hier ... Wir saßen zusammen am Fenster wie Leute, die sich im Fernsehen Heimkino anschauen.

Enten! Schwalben und Möwen. Krähen. Kein Lärm aus dem Haus und nur sehr schwacher Straßenlärm.

Um das Viertel zu erkunden, fehlt mir noch die Energie. Aber es gibt interessante Leute jeden Alters, aller Klassen und Hintergründe.

Hast du dich gegen Grippe impfen lassen?

Schreib mir doch kurz, bevor du fährst.

Danke nochmals für das Gedicht und für die Widmung.

Hoffe, du bist wohlauf und nicht traurig. Bei mir hat sich der Feiertagsblues eingenistet.

Alles Liebe, Loosha

Marina del Rey, Kalifornien
30. Dezember 2003

Lieber Kenward,

Chip hat etwas Schreckliches getan. Er erzählte mir die Neuigkeiten zu »Sibling Rivalry«[2], und dann sagte er, es sei immer noch ein Geheimnis, von dem du mir erzählen wolltest. Aber ich kann es nicht erwarten, DIR zu sagen: Wundervolle Neuigkeiten! Wunderbares Timing für diese Neuigkeiten, am Scheitelpunkt zu einem guten neuen Jahr!

Gratuliere! Ich habe in deinen Gedichten und Briefen jetzt schon über Monate eine spezielle Frische und einen Elan bemerkt. Einen sicheren Griff ... eine Autorität? Was immer es ist, es freut mich, dass andere das auch sehen.

Nein, bei mir kann ich solche kreativen Verschiebungen nicht feststellen. Es gibt jedoch eine Veränderung dahingehend, dass ich es nicht mehr ertragen kann. Sch… auf diese Muse. Als hätte sie mir, verdammt nochmal, je bei irgendwas geholfen. Ich bleibe beim alten Neujahrsvorsatz. In drei Tagen werde ich zuallererst eine Geschichte ausprobieren, die dir, na ja, allen das Herz brechen wird. Leider könnte ich für Grandezza zu verrostet sein, werde mich also mit einer tollkühnen Kapriole zufriedengeben. Im Grunde gebe ich mich mit irgendwas zufrieden. Eine Seite Splatter-Poesie in schwammiger Sprache: was ich in den Sommerferien machte. Wechseljahre und *deine Diät*.

Vielleicht werde ich verrückt. Die Telefongesellschaft sagte, sie würden zwischen elf und fünf Uhr hier sein. Jetzt ist es vier. Sie sollen einen extra Anschluss fürs Internet installieren. Habe einen funktionierenden E-Mail-Verkehr wirklich vermisst.

Ich bin so froh, dass Weihnachten vorbei ist. Was für eine hübsche Lösung du dafür hast.[3] Obwohl ich immer dann DRINGEND mit dir sprechen muss, wenn du nicht zu Hause bist. Habe dich zweimal angerufen!

Wir haben damals die Jungs in die Bonanza, Buddys Kleinflugzeug, gestapelt und sind nach Yucatán oder Yelapa geflogen. Dave und seine Familie leben jetzt in Yelapa. Dan rief mich heute Morgen aus Cabo San Lucas an. Er verlebt herrliche Feiertage, geht mehrmals am Tag tauchen. Beobachtet Buckelwale!

Die Scheidung und eine gute Therapeutin haben ihn so verändert. Er ist jetzt ganz entspannt, schlecht gelaunt, spontan, faul, witzig, warm, egoistisch. Alles wunderbare Qualitäten. Vorher war er die ganze Zeit perfekt.

Wieder kommt ein Sturm. Mein Fenster ist eine schwarz-weiße Scheibe; nach riesigen Sturzwellen gegen den Hafendamm elektrisches Stroboskoplicht. Gelegentlich ein blaugrünes Schillern von

Entenhälsen. Entenhals? Viele Enten kommen von den Lagunen herübergeflogen ... watscheln über die Rasenflächen, ihre Harems folgen ihnen wie an der Schnur gezogene Spielzeuge.

Ups! Es ist völlig dunkel! Zu wolkig für eine Lichtveränderung oder einen Sonnenuntergang und zu dunkel, als dass die Telefongesellschaft noch auftauchen würde.

Mir gefällt die Vorstellung, wie du, Chip und die Padgetts 2004 begrüßt. Auch tolle Neuigkeiten über Rons Buch.

Ich habe dich gern, Loosha

New York, NY
11. Januar 2024

Liebe Loosha,

Retreat im Coconut Grove Hotel vorbei. Wieder zurück in der Stadt. Mein Computer hat FedEx nicht gut überstanden, beim zweiten Hausbesuch konnte ihn aber ein Experte aus Hong Kong von den ärgerlichen Macken befreien. Die Versuche, dir zu schreiben, wurden zu einem Drama so voll technischer Sinnlosigkeit, dass meine Eingeweide vor hilfloser Wut und Nostalgie nach meiner tragbaren Olivetti rebellierten, die ich vor so vielen Jahrzehnten hatte – mit Durchschlagpapier und Kleinbuchstaben, sodass aus Gedichtzeilen, die auf einer Linie erscheinen sollten, immer zwei werden mussten. So einfach in der Bedienung. Ich habe mich immer noch nicht wieder ans Internet gewagt, deshalb ist meine Website weiterhin offline. Grrr. Muss Wayne Padgett anrufen.

Patty und Ron kamen vorbei, um sich mit mir über Rons Joe-Buch für Coffee House zu beratschlagen – ich sollte eine meiner Zeichnungen von Joe aufspüren, die Ron einbauen will, aber ich habe keine Ahnung, was ich damit gemacht habe. Internet-Detektiv, der er ist, hat er sie allerdings irgendwo gefunden.

Tage später. Bin aus Verlegenheit untergetaucht, aber jetzt ist das vorbei – 6:05 Uhr morgens, es muss wohl Sonntag sein: keine Besucher, Chip auf den Jungferninseln, nur [die Katzen] Satie und Rilke als Gesellschaft. Gestern rief die uneheliche Tochter meiner Teenager- und Harvard-Jahre-Girlie-Leidenschaft Dorothy King an. Wir haben es nie »getan«, wobei ich mich daran erinnere, dass ich mit Dorothy auf einem Sofa in der Wohnung in der Park Avenue, in der ich (als Teenager) mit meinem Vater & meiner Stiefmutter Jean lebte, herumgemacht habe. Ich war sehr dünn und sehr »nervös«, so »nervös«, dass bei den Mahlzeiten mit meinem Vater und Jean meine linke Hand zu zittern begann, wenn ich die Gabel anhob, und ich musste das verbergen, warten, bis das Zittern kurzzeitig nachließ, und dann schnell anheben, wenn die beiden, an gegenüberliegenden Enden des Tisches, mich nicht ansahen. Eheliche Spannungen, plus voranalytische Teenager-Wahnsinnsangst.

Das Einführen der Erektion war ein beängstigendes Mysterium und auch, wie man die Unterwäsche von Mädchen loswird. Außerdem war sie eine gläubige irische Katholikin und versuchte ständig, mich mit Büchern französischer Intellektueller wie Jacques Maritain zu bekehren. Ihr Vater war ein neureicher Bauunternehmer, herrisch, sehr unkultiviert, »ein Prolet« – mit einer großen Villa in einem noblen Vorort, Wilton, Connecticut. Er ging pleite, als seine drei Töchter junge Damen waren. Dorothy und ich lernten uns in dem Sommer kennen, in dem ich 46 meinen Abschluss am St. Mark's [Internat] machte. Dank eines befreundeten Theateranwalts meiner Stiefmutter wurde ich wegen meiner Vorliebe fürs Theater nach Jutland, eine waldreiche Urlaubsgegend im Norden New Jerseys, geschickt, um eine Lehre an einem Sommertheater mit einer festen Besetzung und einer daran angeschlossenen Schauspielschule zu machen, die von einem Stanislawsky-Experten, einem waschechten Russen namens Boris Marshalow, geleitet wurde.

Ich habe in erster Linie malerische Wohnungen »abgecheckt« und teilte mein Zimmer mit dem Bühnenbildner, der an den Wochenenden Besuch von männlichen Freunden aus D. C. bekam. Sie haben Sachen im Bett angestellt, auf der anderen Seite des Zimmers, Geräusche gemacht, und einmal wurde ich eingeladen mitzumachen (Panik!). Ich drehte mich zur Wand und tat so, als würde das, was da passierte, gar nicht stattfinden.

Ich war sehr verknallt in die Sportler im St. Marks. Die Flure beim Schlafsaal hingen voller Fotos von ehemaligen Teams, die ich mir sehnsüchtig ansah, vor allem die verräterischen Beulen in ihren Uniformen. Mein Spitzname war »Homo«, und der liberale Direktor der Schule (Reverend Brewster) berief eine Versammlung ein, um über Homosexualität zu diskutieren und uns zu sagen, falls wir so wären, sollten wir uns um eine Therapie bemühen. Es sei eine Krankheit, kein biblisches Übel.

Meine Schwester Cynthia, die von einer Freundin aus Cleveland Heights aufgerüttelt worden war, reiste extra an, um mich vor lüsternen älteren Jungs zu warnen. Sie lobte die »Fairys« – die hätten ein Händchen für Inneneinrichtung. Und einmal, als ihr Mann während des Krieges Arzt bei der Navy war, besuchten die beiden New York City, und ein paar Fairys luden sie, völlig Fremde, zu einer Party ein – und die hätten nicht netter sein können. Meine Liebe zum Theater sei ein Problem, dem ich mich stellen müsse. Das Theater sei voll von Fairys. Noël Coward![4]

Ich war wie betäubt. Ohne dass ich es gemerkt hatte, wurde mein Tagebuch, in dem ich blumig von Carleton Rand, einem hübschen Mitglied des Football-Teams und Mitherausgeber der Literaturzeitschrift *The Vindex*, geschwärmt hatte, aus der Schublade geklaut und herumgereicht. Später trauerte ich, als ich hörte, dass er in Korea gefallen war. Richtige Erfahrungen hatte ich kaum, abgesehen von einer »Frottage«-Episode (gegenseitige Körpermassage) auf einem Tisch in einem leeren Schulzimmer, zu der mich mein unscheinbarer Verführer brachte und gleichzeitig klarmachte, dass ich nur ein Ersatz für ein Mädchen war.

Einmal hat mich Richard Kobusch aus St. Louis, der Schönste der Schönen, im Flur in den Hintern gekniffen, ist weitergegangen, hat zu mir (der ich völlig erschüttert war) zurückgeschaut und breit gegrinst. Homosexualität war zusammen mit »Rassenvermischung« (Lillian Smiths *Fremde Frucht*[5]) ein Problem, dem sich damals Bestseller-Romane widmeten – Gore Vidals *Geschlossener Kreis* war bahnbrechend (die Sünde der Männer wurde mit dem Tod bestraft (?)) – ein unglückliches Ende, auf das der Verleger bestanden hatte.[6]

Ich las auch *Die Niederlage* von Charles Jackson, dem Autor von *Fünf Tage*. Später lernte ich ihn kennen – er und seine Tochter spielten Bridge mit meiner Stiefmutter, sie hatten sich bei den Anonymen Alkoholikern in der Park Avenue getroffen.

Diese »Perversen« wurden »Fairys«, »Feen«, genannt oder – in einem schrecklich vornehmen, leicht verwirrten Ton – »Pansies«, »Tunten«. »Schwule«? »Schwuchteln«? Noch nicht. Einmal hörte ich, wie ein Taxifahrer das Wort »Schwanzlutscher« benutzte, und mir wurde klar, was es bedeuten musste. Während des Krieges arbeitete mein Cousin Adrian Moore für das Außenministerium und wurde gefeuert – Homosexuelle wurden als Sicherheitsrisiko ausgemustert. […] Adrian ließ sich von seiner texanischen Frau, mit der er einen Sohn hatte, scheiden und lebte fortan mit einem Mann zusammen, mit dem er seit der Schulzeit liiert war. Ich wusste das über ihn wie auch über den Broadway-Schauspieler Robin Craven, der eine kleine Rolle in *My Fair Lady* hatte und zu Gast auf der Gulliver war, der Yacht meines Vaters – ein amüsanter Zeitgenosse, ein Bonvivant und Raconteur, der den Geschmack des schönen Lebens zu schätzen wusste.

Im Sommer 50, nach dem Studium, belegte ich Kurse in Harvard und wusste nichts mit mir anzufangen, außer mich freiwillig für die Socialist Workers Party zu melden. Ich lud Frank Frost, einen Studienkollegen, in den ich verknallt war, ein, mich nach Florida zu der Hochzeit eines Mitbewohners zu begleiten. Ich schlich mich in Franks Bett und wurde abgewiesen: »Lass das!« Lange, traurige, einsame Spaziergänge am Strand. Als wir nach Palm Beach weiterzogen, spürte mein Vater, warum ich so niedergeschlagen war, und eines Abends, als wir zu dritt in der Kombüse speisten, begann mein Vater, ohne es zu verurteilen, über Homosexualität zu sprechen – dass sie ein Teil des Lebens sei, schon immer war. Ich war so stolz auf ihn!

Als wir irgendwann mit meiner Schwester Cynthia im Taxi saßen, gestand uns meine Stiefmutter Jean, dass sie der festen Überzeugung sei, mein Vater sei homosexuell. Beide begannen sich auf die Verfehlungen meines Vaters zu stürzen. Ich war so sauer, dass ich aus dem Taxi ausstieg. Ich erinnerte mich daran, dass er einmal beim Mittagessen vor meiner Stiefmutter über seine Zeit im Krieg als Krankenwagenfahrer in der Sahara gesprochen hatte, wo er verantwortlich war für die Verfolgung der sich zurückziehenden Deutschen – und davon erzählt hatte, wie schön arabische Jungen seien. Und es gab Fotos von ihm zu seiner Zeit an der Cambridge University, bei einer Aufführung von *Julius Caesar* (?) – britische Jugendliche in Togas, von atemberaubender körperlicher Schönheit. Inklusive seiner selbst. Er war ein Rebell, politisch ein Sozialist, erzürnt über die Starre des Klassensystems und die viktorianischen Moralvorstellungen. Oscar Wilde war sein Held. Als er nach Alberta ging, um dort mit Öl (keine Chance!) viel Geld zu verdienen und Constance Pulitzer heiraten zu können, ohne als einfacher Mitgiftjäger dazustehen,[7] fuhr er nach Toronto, um für Prinzessin Alexandra bei einer Aufführung von *Ernst sein ist alles* mitzuwirken.

Zurück zu Dorothy King. Ich war in sie verliebt, platonisch, aber – ich habe ihr tatsächlich einen Antrag gemacht, in Boston, als ich in Harvard war. Sie hatte eine winzige Rolle in einem Broadway-Stück – *Jenny Kissed Me*, ein Broadway-Flop. Ihre mangelnde Präsenz als Darstellerin machte mich traurig. Ihr Vater hatte Geld in das Stück gesteckt und ihr so den kleinen Auftritt verschafft. Sie wies mich ab, vernünftigerweise – sie wollte nicht »meine Jugend ausnützen«.

Zu meinem 25. Geburtstag gab John Latouche halb überraschend eine Party für mich in seinem Penthouse, in dem wir – immer mit anderen zusammen – wohnten, zuerst mit seinem Boyfriend Harry Martin, ein angehender Künstler, dessen Platz ich eingenommen habe, aber auch mit Pat Coleman, einer lesbischen Dramatikerin, die nie aufgeführt wurde und ebenso alkoholkrank war wie John. Und später dann mit Countess Ruth Yorck, die sich von einer Krebsoperation erholte und mir eine enge Freundin und Mentorin wurde, ein Mutterersatz, nachdem John im Sommer 56 an einem Herzinfarkt in unserem Haus in Vermont verstorben war. Er war mit Harry Martin unterwegs gewesen, der ihn dort mit einem großen Buick-Cabrio hingefahren hatte, das John Tennessee Williams abgekauft hatte, mit dessen langjährigen Partner, Frankie Merlow, John irgendwann mal ein Wochenende lang ins Schwulen-Mekka Provincetown ausgebüxt war.

Dorothy King kam zu dieser Party – John hatte Menschen aus meiner Vergangenheit aufgespürt, in dem Versuch, mich meiner totalen Versenkung in sein glamouröses Promi-Leben zu entwöhnen – Lena Horne, Carol Channing, Tennessee etc.[8]

Ich traf Dorothy nur selten und fand sie etwas bekloppt. Sie gestand mir irgendwann, dass sie eine Affäre mit Jack Kerouac gehabt hatte, schwanger geworden war, abgetrieben hatte und sich damit eine tiefliegende katholische Schuld aufgeladen hatte.

Dorothy starb vor langer, langer Zeit an Krebs. Ihre uneheliche Tochter [...] lebt in Newport, wo sie in einem Restaurant arbeitet, und hütet aktuell Haus und Haustiere in Vermont. Ihre Stimme ist wie die von Dorothy – sprachgewandt, sanft. Eine fast etwas unheimliche Begegnung mit der Vergangenheit.

Ende der Frohen-Neujahrs-Erinnerungen, als kleine Entschädigung, wie ich hoffe, für meine Ferien-Verlegenheits-Isolationsphase.

Alles Liebe, Kenward

Marina del Rey, Kalifornien
20. Januar 2004

Lieber Kenward,

du bist so stur. Jahrelang frage ich dich, bettle dich an, mit jemandem zu sprechen, Ron, hoffe ich, der deine Briefe an mich sammelt. Das sind gute Texte. Proust hatte das Gefühl, die Briefe seien Flauberts Meisterwerk ... ich glaube, deine sind es auch, genauso gut wie deine Lyrik und Prosa. Sie SIND Poesie. Ich würde es machen, aber mir fehlt die Kraft, ich habe sie einfach nicht, es tut mir so leid. Hast du sie in deinem Computer? Ich bin darüber so frustriert. Ich weiß, du wirst mich weiterhin diesbezüglich ignorieren. Bitte. Zeig Ron eine Kopie deines letzten Briefes. Sag ihm, dass es achthundert bis tausend mehr gibt. Reich, brillant, bewegend, witzig, historisch.

Nicht einfach nur gut geschrieben, guter Klatsch, witzige Geschichten. Sie sind wie Dawn Powells Romane ... ganze Welten werden lebendig.

Tief bewegend der erste Absatz über Dorothy King. Was für eine niederschmetternde Szene, mit Vater und Mutter am jeweils anderen Ende des Tisches. Und dann du, der magere Junge, der eine Gabel in seiner zitternden linken Hand hält. Der schmerzhafte

Terror, die »Wahnsinnsangst«. Du beschreibst das ruhig. Unerträglich, herrlich.

Würde gern mehr über St. Marks und Boris Marshalow wissen, obwohl es erstaunlich ist, wie viel du in zwei Absätzen über diese Privatschule zu erzählen vermagst. Die Einsamkeit, niemand, mit dem man über irgendetwas reden kann, geschweige denn über Fairys und Tunten.

Ich finde diese Jahre, die du in einer solchen Isolation verbracht hast, so traurig … wie du fast zufällig von der »schwulen« Welt erfahren hast, die, statt krank und böse zu sein, offensichtlich Glamour besaß. Ach, mir vorzustellen, wie du traurig den Strand entlangspazierst.

Aus irgendeinem Grund hatte ich mir deinen Vater als sehr negativen und unfreundlichen Mann vorgestellt. Herrlicher Absatz über ihn, so Noël-Coward-mäßig und unternehmungslustig. Toll, dass er sich an diesem Abend für dich eingesetzt und über Homosexualität geredet hat.

Ach, hätte er doch nur schon mit dir geredet, als du kleiner warst, dir deine Ängste genommen, dir Stolz vermittelt, Zärtlichkeit gespendet. Ist das passiert? Menschliche Eltern sind schlimmer darin als Bäreneltern, uns einfach in die freie Wildbahn zu entlassen. Schweigen verursacht so viel Unglück.

Dein 25. Geburtstag hätte einen eigenen Roman verdient, verdammt noch mal. Was das betrifft, ist dein Brief ein Miniroman. Was für ein Ende. Dorothy als schuldbeladene Katholikin. Eine Affäre mit Kerouac, ein uneheliches Kind, das in einem Restaurant arbeitet, hütet Haus und Haustiere in Vermont.

Das war mein Lieblingsteil. Nach all diesen fabelhaften Jahren – berühmte Künstler und Buick-Cabrios, Countesses –, ist da die ziemlich schäbige Frau in zu enger Skijacke wie der Michelin-Reifen-Mann, die auf einer Straße in Vermont einem Spielzeugterrier hinterherläuft ... Sie hat eine Plastiktüte und eine Kotschaufel in der Hand und stößt schrille Schreie in die kalte Luft aus. Langsam, Pepper!

Wer würde glauben, dass du einmal ihrer Mutter einen Antrag gemacht hast!

Habe ganz herzlichen Dank für diesen verträumten Brief.

Dein Gedicht hat eine schöne Erinnerung in mir wachgerufen ... wie ich hinten im Greyhound-Bus von Oakland nach San Clemente fuhr, um meine Eltern zu besuchen. Ich rauchte und teilte mir eine Flasche 100 Proof Vodka in einer Papiertüte mit einem Schwarzen Jockey, der eins fünfundachtzig groß war! Dürr. Gott, muss er komisch auf einem Pferd ausgesehen haben. Das Beste an ihm war sein Name: Sleaze. Wir erzählten uns eine Menge voneinander, kauften in Fresno noch eine Flasche, wurden gebeten, nicht so laut zu sein, lachten, bis wir weinten, verhielten uns unanständig auf der Toilette, verstanden uns grundsätzlich prima. Er war ein Schriftsteller, sagte er, hatte das Buch noch nicht geschrieben, aber der Titel lautete *Verhaftung der Bürger*.

Er stieg in Anaheim aus (würde in ein paar Tagen auf die Santa-Ana-Rennbahn gehen). Er fragte mich, ob ich nicht mit ihm die Nacht verbringen und ins DISNEYLAND gehen wollte. Ich sagte Nein. Sehe mich, wie ich ihm da traurig zum Abschied aus dem Busfenster zuwinkte. In meinem Leben gibt es so viele verpasste Gelegenheiten ... mit Sleazy nicht ins Disneyland gegangen zu sein, gehört auf jeden Fall dazu.

Eigentlich habe ich keine Gelegenheit verpasst. Sehr glückliches Leben. Ich glaube, du und ich, wir haben eine Menge bemerkenswerter Leute kennengelernt, ganze Welten, teilen die Erfahrung, irre Sachen genauso erlebt zu haben wie schmerzhafte Zeiten in der Kindheit. Ich hatte mich verschrieben: »Kaltheit.« [...]

Oje, schon wieder ein zu langer Brief.

Alles Liebe, LOOSHA

Marina del Rey, Kalifornien
29. Januar 2004

Lieber Kenward,

tja, da war ich dabei, mich um meine eigenen Angelegenheiten zu kümmern, schaute den Enten und Möwen zu, den Bauarbeitern im Skelett eines neuen Hauses, alles Streber, bis auf einen, der einen Großteil der Zeit damit verbringt, an seiner Bräune zu arbeiten, hat einen wunderbaren Teint. Das Haus bekommt jetzt eine Etage, ist ein Haus geworden. Das passierte über Nacht, so wie du. Ich dachte, du würdest im Coconut Grove auf einer Chaiselongue vor dich hindösen, gähnen, Tapioka und Mangos essen, dann ratzfatz, haste nicht gesehen, sprudeln diese actiongeladenen Briefe nur so über vor Songs und Anrufen und Montagen, Schnitten und neuen Sequenzen, Stars sind geboren.

Wow, eine Revue UND ein Buch. Ich bin total durcheinander, obwohl ich das Gefühl habe, Jimbo und Trevor mittlerweile zu kennen. Wenn ich gewusst hätte, dass das Buch bei Trevor sein würde. Oder auch nur, dass es so bald Realität ist. Heißt die Revue *Lingoland*? (Besser als *Lingo Land*, oder?) Wie lautet der Titel des Buches? Bitte streiche nicht die Stelle mit Minimalisma und Charisma, Mooning / [Willem] de Kooning. Ich habe es zu einer Art Choo-Choo-Melodie aus Chattanooga gesungen.

Mein E-Mail-Account funktioniert seit Wochen nicht richtig. Hasse es, den Computer zur Reparatur zu bringen ... Letztes Mal hat es mehrere Wochen gedauert, ehe ich ihn wiederhatte. Mein Fernseher war drei Tage lang kaputt, es lag am Satellitenempfänger. Habe die Golden Globes verpasst, New Hampshire etc. Aber vermisst habe ich sie eigentlich überhaupt nicht, und als ich den Fernseher gestern wieder einschaltete, war alles GENAUSO. Bombe in Israel, ein in die Luft gesprengter Laster im Irak, Massenvernichtungswaffen, Michael [Jackson], Martha [Stewart]. [John]

Kerry, so gut erzogen. Kann es kaum glauben, wie schnell sich alle gegen [Howard] Dean gewendet haben. Ob zu Recht oder nicht, es hängt so viel vom Image ab. Sie wollen es auch nicht sein lassen, im Augenblick passieren nur Gemeinheiten.

Erst jetzt lerne ich, deine Briefe genau zu lesen, sie nicht nur einfach zu genießen. Der Absatz über das Drucken der Gedichte ist wunderbar, selbst schon ein Prosagedicht.

»Einige Gedichte haben und brauchen keine Zeichensetzung. Muss das überprüfen. Die Worte sehen tipptopp auf der Seite aus, und ich beginne, die Gedichte als Gedichte zu mögen, was immer das bedeutet. Sie auf der Seite zu sehen, macht sie von mir unabhängig, sodass ich sie für sich genommen akzeptieren kann, ohne mich um ihr Wohl zu sorgen oder darum, ob sie einen zweiten Blick verdient haben, die zigste Überarbeitung, eine Geschwindigkeitspille, oder ob sie rausgeschnitten werden sollten. Stilvoll gedruckt, grüßen sie mich von ihrer neuen Lebensstation, autarke Überlebende. Aus dem Haus. Auf die Seite. Schluss. Ich: mache weiter.« Toll, das zu kopieren, um zu sehen, wie die Zeichensetzung zu Rhythmus und Eleganz beiträgt. Das ist eine wunderschöne Beschreibung dessen, wie ein Gedicht *gemacht* wird.

Deine Briefe machen mich so glücklich. Schön, zu hören, dass du die Liebe, die dir gezeigt wird, annehmen kannst, und dir bewusst bist, wie sehr deine Freunde möchten, dass es dir gut geht. Du warst immer ein liebevoller Mensch, Kenward, aber ich höre, wie sich dein Herz noch weiter öffnet ... Wage ich es, das abgedroschene Wort zu benutzen: spirituell? Tja, was immer es ist – davon, von diesem Strahlen, habe ich jetzt seit mehreren Monaten geschwafelt, von diesem neuen Jubilieren, das sich in deiner Arbeit zeigt.

Gott, ich sage nichts als Abgedroschenes, verdammt. Das Beste, was mir zu MIR einfällt, ist ... sorry ... das ist jetzt ziemlich witzig. Ich kann an nichts Bestes denken! In der dritten Klasse schrieb

Schwester Cecilia in den Bericht über mich: *Lucia hat ein angenehmes Naturell.* Tja, das muss einfach reichen.

Pass gut auf dich auf. Ich HABE mich gut benommen. Fühle mich gut. Mache Yoga und Atemübungen, esse gut. Der Rücken ist immer noch schlimm, aber ich bin nicht mehr schwach oder wacklig. Du und Patty, geht ihr in der Stadt spazieren?

Jetzt, nachdem ich das gesagt habe, fühle ich mich doch schwach und wacklig! Zeit fürs Abendessen.

O nein. Die Präsidentschaftsdebatten? Rebecca Wests *Der Brunnen fließt über*. Wenn Joe sie nicht mochte, hätte er sie nach diesem Buch gemocht, denke ich.

Alles Liebe, Loosha

New York, NY
9. Februar 2004

Liebe Loosha,

am Frühstückstisch mit Madame Zapata[9] in gebrochenem Spenglisch gequatscht. Chipster (Rons Spitznamenerfindung) hat eine köstliche Eiweiß-Quiche aufgewärmt, hat gepackt und ist davongebraust. Mehr Geplauder mit Madame Zapata über ihre Dynastie. Sie stammt aus der Dominikanischen Republik und hat drei Kinder. Ihre älteste Tochter wird bald dreißig, hat auch drei Kinder. Madame Zapatas Schwester hat allerdings acht, sehr zu ihrem Missfallen.

Habe mit Chipster über Jimbos Kulisse für die Revue gesprochen. Jimbo ist nach Coconut Grove gereist, der Enklave in Miami, wo ich gelegentlich wohne. Langweiliger »Geld«-Theaterjob: Regie, Bühnenbild. Gestern hat Jimbo begonnen, das Bühnenbild für die Revue zu entwerfen, bei Tisch, wo in letzter Zeit neben dem Essen auch sonst noch viel passiert. Der Austausch hat ihm geholfen.

Seine endgültige Skizze ist phantastisch. Der Titel der Show wölbt sich zwischen zwei Gittertürmen, durch die man hindurchsehen kann, wie bei einer Veranda. Zwischen den Türmen im Hintergrund: ein Teil eines Vergnügungsparks – Achterbahn, Riesenrad. Er will Worte auf der Bühne selbst und im Himmel unterbringen – eine geschwungene Brandung, Wellen von Wörtern – Namen von Shows und Büchern, Fragmente von Gedichten und Lyrik.

Ein schönes Treffen, auch wenn wir beide ziemlich schlapp waren, weil die Energie am Ende des Tages nachlässt. Chipster saß auch mit am Tisch, fand das Fotobuch eines befreundeten Künstlers [Bill Hayward][10], bei dem Wörter hinter & unter dem menschlichen Subjekt eingearbeitet waren. Sehr hilfreich. Er hat auch das Skript von meinem Computer an Jimbos Computer gemailt, in mühsamer Kleinarbeit, in gebündelten Seiten – aber mit unerschütterlich guter Laune –, eine technische Meisterleistung, die mein Können weit überschreitet. Sein Freund ist irgendwo in Kanada, auf Tournee, was ihn nicht mal übellaunig und mürrisch macht. Er ist ein Prinz.

Zu dem neuen Wort-Material der Revue gehören vier Briefe an dich, die Jimbo wahnsinnig mochte. Sie müssen noch »justiert« werden (sein Wort für überarbeitet), damit sie klarer werden. Nicht alle jedenfalls, und ich könnte auch noch neue Briefe erfinden – je nach Bedarf – als gesprochene Brücken zwischen den Songs. Deine »Briefkampagne« trägt also saftige Früchte. Aber wenn dieser Fruchtsaft dir zuwider ist, sag bitte einfach Stopp! Außerdem wird's noch Szenen aus einem Theaterstück geben, *City Junket*, die den »Sketchen« in traditionellen Revuen entsprechen und man so einbaut: Song, Sketch, Song, Song, Sketch etc.

Heute frei!!! Morgen ein Date mit Trainer Ron (Padgett): Ein Bein ist mies, aber heute besser. Er ist so verantwortungsbewusst und konzentriert! Er kennt die Schwachstellen meines Körpers –

den genauen verhärteten Punkt eines Schultermuskels, der gerade auftaut, ganz langsam, dank seiner Dienste. Er freut sich so über meine Fortschritte. Ich kann länger stehen, Bewegungen schneller wiederholen. Ein großherziger & strenger Körpermentor. Voll bei der Sache.

Ich überlege noch immer hin und her, ob ich im April mein über-siebzigjähriges Selbst den zahlenden Kunden präsentieren soll, deren Erwartungen voll und ganz befriedigt werden müssen. Jimbo hat eine Nische auf der linken Seite des Bühnenbilds entworfen – mein intendierter Schreibtisch –, wo ich (meiner Vorstellung nach) auf einem Laptop herumtippen und meine Briefe an dich vorlesen kann.[11]

Aber ich muss immer noch mit den Darstellenden singen, Horror, Horror, und mich auf der Bühne bewegen, so behände wie möglich. Raus! Schnell weg! Nur weg hier!

Aber meine Komfortzone beginnt sich Zentimeter für Zentimeter zu erweitern. Ich glaube, ich kann »They«[12] singen – und vielleicht noch ein oder zwei oder drei weitere Lieder, zwei pro Auftritt.

Also muss ich eine Rolle für mich selbst erfinden, die nicht falsch oder süßlich-verrückt ist, damit ich mich nicht verpflichtet fühle, »ich selbst« zu sein – was unmöglich wäre. Ich habe mir ein halb erfundenes »Ich« für Auftritte zugelegt, eine minimale Performance, die darauf beruht, dass meine Stimme so ehrlich wie möglich mit den Songs umgeht. Gelegentlich habe ich versucht, zu »performen« – und habe mich verstellt, es wirkt übel angeberisch. Es ist ganz heikel, meine Nicht-Performance so zu stabilisieren, dass sie im Rampenlicht rüberkommt. Ein Hilfsmittel ist ein Ansteckmikrophon. Das wäre eine große Hilfe, auch wenn es technisch mit der vierköpfigen Besetzung austariert werden müsste, die keine Mikrophone braucht.

Als ich gestern auf Jimbo wartete (er kommt immer zu spät und entschuldigt sich dann immer ausgiebig), begann ich Bill Berksons neues Buch zu lesen – seine Kunstkritik. Erstaunlich, was für eine schöne Prosa. Seine Style-Daddys sind John Ashbery, Frank O'Hara und Edwin Denby[13] (zu Tanz). Trevor Winkfield kam eines Tages vorbei, als seine Ausstellung in Uptown kurz vor dem Ende stand, und beschwerte sich über das Feedback, vielleicht weil sie sehr, sehr positiv in der NY Times, dem NY Observer und einem dritten Blatt besprochen worden war. Große Zuschauerherden. Er kann es verständlicherweise nicht ausstehen, wenn Besucher in der Galerie zu ihm kommen, eine allgemeine Freundlichkeit von sich geben und ihn dann fragen, wie die Show läuft, was die Verkäufe angeht.

Er erinnerte sich neidisch an eine Probeaufführung der *Grasharfe* vor 26 Jahren im York Theatre und daran, wie der Applaus in die Höhe schoss, als Jimbo (in seiner Ansprache vor dem Vorhang) meinen Namen nannte & mich aufforderte, mich zu verbeugen. Das hatte ich vergessen – diese Show hat ihre treuen Fans, die sowohl auf den Text als auch auf die Musik achten – ganz anders als fast alle Opernbesucher.

In einem weiteren Beschwerde-Reigen habe ich mich bei Chipster über die Theaterkritiker beschwert und darüber, wie platt sie schreiben. Mit Ausnahme von George Jean Nathan (vor Ewigkeiten) und eines Briten, dessen Name mir entfallen ist, der jung an den Folgen von Alkohol starb und brillant für den *New Yorker* geschrieben hat.[14]

[…] Ich hoffe, dein *mouf* (Firbank'sche Schreibweise) ist schmerzfrei und die blauen Planen bieten dir weiterhin täglich einen inspirierenden Augenschmaus …

Alles Liebe, Kenward

New York, NY
29. April 2004

Liebe Loosha,
das Doppelfest[15] zum 75. ist vorbei! Bis in die Morgenstunden wach, aber 7:30 Uhr, die Sonne scheint, der Morgen dämmert jeden Tag früher, Zeit, loszulegen. Ich habe mich bei beiden Festen bestens amüsiert. Die Fete im Poetry Project war gut besucht, ein paar hundert Seelen in den Kirchenbänken. Mr. Oz hat alles päärfekt arrangiert, das Abendessen davor, in einem privaten Gastraum, ein altes italienisches Lieblingsrestaurant von Joe und mir, das Beatrice Inn. Wir 14 haben uns prima verstanden, mein Date war Brenda Lewis, die erste Lizzie Borden, noch mit Anfang achtzig ein echter Knaller, schönes Haar, gute Wangenknochen, Esprit ohne Ende, erstaunlich klare Erinnerungen: mutig, klug und scharfsichtig, aber mit viel Herz und Verstand. Bin mit Brenda in einer Limousine zur Kirche gefahren, haben unterwegs Jean Boulte zu Hause abgeholt, der so gebrechlich geworden ist und nur noch ein Auge hat. Unterwegs versank Brenda in Erinnerungen an Brasilien, an das Opernhaus zu einer Zeit, bevor Jean überhaupt geboren war: »Diktator an der Macht«, ein langandauernder Klassiker, der um neun Uhr begann, mit einer Pause fürs Abendessen. Sie musste für die letzte Szene, in der sie war, wieder aufstehen – um zwei Uhr morgens. Sie sang *Carmen* (eine ihrer Lieblingsrollen).

Sie fand *Lizzie Borden* entsetzlich (NYC Opera). Ihre Ehe zerbrach, während Brenda die Rolle einstudierte, und das tat sie wirklich, nämlich indem sie ihre Interpretation bis ins kleinste Detail plante, komplexe Ambivalenzen, familiäre Hassliebe in ständiger Bewegung. Damals war ich schüchtern und zurückhaltend gegenüber einem herrischen Komponisten, beim zweiten Mal muss ich wohl selbstbewusster gewesen sein. Außerdem ermöglichte das Interview für die Website, dass mein Diva-Innenleben mit ihrem

Diva-Innenleben kommunizieren konnte, sodass sie ein Gesicht vor Augen hatte, mit dem sie ein paar freche Gespräche führen konnte.

Ein Höhepunkt der Fete war Chip. Ich habe den Brief an dich (aus dem er lesen sollte) für ihn umgeschrieben.[16] Er folgte auf sein neues Liebes-Sonett. Der Lyrik-Teil kippte manchmal fast ein wenig ins Langweilige, aber Chip hat es mit großer Würde gemeistert. Gute Präsenz, Betonung, ganz natürlich und keine Spur von Bühnensteifheit oder, alternativ, von Selbstgefälligkeit. Ebenfalls großartig war Bill Bamberger im ersten Teil (Kollaboration). Ihm war nicht bewusst gewesen, dass er auch zu den Beiträgern gehörte: Sehr herzliche Improvisation darüber, wie sehr er mein Werk liebt, wie er mich dann kennengelernt hat und dabei große Angst hatte, dass Ich-als-Person einen störenden Einfluss auf seine große Zuneigung zu Mir-als-Sprachkünstler haben würde. Er forderte die Zuhörer unmissverständlich auf, sich auf meine Worte einzulassen und das Herz in ihnen zu spüren. So gefühlvoll seine Worte, aber keine Spur von Schwärmerei. Stählerne Gewissheit.

Ron zeigte sich als großartiger, eleganter Redner über die Zusammenarbeit von Künstlern und es folgte ein sehr bewegendes Joe-und-ich-Resümee. Anselm Berrigan[17], ein absoluter Held, las aus *Bare Bones*: starke Präsenz. Anne Waldman las ein weiteres Mal aus *City Junket*, den Monolog von Steel Genius, und sang den »Woolworth Song« (die erste Melodie, zu der ich mir vor langer, langer Zeit den Text ausgedacht hatte, als ich am Strand von Westhampton spazieren ging, wo ich gerne sang, während meine Stimme vom Meeresrauschen befeuert wurde). Mary Kite & die temperamentvolle Karen Koch (die Witwe von Kenneth) wurden zu Nuschlerinnen, aber Anne, ein Showgirl von früher, machte ihre Sache gut. Und der große John Ashbery stolperte auf das Podium, um ein Stück aus den *Orchid Stories* zu lesen.[18] Wegen seiner Atemprobleme schwer zu verstehen, aber einen Abschnitt, in dem das Wort »beets« wiederholt wurde, hat er mit kluger komischer Souveränität hinter sich gebracht.

Sehr kurze Pause. Dann die Songs. […]

Steven Taylor und ich sangen das schöne, unscheinbare Gedicht-Liedchen »And I Was There«, das ich vor langer Zeit geschrieben hatte. Und dann sangen die vier Sänger plus Steven und mir (in einer Reihe) Claibes Marsch »Yellow Drum« aus der *Grasharfe*.

Und schon hatten wir es geschafft. Gemeindesaal: Essen & Wein. Niemand sah sich das *Die-Möwe*-Video von Bill Weir Jr. an.

Viele Weirs sind aufgetaucht – und haben mich nicht so sehr in die Mangel genommen wie erwartet. Ich hatte die langen Reden in den Gemeindesaal zum Essen und Trinken gepackt, unter der Bedingung, dass es zwei Braten geben würde … Gordon Weir, Diabetes-Arzt, erzählte, wie ich ihn zu einem französischen Flugzeugträger mitgenommen hatte, und er argwöhnte, mein unerwartetes Interesse an Kriegsschiffen habe auf der Möglichkeit beruht, mir süße französische Seemänner anzusehen … genau richtig, und ein guter Lacher. [Großneffe] Chester Weir, jugendlicher Traummann, frischgebackener Architekt, ein bisschen überschwänglich … Aber es waren junge Leute da, die sich auf seinen Respekt vor einem vorbildlichen Roadster, ich meine Oldster, einstimmen konnten. Er hat eine Freundin, lebt in Seattle auf einem Hausboot, das er selbst entworfen hat … und dorthin ist er auch unterwegs.

Zeit fürs Frühstück. Der Zucker ist durch die Decke, zu viel Geburtstagskuchen im Kühlschrank von der Fete. Ron hat mir heute Morgen frei gegeben (bin gegen zwei ins Bett, nach netter Unterhaltung am Tisch in den frühen Morgenstunden mit Chipster und seinem süßen Partner Colin), also heute keine Sit-ups etc.

Mr. Oz hat auf dieser Reise eindeutig unter Beweis gestellt, wie sehr er mich mag. Er hat so viel arrangiert, was er zugegebenermaßen auch im Alltag tut, aber trotzdem. Ich werde ihn heute Abend an einen sehr schönen Ort zum Essen ausführen und versuchen, meine Kalorienzufuhr zu begrenzen. Chipster und er verstehen sich jetzt besser, fangen tatsächlich an, sich zu mögen, mich als Vermittler zu vergessen, und auch der Beschützerinstinkt schwindet – und das ist auch gut so …

Zeit für ein vernünftiges Frühstück (Toast mit Knoblauch und Jalapeño & Kaffee).

Unser Telefongespräch hat mir so gut gefallen … Ich rufe dich bald an, sobald ich mich in den Status eines 75-jährigen Flachländers eingewöhnt habe.

Alles Liebe, Kenward

Marina del Rey, Kalifornien
24. Mai 2004

Lieber Kenward,

ich schicke das hier nach Calais. Habe nichts gehört, aber es scheint etwa die richtige Zeit dafür zu sein. Hier ist Sommer. Ich habe es diesen Morgen gehört. Letzten Dezember, als ich einzog, konnte ich an drei Seiten mehrere Straßenzüge weit die Höfe einsehen, in Fenster und schmale Gassen hinein. Der Frühling war schön, weil jeden Tag irgendwo etwas Neues blühte und die Leute mehr ausgingen, sodass ich herausfinden konnte, wer wo wohnt. Plötzlich sind Bäume und Büsche dichter geworden, und ich schaue ins Grün hinunter. Laubbäume und Büsche verdecken meine Sicht in die Häuser und Höfe, verleihen dem Viertel etwas Weiches und Wogendes, besänftigen es nicht nur visuell. Das Laubwerk dämpft Geräusche, Hundegebell, Radios, Hämmern. Weil alle nahen Geräusche überdeckt sind, sind Freeway und Meer laut.

Es hat mir wirklich gefallen, diesen Wechsel der Jahreszeiten zu beobachten. Sicher, dass es keinen echten Herbst gibt?

Ich hatte eine Monster-Bürokratie-Woche, Arbeit mit der Medicare-Apothekenkarte, dem Seniorenrabatt, dem Seniorenwohnen. Es gibt viele Büros wie CIA, FBI, Heimatschutz, die sich gegenseitig überschneiden, niemand kennt den richtigen Ort, und kein Ort scheint der richtige. Jetzt sagen sie dir am Telefon nicht mehr, du sollst eins für Bananen, zwei für Kirschen wählen etc. Sie fordern dich auf, deine Auswahl langsam ANZUSAGEN. Ich bekam solches Lampenfieber, dass ich meine Chance verwirkte und immer wieder neu anrufen musste. Mist.

Ich bin sauer auf Dan. Er behandelt mich wie eine Idiotin. Na ja, nein, das macht er nicht, aber er wird richtig ungeduldig. Ich verhalte mich ja tatsächlich bescheuert. Ich lasse mich so leicht von Agenturen und jeder Art Autorität einschüchtern. (IHM zufolge!)

Alles wird gut. Das weiß ich. Ich bekam einen riesigen Schreck, als ich mich mit der Tatsache konfrontiert sah, dass das Geld des Stipendiums im Dezember ausläuft. Totale Panik. Habe mich zusammengerissen. Was ich jetzt fühle, ist Dankbarkeit für einen so großen Segen. Ich weiß nicht, wie ich die Krankheit ohne Hilfe hätte durchstehen sollen. Ich weiß, du wirst sagen, du hattest damit nichts zu tun. Tja, danke dir und wem immer von ganzem Herzen.

Alles wird gut, wenn ich mir erstmal über Medicare/Medicaid klar geworden bin. Sachen wie $ für Rezepte haben sich geklärt. Es ist wirklich besser, dass ich WENIGER $ habe, weil das meiste für Arztrechnungen draufgeht. Der andere Brocken geht für die Miete drauf, aber ich melde mich auch für [die Mietwohnungshilfe] Section 8, was mir diesbezüglich helfen wird.

Mir bleibt noch viel Zeit, zu sehen, welche Wohnungen verfügbar sind etc. Dan will einen Trailer kaufen, und ich bezahle den Parkplatz. Meinen Trailer in Colorado habe ich geliebt, ich bin nicht sicher, warum ein Leben hier in einem Wohnwagen bei mir eine Reaktion auslöst. L. A. scheint so schäbig zu sein, und ich glaube nicht, dass dort Rehe und Hasen herumspringen werden.

Na ja, wir werden sehen. Dan sagt, es WIRD mir gefallen. Da wurde ich wütend auf ihn. Er ist in Las Vegas, rief an, um Hallo zu sagen.

Habe an dich gedacht, als ich am 29. Mai eine Spezialausgabe zu Elaine Stritch las.

Freue mich auf einen baldigen Brief. Ich vermisse die E-Mails von Chip. Habe immer noch Probleme mit meinen E-Mails, meine an ihn sind zurückgekommen, also richte ihm bitte meine herzlichsten Grüße aus.

Alles Liebe, LOOSHA

Marina del Rey, Kalifornien
16. Juni 2004

Lieber Kenward,[19]

es ist kindisch von mir, dass ich nicht in der Lage bin, dir einen Brief zu schreiben, ohne einen von dir zu haben, der mich entfacht oder inspiriert. Ich vermisse es, von dir zu hören. Ich werde dir trotzdem schreiben, denn vielleicht vermisst du es, von mir zu hören. Ich weiß jetzt wieder, warum es mir schwerfällt … du bist von uns beiden derjenige mit Neuigkeiten.

Allerdings habe ich insofern Neuigkeiten, als meine lieben Nichten hier waren. Monica hatte H dabei, diesen deutschen Ehemann, aber er ist witzig und mittlerweile auch netter. Andrea hat ein zweijähriges Kind, das charmanteste und liebenswerteste, das es je gab. Sie waren nicht so lange hier, aber wir haben überall lecker gegessen, sind herumgefahren und haben uns Sehenswürdigkeiten angeguckt und mit Leuten geredet. Die beiden Frauen sind immer noch umwerfend, ziehen Menschenmengen an. Der Ehemann musste arbeiten, machte den Ton für einen mexikanischen Film, wir drei Girls redeten stundenlang. (Jonas und ich machten ein Nickerchen, und sie redeten einfach weiter, lachten, holten sich Take-away beim Chinesen, schauten Videos und benutzten uns als Kissen.) Morgens vor dem Kaffee und der Zeitung gingen wir auf dem Pier spazieren wie in Mexiko.

Ich glaube wirklich, dass das knappe Jahr in Mexiko mit meiner Schwester Molly [Brown] die glücklichste Zeit meines Lebens gewesen ist. Wir sind einander so nah gewesen, haben wirklich jeden einzelnen Tag genossen. Ich liebte die Küsse und Umarmungen von allen, Großmüttern, Tanten, Onkeln, Cousins ... aufrichtig warmherzig. Es war schön für mich, dass all diese Leute, die mich lieben, mich nicht als Trinkerin gekannt hatten; bei meinen eigenen Söhnen, die mir genauso nah sind, werde ich meine Gefühle der Reue nie los darüber, dass ich ihnen keine bessere Mutter gewesen bin.

Ach, jetzt ganz bestimmt nicht. Mark ist obdachlos, hat beschlossen, am Strand zu leben. Schläft in einer schmalen Gasse hinter Windward Way. Er behauptet, dieses Leben zu lieben. Vielleicht habe ich dir das schon erzählt. Er schreibt ein Buch über Obdachlose. Ich bete, dass es ihm gelingt, trocken zu bleiben, damit er es schafft. Er ist ein guter Schriftsteller, es könnte großartig sein.

Die Mexikaner waren in der Reagan-Woche[20] hier, Gott sei Dank. So blieb ich in Kontakt mit der Wirklichkeit ... erinnerte mich an die Iran-Contra-Affäre etc. Los Angeles war belagert, wie Mekka während des Ramadan. Horden von Trauernden Stoßstange an Stoßstange auf den Freeways, wehende Fahnen. Ich verstehe es nicht. Wie können die Leute ihn so bewundern? Sie wollen ihn auf den Zehndollarschein setzen? Ich verabscheue die Medien. Wie sich herausstellt, besitzt General Electric 80 % von NBC, mit der Aussicht, acht Millionen am Wiederaufbau Iraks zu verdienen.

Noch ein Grund, die Nachrichten zu verdrehen ... Ich glaube nichts mehr davon.

Der Gefängnisskandal hatte sich rechtzeitig erledigt ... dann ernennt Bush einen der Männer, die das *autorisiert* hatten, als RICHTER. Tom Brokaw[21] rutschte heraus, dass es Bestrebungen im Senat gebe, ein Gesetz zu verabschieden, das es auch Menschen, die nicht in den USA geboren wurden, erlaubt, für die Präsidentschaft zu kandidieren. Gott sei Dank, werde ich nicht mehr hier sein, wenn Schwarzenegger Präsident wird.

Pause, um ein quälendes Laker-Piston-Spiel zu sehen. Baseball ist verdorben ... es war wirklich einmal die eine wahre amerikanische Institution, die es noch gab, das Geld hat es vollkommen verdorben. Basketball ist noch okay ... außer, dass meine Mannschaft verliert. Ach, Kenward, das Leben ist so brutal!

Die Lakers haben verloren. Die Detroit Pistons sind US-Champions. Sie waren toll. 21 Uhr. Ich schlafe fest.

Halt mich über die Dinge in Calais auf dem Laufenden. Kommt ihr beiden, du und Chip, gut miteinander aus? Es klingt, als wäre er wieder auf Mr. Oz eifersüchtig. Gehst du mit Patty spazieren? Wie geht es dir gesundheitlich? Was liest du? Was siehst du in der Glotze?

Alles Liebe, Loosha

Calais, Vermont
25. Juni 2004

Liebe Loosha,

ich habe meinen Arbeitsplatz vom Außenhäuschen ins große Haus verlegt – in Joes ehemaliges Studio, mit Blick auf den großen Teich, von weit oben. Heute granitfarbener Himmel. Der Wasserfall ist zu einem Rinnsal zusammengeschrumpft.

In einer halben Stunde bin ich mit Ron verabredet: Muss die Angst vor dem Laufband überwinden.

Mr. Indonesien ist vor ein paar Tagen aus heiterem Himmel aufgetaucht: Jimmy Tampubolon – auf Sulawesi, der Gewürzinsel, von der er stammt, war er dank der holländischen Landbesitzer technisch gesehen ein echter Prinz, dessen Tante & Onkel, ebenfalls mit einem Titel versehen, in einer Berghütte lebten und auf »ihr« Lehensgut herabblickten. Die Dorfbewohner brachten ihnen Essensgaben, sodass sie nie hungerten, und aufgrund ihrer feudalen Stellung blieben sie von jeglicher Fronarbeit verschont. Dank der Niederländer führten sie in Jakarta ein vornehmes, westliches Leben: mit bequemem Regierungsposten, Luxusvergünstigungen, Nachmittagen im Golfclub. Doch durch die Unabhängigkeit wurden sie zu Kollaborateuren und Ausbeutern degradiert.

Jimmy hat perfektes weißes Haar, einen Clownskörper, ein Melonengesicht. Strahlend weiße Zähne. Ich habe ihm verboten, mich zu besuchen, aber er hat die E-Mail nicht bekommen.[22] Jetzt heißt es erst mal eins nach dem anderen. Er macht sich gerne nützlich, deshalb sitze ich an einem großen Schreibtisch, die dicke Katze Rilke am Fenster ausgestreckt, das Fax- & Kopiergerät links von Rilke steht bereit. Ich habe mich zusammengerissen und meinen Sommerplan getippt, nach dem ich meinen Alltag ausrichten sollte. Künftige Pflichten aufzuschreiben, kann ein ganz wunderbarer Verweigerungsmechanismus sein. Finito! Das ist erledigt! Und die eigentliche Arbeit huscht davon – sie auf Papier zu bannen, genügt.

Zwei Auftritte, auf die ich mich vorbereiten sollte:
1. Milwaukee.[23]
2. Robert Wilson Land[24], Bridgehampton, Long Island, Unterricht für Theaterstudenten + eine Soloshow, die ich *Agenda Melt* nennen werde. Unglaublicher Brief von Bill Bamberger über mein Buch. Er war nicht enttäuscht, dass

es so allgemein und etwas zusammengewürfelt ist. Ganz im Gegenteil.

Habe zwei Geburtstagsgedichte geschrieben. Für Chip. Und Ron. Ich warte immer noch darauf, dass ich mich »angekommen« fühle, nicht mehr wie kurz vor dem Aufbruch, wie ein zwitschernder Vogel auf einem wackligen Ast.

Nach dem anstrengenden Laufband-Training mit Ron hat sich gezeigt, wie feinfühlig er gegenüber geliebten Freunden, die in die Jahre gekommen und verzweifelt sind, und gegenüber Verlusten durch Todesfälle ist. Ich bin erleichtert, dass Bill Berksons neue, gerade implantierte Lunge zu hundert Prozent funktioniert. Ron berichtet, dass Bill wieder zu seinem alten, munteren, fröhlichen, leichten Wesen zurückgefunden hat. Ich vermute, dass Ron sich deshalb auch als Trainer meiner angenommen hat, damit ich länger durchhalte, trotz meiner Vorliebe für rückhaltlose Schlemmerei zu Tisch. Zur Belohnung massiert er mich! Keine perverse Homo-Erotik: Seine konzentrierten Hände versetzen ihn in einen Trancezustand, den auch ich an manchen Tagen teile.

Nun, ich weiß nicht, was ich mit Jimmy machen soll. Er hat sich ein Touristen- und Arbeitsvisum erschwindelt, das viele Jahre lang gültig ist. Als er mit mir durch alte Fotos stöberte, stieß er auf eines, das er geschossen hatte: meine Stiefmutter & Halbschwester vor langer Zeit in Palm Beach. Prinz Tampubolon hat mich an der Ostküste von Florida herumgefahren. Ich hatte mir in den Kopf gesetzt, in Florida zu leben, um die Steuern in New York & New York City und die Winter in der Stadt zu meiden. Ich wollte wohl der steuerlichen Gewitztheit meines Vaters nacheifern: Selbstexil in einem milden, heißen Steuerparadies. Er wurde zum Segler auf den Bahamas, ein nicht ansässiger Ausländer, und vermied jegliche Einkommenssteuer, sehr zum Verdruss meiner Schwester Cynthia. Sie glaubte an die Aufrichtigkeit gegenüber dem Staat. Hat in D. C.

für Abtreibung demonstriert etc., gegen Vietnam. Vom Vassar Girl zur Sozialarbeiterin.

Die Gespräche mit Jimmy finden in Pidginenglisch statt, was manchmal sehr erfrischend ist. Er kennt sich sehr gut mit Maschinen aus, die mich einschüchtern & wütend machen. Für Faxe etc. Jetzt funktioniert tatsächlich alles. Zeit für Ron. Training. Er hat eine Sommererkältung, die er an Pat weitergegeben hat. Das Abendessen, zu dem die beiden mich und Jimmy eingeladen haben, was sie ohnehin nicht tun sollten, wird verschoben.

Ein anderer Tag, ein anderer Schmerz.

Habe meinen Sommerplan abgetippt und ihn Jimmy gezeigt. Er wird in Vermont bleiben, bis meine Pflichten an Fahrt aufnehmen – noch zehn Tage? Woche vom 12. Juli: Jimbo und Janet [Watson] (Choreographin) kommen her, um *LibrettoLand*, die Yorker Revue, »durchzusprechen«. Der Flyer für die Revue & das Spielzeit-Programm für das York Theatre gehen raus ins »echte Leben«.

Jimmy fliegt zurück nach Jakarta: kein Platz im Inn. Dicke Tränen, an mich geklammert. Ron betont sehr streng, wie schlecht er für mich war: ein Diener, der meine Schwächen ausnutzt. Beispiel: Jimmy bückt sich, um die Schnürsenkel meiner Turnschuhe zu binden, ohne Sinn für Erniedrigung. Ganz selbstverständlich! Zum Teil bin ich der White Boss, zum Teil ist es Respekt vor dem Alter – die tief verwurzelte indonesische Kultur: *Ehre & bewahre die Alten*. Faszination / Abneigung – meine altmodische Verlegenheit bei seltsamer Nähe kocht ohne Vorwarnung hoch. […]

Ich sollte seine Höhen und Tiefen aufschreiben, um sie in meiner Birne ordnen zu können. Gestand mir, dass es ihn traurig mache, wie alt ich geworden bin, wie krumm meine Beine sind & wie gebeugt ich jetzt gehe.

Alles Liebe, Kenward

Marina del Rey, Kalifornien
3. Juli 2004

Lieber Kenward,
dein Brief hat mich so traurig gemacht. Du scheinst nicht in Calais zu sein, sondern vertrieben, obdachlos. Normalerweise erholst du dich doch auf dem Land, an deinem Ort, auf sehr physische Weise.

Du bist so nett ... würdest nie zugeben, was für eine Zumutung Jimmy war und wie sein Besuch deinen Rhythmus und deine Seelenruhe beeinträchtigt hat. Ich glaube, das war sehr schwer für dich, hoffentlich ist er mittlerweile abgereist. Gott sei Dank, gibt es Ron und Patty, die dich immer lieben und beschützen werden.

Gratulation zu den körperlichen Fortschritten. Diät ist schrecklich. Ach, es ist so hart. Mir geht es gut bis sieben Uhr abends, dann heißt es Ben & Jerry's oder ein Brownie und ein Glas Milch ... Was, keine Süßigkeiten im Haus? Dann müssen Erdnussbutter und Wackelpudding reichen.

Ich arbeite hart daran, zu einem Leben nach dem Dichter-Stipendium von Z Press überzugehen. Fange an, Geld für die Steuerzahlung im nächsten Jahr zu sparen. Habe mich wegen der Apothekenrechnungen über die Medicaid-Karte beraten lassen ... hoffentlich und wegen Seniorenwohnungen. Der Berater sagte, ich müsste $350 für die Miete aufbringen, das würde dann ein Gruppenhaus für Senioren bedeuten.

Ich würde so gern in eurer Gruppe in Calais wohnen! Die Gruppenhaus-Idee macht mich trübsinnig. Habe früher oft Patientinnen und Patienten in Gruppenhäusern besucht, schien nicht so schlimm zu sein. Ich habe so lange allein gelebt, dass ich nicht weiß, wie das Zusammenleben mit *einer* Person funktionieren wird, geschweige denn, mit *mehreren*. Allein das Wort ... GRUPPE ... vollgestopft und aufdrängend. Tja, wir werden sehen, ich habe schon erste Anrufe getätigt, werde irgendwas auftreiben. Bisher keine freien Plätze.

Ich bin also trübsinnig. Helene Dorns[25] Tod war hart. So viele von uns, enge Freunde aus dieser Zeit, sind in den vergangenen ein, zwei Jahren gestorben.

Jugend ist allerdings auch okay. War nie so »scharf« auf Tennis, war aber mit der Suche nach einer Wohnung beschäftigt, als Wimbledon stattfand, und schaute mir das Spiel der Russin [Maria Sharapova] gegen Serena Williams an. Es war so schön, ein herrliches Spiel, ihre Anmut, ihre Freude. Ich fühlte Dankbarkeit, Zeugin dieses jugendfrischen Triumphs sein zu dürfen.

Ein hübsches Detail aus diesem Spiel ... das Geräusch. Serenas raues Keuchen, lautes Stöhnen, Marias glucksendes, kindliches Lachen. Ziemlich hübsch.

Ich habe dich gern, und mir geht es besser. Wenn ich doch nur ein paar faule Nachmittage mit dir verbringen könnte.

Alles Liebe, LOOSHA

Calais, Vermont
6. Juli 2004

Liebste Loosha,[26]

Prinz Tampubolon weiß, wo du in Marina del Rey wohnst. Er ist gerade abgeflogen und wird dich anrufen, wenn er bald in La-La-Land ankommt. Er hat eine Arbeitserlaubnis und hofft, über einen indonesischen Vertreter in L. A. eine Stelle bei einer älteren Person zu finden, die eine Haushaltshilfe braucht.

Deshalb habe ich an dich gedacht. WENN du findest, dass er hilfreich wäre und zu dir passen würde, lasst es mich wissen. Er ist gutherzig, zuverlässig, hat Respekt vor den Alten, lacht gern, hat eine gutmütige, schelmische Ader, ist fasziniert von den Vorzügen häuslicher Ordnung, kann gut Auto fahren und mit Computern umgehen. Wenn du also Lust hättest, ihn zu treffen, käme er vorbei, und wenn du es dir nach einer Kennenlernphase Schritt für Schritt mit ihm vorstellen kannst, dann steht er dir zur Verfügung und sucht sich eine eigene Wohnung. Bitte lass mich seinen Lohn übernehmen – wie hoch er auch ausfallen mag. Der feudale Aspekt bei der ganzen Sache stört ihn nicht, wenn er dich nicht stört, und meiner Meinung nach sollte es das auch nicht. Die Vorstellung, dass sich ein vertrauenswürdiger Prinz aus Sumatra um dich kümmert, würde mich beruhigen.

Sollte die Sache mit Jimmy eine ganz schlechte Idee sein, kann er weiterziehen zu seinem geheimnisvollen indonesischen Agenten. Oder sich die Zeit aufteilen zwischen dir & dem Kunden des Agenten.

Trainer Ron ist sauer auf mich, weil meine Augen von der Allergie ganz schleimig sind, und ich taste mich mit milchigem, keltischem Dämmerungsblick durch die Gegend. Ich habe zu den Tropfen gegriffen, die Jimmy mitgebracht hatte, mit einer unleserlichen Beschriftung auf Indonesisch, die ein paar Tage lang geholfen haben. Ich wollte fit sein für ein Festessen am 4. Juli, bei dem mir Jimmy viel geholfen hat – KFC, extra-knusprig. Geräucherter Schinken aus Vermont. Frische Erbsen, perfekt. Am Tisch Erbsen zu schälen, versetzt mich ins Nirwana. KFC-Kartoffelpüree. Drei verschiedene Salate. Richissimo-Schokokuchen. Kirschen. Weintrauben. Danach wurden auf dem Rasen Wunderkerzen gezündet, die Sohn Wayne & sein irisches Mädchen Shuvaughn[27] mitgebracht hatten. Ein wunderbarer Abend.

Ich hoffe, du hattest einen wilden 4. Juli,
alles Liebe, Kenward

PS: Ich habe versucht, dich zurückzurufen[28] … habe aber nur ungültige Nummern. Ich werde mich an Chipster wenden.

CALAIS, Vermont
6. Juli 2004

Liebste Loosha,

ein ruhiger, sonniger, leicht feuchter Morgen. Von meinem Schreibtisch blicke ich durch acht längliche Fenster auf den Teich mit den Teichrosen. Ich bin für ein Training mit Ron um zehn Uhr angezogen, unsere übliche Zeit, aber vielleicht bringt er Patty, tschu-tschu, zum Zahnarztbesuch in NYC, vor dem sie sich fürchtet. 16 Uhr? Ich bringe in letzter Zeit ständig die Zeiten durcheinander.

Die Haushälterin ist aufgetaucht: Im Haus herrscht ernsthaftes Chaos – von Jimmys Besuch. Gestern Abend haben mich Ron & Pat abgeholt und sind mit mir in ein Restaurant des Culinary Institute – so leicht zu übersehen – in Downtown Montpelier gefahren. Schickes Essen. Ron hat sich zurückgehalten, während ich eine Crème brûlée verschlungen habe. Kap-uTschino (weiß nie, wie man es auf Italienisch schreibt) nicht so cremig wie der von Ron: seine meisterhafte Spezialität, garantierter Höhepunkt jedes Dinners.

Ich habe ein wenig von Andy Warhol erzählt, und zwar anlässlich eines zu beantwortenden Briefs von der Verwalterin seiner Videos im Whitney Museum. Damals bewohnte ich ein Mietshaus in einer Seitenstraße, 28 1/2 Cornelia Street, ein paar Häuser von dem Ort entfernt, an dem einst der große W. H. Auden gelebt hat. Zwei Stockwerke, schmales Haus. Das Zimmer in der ersten Etage hatte eine gute Größe, das Schlafzimmer in der zweiten Etage war klein und grenzte an eine Abstellkammer, die als Schreibzimmer diente. Ich »ging« damals mit Andy, meistens sahen wir uns in der Factory, einem Loft, in dem sich das Geschehen um ihn herum abspielte, und ein paar Mal auch bei ihm zu Hause – ein Durcheinander von Besitztümern in aufgestapelten Kartons.

Er drehte ein Video von mir, kam mit seinem Gerät in die

Cornelia Street – und da sich dies in den Tagen der schlüpfrigen Real-Life-Performances, der Chelsea Girls, der Dragqueens und Nacktheit abspielte, dachte ich, ich müsse etwas leicht Schockierendes tun, um seine Aufmerksamkeit als Filmer zu rechtfertigen. Also schmachtete ich mit nacktem Oberkörper auf meinem Bett im zweiten Stock, zusammen mit meinem Whippoorwill, der am Vortag nichts zu fressen bekommen hatte. Ich pflasterte meinen damals spindeldürren Oberkörper mit Fetzen roher Hamburger, und das war meine Vorstellung von anrüchigem Bildmaterial, um Andys Videokamera am Laufen zu halten. Ich habe das Ergebnis einmal gesehen. Ziemlich umwerfend. Er beließ den Teil mit dem Hundeschmaus im Negativ, in Schwarz-Weiß, sodass Whippoorwill ein anmutiger Geisterhund wurde, weißlich, umgeben von Schwarz, der sich mit schwanenartiger Grazie an Körperfleischklumpen labt.

Ich muss Andys Film irgendwo und irgendwie gesehen haben, denn dieser Abschnitt schien mir Zeit und Mühe wert zu sein. Patty und Ron haben die Kuratorin getroffen, sehr nett, meinen auch sie, also werde ich einen Termin vereinbaren, um den Film anzuschauen & sie zu treffen.

In meinem Terminkalender von 2004 habe ich vermerkt, dass James Morgan, der Dirigent vom York Theatre, und seine Choreographin Janet Watson diese Woche zu Besuch kommen, um ausführlich über die Revue zu sprechen, die immer noch den Titel *LingoLand* trägt. Samstag: JetBlue nach NYC – Lehrauftrag & Auftritt in Bridgehampton, Long Island, im Robert-Wilson-Emporium. […]

Gott sei Dank, ist deine Zeit der Abkapselung vorbei!

Tut mir leid, dass ich kurz dachte, Prinz Jimmy könnte dir eine Hilfe sein. Dumm. Er hat gerade angerufen. Braucht Geld, um weiterzureisen. Szenario: Schicke Scheck an Chipster z.H. Jimmys

& hoffe, er schafft es nach Hause, wo auch immer ein Ex-Prinz zu Hause ist.

Alles Liebe, Kenward

Marina del Rey, Kalifornien
16. Juli 2004

Lieber Kenward,

so lieb dein Vorstellungsbrief für Prinz Tampubolon. Unglaublich. Meine Reaktion auf seine Ankunft wäre eine völlig andere gewesen. Was mich wirklich traurig macht, ist, dass ich viel großzügiger und gastfreundlicher gewesen wäre. Ich schickte ihn sofort zu seinem Agenten aus Samoa.

Schlechtes Timing, in jeder Hinsicht. Ich war unter der Dusche, als er unten klingelte. Ich ließ ihn in die Eingangshalle, hatte gehofft, angezogen zu sein, bis er oben wäre, aber er war schnell und kam gleich in die Wohnung, ein Teil des Zimmers füllte sich mit seinen Taschen. Ich war zu verlegen, ihn zu bitten, draußen zu warten, bis ich mir meine Anziehsachen geholt hätte, also zog ich einfach wieder meinen Pyjama an und kam aus dem Bad. (Meine Haare klitschnass.) Dann gab es ein großes Hallo und alles war sehr angenehm. Er ist wirklich charmant. Er ist ein echter Prachtkerl!

Aber als Erstes sagte er, dass du ihn zu mir geschickt hättest, er würde mein Wohnhelfer sein, der sich um alles kümmerte, was ich brauchte. Ich hatte noch nicht mal Kaffee getrunken und sagte, lass mich erstmal Kaffee und Toast machen, und dann reden wir. Aber er wollte es machen, und, nein, er SELBST wolle bloß warmes Wasser. Er wollte es mir so angenehm wie möglich machen, ich wollte meine kleine Morgenroutine und/oder Mutter/Gastgeberin sein ... Kaffee und Scones, egal.

Während ich so vor mich hin lebe, schnappe ich ständig nach Luft und / oder stöhne leise wegen der Rückenschmerzen. Das geht 24/7 so – wie eines der nervigsten neuen Schlagworte lautet. Jedes Mal sprang er dann auf und kam zu mir herüber, um irgendwas zu tun, »Lass mich dir helfen!«. Und er war verärgert, weil *ich* den Kaffee machte. Alles, was er tat, war gut und nett. Ich schwöre, er machte mich verrückt. ICH MÖCHTE DEN KAFFEE MACHEN. Keuchen, keuchen, stöhnen. Oh, Lucia, geht es dir gut? Lass mich dir beim Hinsetzen helfen.

Ich wollte sagen, ich hätte ihn weggejagt ... aber das habe ich nicht, nur in der Vorstellung.

Er schaute sich um und stellte fest, dass es keine weiteren Zimmer gab. Wenn ich deinen Brief lese, wird mir klar, dass du ihm gesagt haben musst, er solle woanders wohnen und dann bei mir vorbeischauen. Leider hast du ihm offenbar so viele nette Sachen von mir erzählt, dass er drauf und dran war, bei mir zu bleiben. Aber er hat doch bemerkt, dass ich in einem einzigen Zimmer wohne. Küche, Bett, Tisch, Bücherschrank, winziger Zweisitzer und ein Fernseher füllen das Zimmer aus. Im Grunde gäbe es für ihn nicht so viel zu tun. Das lässt sich so schwer aussprechen. Alles strengt mich an, aber wenn ich es mal aufdrösele, dann bin ich eindeutig in der Lage, meine Wäsche zu waschen, zur Post zu fahren etc. Ich weiß nicht, was ich machen soll, wenn es mir schlechter geht, wenn ich älter werde, wenn mein Rücken wirklich versagt ... Ich könnte *jetzt* Rund-um-die Uhr-Betreuung gebrauchen, außer, dass ich niemanden besonders lange hier aushalte. Ach ... ich werde eine von diesen alten Damen sein, die beißen, ich sag's dir.

Sei's drum, es tut mir so leid, dass ich deinem Freund gegenüber nicht gastfreundlicher gewesen bin.

Ich schäme mich auch, dich mit weiteren Geldproblemen belästigt zu haben. Kann mir nicht erklären, warum das $-Thema überhaupt aufkam ... Der New-York-Mensch hat mich beschwichtigt. Ich dachte, im April würde schon kein Geld mehr kommen.

Ich glaube, ich habe hier ein paar Mini-Zusammenbrüche.

Kannst du verstehen, wie dankbar ich dir bin, für alles, für jeden Brief, der sich vollkommen von dem vorherigen unterscheidet? Ich fühle mich oft so mutlos und einsam, deprimiert ... Ich bin dir ungemein dankbar für den Fortbestand unserer Freundschaft, die Bravour deiner Briefe ist die Dreingabe ... (ich hoffe, ich verwende das richtig). Deine Briefe halten mich am Leben.

Dieser letzte Absatz ist so unbeholfen, weil ich sentimentale Stellen rausgekürzt und neue eingesetzt habe. Ich gebe auf ... weiß nicht mehr, worum es bei Dreingabe ging.

Und das Timing deiner Briefe ... phantastisch ... wie sie von diesem faulen Nachmittag zu deinem wilden Warhol-Film und Whippoorwill übergehen! Ich liebe Joes Gemälde – Gemälde? – von Whippoorwill, wäre großartig, ihn in diesem Kontext zu sehen!

Love, Loosha

Marina del Rey, Kalifornien
4. September 2004

Lieber Kenward,

Chip sagte, du würdest mir einen Brief schreiben. Hurra! Ich habe es vermisst, von dir zu hören. Weiß nicht, ob du meine Briefe bekommen hast, die ich nach Vermont schickte.

Ist der Sommer also vorbei? Ich habe dieses Jahr kein Gefühl für Calais bekommen, ist dein Aufenthalt dort zu Ende? Habe viele Fragen, zu deiner Revue etc., werde aber warten und schauen, was in deinem Brief steht. Ich hoffe, dein Schweigen liegt daran, dass du mit der Revue so beschäftigt bist, Gedichte und Lieder schreibst, und nicht daran, dass du mit mir über Kreuz bist, und vor allem nicht daran, dass du erschöpft bist oder es dir schlecht geht.

Ich hoffe, du hast gut auf dich aufgepasst. Isst gut, bewegst dich genug, ruhst dich aus. Chip erwähnte in einer E-Mail, dass er einen Lachs dünsten werde, es klingt also, als wäre die Diät in Ordnung. Wo ist Guru Ron? Gehst du in New York spazieren? Gott, deine Stadt sah schrecklich aus letzte Woche, beängstigend; du musst froh sein, dass das vorbei ist.

Es war schmerzhaft, sich den Parteitag anzuschauen. Ich fürchte, es sieht so aus, als würde Bush wiedergewählt. Lügen, lügen.

Ich bin jetzt seit Wochen auf das Fernsehen wütend. Erst waren es die Olympischen Spiele, die immer irgendwie großartig sind. Früher liebte ich den Einmarsch zur Eröffnung, mit allen Ländern der Welt. Jetzt ist es einfach nur traurig. Das Sportereignis wirklich schön anzuschauen, den Einsatz und den Fokus der Athleten. Rudern, Kunstspringen der Männer sind so elegant. Aber dieses Jahr war es so verwirrend. Warum haben sie beim Turnen diese stripperähnlichen Tänzerinnen angehängt? Warum haben sie die fast pornographischen Volleyball-Endspiele wieder und wieder gezeigt?

Ich verstehe nicht, wie ein Land, dem es so an Sinnlichkeit und physischer Grazie mangelt, so vom Sex besessen sein kann? Scheint so, als hätten sie wahllos irgendwo irgendwas von der eigentlichen Eleganz des Sex aufgeschnappt. Die Strandtänzerinnen im Bikini waren ekelhaft.

Dann gab es also den PARTEITAG DER REPUBLIKANER.

PORNOGRAPHISCH in anderer Hinsicht, aber diese republikanischen Macho-Idioten haben definitiv etwas lüstern Sexuelles und Anzügliches an sich. Plaths Satz »Jede Frau liebt einen Faschisten«[29] passt zu diesen schmissig-schmutzigen Typen wie etwa Schwarzenegger. Ach, sie sind alle Lügner, machtgeile und hässliche Sadisten.

Man würde also denken, ich wäre erleichtert, endlich zum

Hurricane zu kommen. Doch das ist ärgerlich, weil die Medien so enttäuscht sind. Sie entschuldigen sich für die Tatsache, dass Frances von Stärke fünf zu Stärke drei heruntergestuft wurde. Es ist immer noch ein Chaos, aber nicht chaotisch genug. Ich glaube nicht mal, dass irgendwer gestorben ist.

Im Grunde erinnere ich mich an dieses Phänomen aus der Zeit, als ich in der Notaufnahme arbeitete. Wir bekamen wirklich bessere Laune, wenn es einen tragischen Unfall gab, einen durchgeknallten Killer.

Wie bin ich nur da gelandet? Entschuldige. Ich höre hier auf und gehe fernsehen!

Lieber Kenward, wenn du mir nicht geschrieben hast ... bitte schreib. Deine Briefe machen mir bessere Laune als irgendetwas anderes.

Alles Liebe, LOOSHA

New York, NY
10. September 2004

Liebe Loosha,

ich glaube, es ist Freitag, denn Chipster hat mich gestern Abend daran erinnert, dass für Apex Pest Control ein Scheck über 125 Dollar plus Steuern offen ist – ich habe eine Schabe zerquetscht, die ich für eine Kakerlake hielt –, ein toller Sport für die Kätzchen, mysteriöses Hüpfen und Springen. Invasion im Keller.

Köstliches, von Chip gekochtes Abendessen für Mr. Oz & mich – (Chip ist mit Colin essen gegangen). Früh zu Bett. An einem Tisch im York Theatre einen Brief an dich auf einen Notizblock gekritzelt.

Liebe Loosha,

11:25 Uhr REGEN MIT UNTERBRECHUNGEN ... PROBE VON *LOVEWISE*. JACK LEE KLIMPERT DIE MELODIE AUF DEM KLAVIER (DIE

TIEFEN TÖNE MÜSSEN DRINGEND GESTIMMT WERDEN) IM EIN-FINGER-STIL.

»Tender longings fill me every time I take your hand.«

JACK LEE: »Time« HAT ZU VIEL I DRIN: MACH »tender longings« NICHT HELLER ODER DUNKLER. BEENDE »hand« GENAU AUF DEN DRITTEN SCHLAG. WIR STREBEN REINHEIT AN. DIESE »NATÜRLICHKEIT« IST FRAGWÜRDIG. »Tender« BEWEGT SICH NICHT. NICHT UNTERBRECHEN. ES IST EIN KONTINUIERLICH FLIESSENDER TON. DU BIST DER ORGELPUNKT. REINER TON.

»Face-wise attractive ...«

»tr« SO SCHNELL DU KANNST. [...] NICHT FÜR »wise« STOPPEN.

Typ Nr. 1 kommt rüber und berührt mich. Ich entwickle einen leichten, Sublimierungs-Crush für ihn. Er ist groß und gut gebaut, hat ein unscheinbares, knittriges Gesicht mit einer Skischanzennase. Berührungen sind Teil der Kommunikation unter Theaterleuten: unverhohlene Intimität. Ich liebe das! Literaturleute berühren sich nie, wenn sie sich unterhalten – nur Hallo- und Tschüss-Kontakt. Typ Nr. 1 hat den Joe-Babe-Monolog für ein Vorsprechen verwendet – er hatte mich gefragt, ob er sein Manuskript von unserem Vorsprechen behalten darf. Er hat die Rolle nicht bekommen. Zu »gut aussehend« – die Figur ist ein Loser. Zurück zu: Zufriedenheit.

[...]

Aufgabe für heute: Besprechung mit Jimbo. Songs, die als Solos geschrieben wurden (und sich als solche bewährt haben), müssen Solos bleiben. Ganz eindeutig. Muss meine Wut über diese zeitverschwenderische Dummheit in Zaum halten. Die Geister des *Postcards-on-Parade*-Debakels verfolgen mich. Schrecklicher Regisseur. Und in dem Versuch, zu gefallen, habe ich mich als Lektor meiner Worte darin verrannt, Probleme zu lösen. Mr. Oz holt mich mit dem Auto ab, also frage ich ihn um Rat, wie ich Jimbo am besten mit dem Offensichtlichen konfrontiere: Die

»Nummern« müssen so gemacht werden, wie sie geschrieben sind, oder alles, was nicht zur Besetzung passt (begabter Haufen) – kommt sofort raus.

Ende des Berichts. Ich hoffe, diese fortlaufende Schilderung wird nicht langweilig: Theater kann so dumm-doof sein. Und so ein Vergnügen, wenn es funktioniert.

Alles Liebe, Kenward

Marina del Rey, Kalifornien
23. September 2004

Lieber Kenward,

ich würde mir Sorgen um dich machen … Stress und zu viel Arbeit … aber dein Schreiben ist phantastisch. Der Teil deines Briefes, der folgendermaßen beginnt:

»Tender longings fill me every time I take your hand«,

JACK LEE: »Time« HAT ZU VIEL I DRIN: MACH »tender longings« NICHT HELLER ODER DUNKLER,

phantastisch. Jack Lee und Typ Nr. 1, der Dialog. Wunderbar.

Lächerlich und so FALSCH, die Songtexte aufzuteilen. »Take Me Away, Roy Rogers« sollte nur von dir kommen, mit anderen vielleicht als Chor. »Miss Got Rocks« sollte nur eine Frau singen. Ich verstehe nicht, WARUM sie das doppelt besetzen und die Zeilen so verteilen wollen. Ja, total blöd. »Da hast du wieder recht«, wie Truman, mein Enkel, sagen würde. Ich hoffe, du hast alle diese Dinge geregelt. Was für ein schreckliches Gefühl das sein muss … die eigene Arbeit durcheinandergebracht und auseinandergerissen und »missachtet« zu sehen.

Wenn Dichter Peter Davison (der gute), mein Lektor, und andere bei Atlantic Monthly Press so etwas verlangten, »vorschlugen«, auf Änderungen in meinem Roman bestanden … mehr Sex etc., fühlte ich mich verletzbar, hilflos WÜTEND, weil sie es offenbar nicht BEGRIFFEN, sonst hätten sie es sein lassen. Ich habe den Roman einfach nicht weitergeschrieben. (Aus einem Teil wurde später diese lange Liebesgeschichte, die in Chile spielt, »Andado«.)

Stattdessen schrieb ich einen gänzlich neuen Roman: *The Peaceable Kingdom* über El Paso im Zweiten Weltkrieg. Großeltern, Onkel John, Mama ... Alkohol, Inzest, Gewalt. Einsamkeit. Niemand schrieb damals einen so rauen Stoff ... vielleicht [Erskine Caldwells] *Gottes kleiner Acker*? ... und so schockierte und enttäuschte ich also *The Atlantic*. Ich habe beide Manuskripte vernichtet. Diese lange Abschweifung begann mit einer schlichten Sympathiebekundung für dich. Es ist ein so schmaler Grat ... Änderungen so vorzunehmen, dass sie die Lektoren oder Produzenten zufriedenstellen, ohne die eigene, äh, Seele zu verkaufen. Das Herz? Sich selbst ist genug, nehme ich an.

Trotzdem, Kenward, bin ich der Meinung, dass die Produktion am Ende wunderbar sein wird. Wann ist sie geplant? Ich bin froh, dass du Mr. Oz und Chip hast, die dir helfen. Ich würde so gern ein Theaterstück à la Oscar Wilde schreiben, à la Tschechow eigentlich ... »Die Möwe in Greenwich« ... Der berühmte Dichter mit seinen beiden Assistenten, die einander überbieten, planen und plotten, um seine Gunst zu erlangen, einander diskreditieren und für untauglich erklären. Secobarbital in einem Glas Wein, oje, der UPS-Typ trinkt es, explodierende Pakete. Ein Hausdiener, der aussieht wie Guy Nr. 1.

Eigentlich klingt es, als wäre alles gut zwischen Chip & Mr. Oz. Chip immer noch so dankbar und froh, an deiner Seite zu sein. Ich wünschte, ich wäre dort und es ginge mir gut genug, um deine Assistentin sein zu können.

Die Rückenschmerzen waren schlimm, außerdem Arthritis in Händen und Knien. Bekam gestern Spritzen in die Hände, riesige

Erleichterung. Aber im Allgemeinen ist mein Gesundheitszustand STABIL. Ich nehme langsam ab, fühle mich gesund und wach. Lungen gut. Ich komme mehrere Stunden am Tag ohne den Sauerstoffschlauch aus.

Wollte sagten, dass ich gut aussehe, vergaß aber meine neue Frisur. Mein Arzt fragte mich, warum ich nicht aufgestanden sei und den Friseursalon verlassen hätte. Ich war einfach zu fasziniert. Es stellte sich heraus, dass Tiffany Lupus hat, unter dem Einfluss starker Medikamente stand und nach der langen Oxycodon-Einnahme jetzt fast blind ist. Tja, es war beängstigend. Ich habe einen zottligen Look, der in der Punk- und Grunge-Ära in war.

Ein ehemaliger Student nahm mich zu einer Sondervorführung der Screen Actors Guild mit. Film hieß *Spurensuche – Umwege zur Wahrheit* und wird in den nächsten Monaten rauskommen, rechtzeitig, hoffentlich, für die Oscars. Christopher Walken, Michael Caine, ein junger Schauspieler und ein Junge ... vier Generationen. Schmerzhaft, stark, witzig. Kleines Publikum, hauptsächlich junge Schauspielerinnen und Schauspieler, Autorinnen und Autoren.

Göttlich, Teil dieses empfänglichen Publikums zu sein ... Nichts ging verloren. Alle reagierten auf gute Sätze, starke Momente. Die Leute applaudierten, weinten, lachten laut. Es war eine warmherzige gemeinsame Erfahrung ... vor allem, als Christopher Walken hinterher über den Film sprach und Fragen beantwortete. Er war brillant. Wunderbares Erlebnis.

Entschuldige den zu langen Brief. Dein letzter hat mir sehr gefallen. Es hört sich hektisch an, aber *gut* bei dir an. Scharfe, klare Sprache.
Dein treuester Fan,
von ganzem Herzen
Loosha

Marina del Rey, Kalifornien
6. Oktober 2004

Lieber Kenward,

eine Woche voller nebliger Tage, kalt, dunkel. Erinnert mich an Ozeanfahrten zwischen New York und Valparaiso. 32 Tage auf dem Meer, genug Zeit, um wirklich zu spüren, dass man auf dem Meer ist, auf einer Seereise, den Kontinent entlang, durch den Kanal, durch die Jahreszeiten, vom Winter in den Sommer. Phasenweise Regen und Nebel, ziemlich schön, das Meer aufgewühlt und dunkelblau, die Decks verlassen, sogar der große Saal verlassen bis auf wenige Gruppen, die Bridge oder Canasta spielen, einige Schach. An der Bar Amerikanerinnen und Amerikaner. Das Schiff rollt und bäumt sich auf, Gischt spritzt an die Fenster. Jahre später, als ich den *Zauberberg* las, wurde ich an diesen Raum erinnert, an sein elegantes Art déco, das Echo, wenn die Tür zuschlug, die Freundschaften, die dort entstanden, abgekapselt von der Welt.

Die Passagiere kamen aus der ganzen Welt. Die Kinder sprachen am Ende immer eine völlig andere Sprache. Das waren Arbeitsschiffe, halb Cargo, halb Passagiere. William Russell Grace.[30] Sie transportierten auch Eisen für die Firma meines Vaters. American Smelter. Ich erinnere mich an Peter Grace und Mr. Murphy, einen – Simon? – der Guggenheims. Wir saßen immer am Tisch des Kapitäns, mein Vater und ich. Meine Schwester aß während der ersten Schicht (ich leistete ihr Gesellschaft). Meine Mutter blieb im Bett. Aber sie mochte die Schiffe, spielte stundenlang Poker und Bridge. Eines Abends verschwand sie sogar, war unter Deck geraten, trank und spielte Poker mit den Seeleuten. Schlimme Szene mit meinem Vater. Als sie allein reiste, Jahre später, machte sie das wieder und verlor ihr gesamtes Geld. Mein Vater schickte sie zurück, noch am selben Tag, als das Schiff in den Hafen eingelaufen war, befahl ihr, mit Mr. Murphy zurück nach Chile zu fliegen.

Könnte ich doch jetzt an Deck Fleischbrühe essen, in eine Decke gewickelt zum Schutz vor dem frischen Wind.

Genese nach ernsthaftem Kampf gegen die Grippe. Sehr krank. Ich hatte Angst, fühlte mich sehr allein und hilflos. Ich konnte nur Energy-Shakes von Ensure und Äpfel zu mir nehmen, tagelang, auch wenn ich sie kaum bei mir behalten konnte. Dan hatte einen vollen Kalender, auch jetzt noch, weshalb weder er noch irgendjemand sonst hier war, obwohl er anrief (und gekommen wäre, hätte ich ihn gebraucht). Entschuldige, dass ich meine Gesundheitsprobleme so ausbreite. Hoffe, du hast Verständnis. Wie steht es um deine Schmerzen und Beschwerden? Hast du genügend Ruhepausen? Isst du brav die Mahlzeiten, die Chip dir kocht? Massiert Ron dich weiterhin?

Du antwortest nie auf meine Fragen. Habe immer noch keine Ahnung, wann die Revue fällig ist. Habe immer noch Sorgen, dass du überkreuz mit mir bist. Hoffe, das ist nicht der Fall, und dass es sich bei mir bloß um »altersgemäße« Paranoia handelt. Mein lieber Arzt hat in dieser Hinsicht jede Menge Beschwichtigungen für mich parat ... Hörverlust, Unruhe, Gedächtnisverlust, Schlaflosigkeit, Paranoia, Niedergeschlagenheit. Alles altersgemäß. Tolle Idee! Er gibt dem Alter nicht nur Schuld an diesen Problemen, sondern bei ihm klingt es auch noch so, als müsste man sie haben. Suizidal? Wie angemessen!

Habe einen netten Film von [Pedro] Almodóvar auf HBO gesehen: *Sprich mit ihr*. Ich glaube, er würde dir gefallen.

Morgen die Präsidentschaftsdebatte.[31] Ich hoffe, [John] Kerry schlägt sich so gut wie beim ersten Mal. Ich bin immer noch angemessen entsetzt über die Wahlen, den Krieg, die Zukunft unseres Landes. Wir hatten Glück, nicht wahr, wir haben viel süßere Zeiten gekannt. Mir kommt es so vor, als habe es, kaum waren meine Söhne erwachsen geworden, ratzfatz Kriege und Attentate gegeben. Dan sagt, wir hätten den Holocaust gehabt und die Segregation, die McCarthy-Ära, die Bombe, viele andere Übel. Aber nicht den allgegenwärtigen Zynismus, den Spott, der sich, wie es scheint, momentan über alles legt – sagt die mit der Negativität einer Anonymen Alkoholikerin. Tut mir leid! Ich werde jetzt aufhören.

Hoffe, bei dir läuft alles ausgezeichnet.

Alles Liebe, LOOSHA

New York, New York
10. Oktober 2004

Liebe Loosha,

gerüchteweise hat es sich zum Schlechteren gewendet – ich hoffe, dein Schmerz ist weg und ist so vernünftig, dich in Frieden zu lassen.

Es ist ein windiger, milder, grauer Sonntag, und ich darf den ganzen Tag zu Hause bleiben, ahhh. Keine Besucher, kurzer Plausch mit Chipster, der sich sehr würdevoll immer wieder als Pfleger zur Verfügung stellt. Rilke, die fette Katze, frisst und pinkelt nicht. Chipster eilt zur Rettung: Fährt zum Tierarzt, Tabletten, erinnerte sich daran, dass der gleiche genetische Defekt auch Satie vor einiger Zeit widerfahren ist, dem dünnen kleinen Bruder, der sich mehr um menschliche Streicheleinheiten bemüht. Rilke ist zurück und bleibt heute für sich. Pillenkur. Kein Knusper-Fraß erlaubt.

Ich habe mich bei meiner Lektüre in die Vergangenheit gestürzt. Zuerst Ron Padgetts *Joe*, dann Jimmy Schuylers Briefe[32], sorgfältig bearbeitet & kommentiert von William Corbett aus Boston, einem Sommernachbarn aus Vermont. Ich schicke dir die Bücher. Ich denke, dass das Eintauchen in beide dich faszinieren & bewegen wird. Sie liegen zu nah beieinander, als dass ich sie durch eine zeitliche Periode eingrenzen könnte. Es ist verwirrend, wie viel

Zeit bereits verstrichen ist, sodass es sich anfühlt, als wären sie, an Jahrzehnten bemessen, näher an E. M. Forsters Erinnerungen oder Isherwood oder Toten wie Scott Fitzgerald, als an jedem, der sich als Boy 2004 oder Madam Now ausgeben kann.

Ich bin in beiden Büchern glimpflich davongekommen. Ron hat taktvoll ausgelassen, dass ich Joe verlassen hatte, um mit einem Naropa-Kid, das ein bisschen wie ein junger Brainard aussah, auf eine Pazifikinsel zu flüchten – das wird nicht einmal erwähnt –, keine schweißtreibende Enthüllung also. Pat Padgett meldet sich hier und da auf den Seiten zu Wort, besorgt darüber, dass Joe nicht »aufrichtig« genug gewesen sei.

Ein paar von Jimmys Briefen stammen von einem Aufenthalt in Vermont – ein absoluter Segen, seine täglichen Berichte zu lesen, besonders von einem lustigen Herbstwochenende, das sich als totale Katastrophe erwies –, zur Besetzung gehörte DD Ryan III[33], eine Ikone der New Yorker Modewelt, die eine unerwiderte Leidenschaft für Bill Berkson hegte, und ihre zwei englischen, versnobten Newport-Söhne mit Schuljungencharme, plus Jimmy und ich. DD war entsetzt von all den toten Fliegen auf den Fenstersimsen, von der schmutzigen Küche, den eingestaubten Fenstern, den Dosen und Flaschen, die seit Jahrzehnten nicht mehr angerührt worden waren, auf schmutzigen Regalen über dem Herd ... Ein Staubsauger wurde gekauft, ein schrecklicher neuer Haussound, aber ihr Hausfrauen-Kulturschock schlug immerhin nicht in regelrechte Hysterie um.

Jimmy [Schuyler] schrieb mir oft aus seinem Unterschlupf in Southampton.[34] Er war schizoid, aber sein Zaungast-Ich bewahrte sich seine Redlichkeit, zunehmend unterdrückt und gedämpft von vollkommen hoffnungslosen Verliebtheiten, schattenhaften Phantasiegestalten, die sich unaufhaltsam in seinen fragilen Tagesablauf einschlichen. Eine warnende Geschichte für mich, der ich selbst schon öfter, als ich zugeben möchte, den Weg der vergeblichen Verliebtheiten eingeschlagen habe.

Ich vermisse die Hektik der täglichen kleinen Wanderung in die Stadt nicht, um am *LingoLand*-Workshop im York Theatre teilzunehmen. Im Januar werde ich meine ganze innere Stärke brauchen, um mich den Proben zu stellen, dem echten Auftritt. Und dann auch noch vor echtem Publikum.

Zeit, das Abendessen zu besorgen & dann an meinem Auftritt zu arbeiten. Nächstes Wochenende fahre ich nach Milwaukee, zu einer Bühne, bei der ich schon einmal war: Woodland Pattern. Das Paar, das sie mit spärlicher Hilfe betreibt, sind Engel. Zeit, die Kurve zu kriegen. Aber erst mal was essen.

Mucho Love, Kenward

Marina del Rey, Kalifornien
17. Oktober 2004

Lieber Kenward,

mich freut, wie scharf und witzig du klingst … so »beisammen«. Du hörst dich zuversichtlich an und angstfrei, was die Revue betrifft. Es wird phantastisch werden. Das weißt du, nehme ich an. Gut, dass du deiner Besetzung vertraust, so wird es allen mit allen Spaß machen.

Hier bei mir ist es Sonntag nach einer stürmischen Nacht. Herrlicher, klarer Tag. Keine Besucher. Der letzte war der Typ, der mich zum Walken-Film mitnahm. Dan kommt wöchentlich mehrmals vorbei. Ich bin nicht gut darin, Freundschaften zu schließen. Aber ich bin *freundlich*, glaube ich. Ich meine, wenn irgendwer vorbeikäme.

Dieser Film *Spurensuche* bekommt schreckliche Kritiken, leider. Mir hat er gefallen, besonders Christopher Walken.

Tut mir leid wegen Rilke. War das eine Infektion oder etwas Bleibendes? Nichts schlimmer, als eine kranke Katze. Hunde sind einfach nur krank und schlechte Patienten. Katzen scheinen es für eine Demütigung zu halten.

Verbrachte eine Stunde mit der Suche nach den Tagebüchern und Briefen von Schuyler. Habe seine gesammelten Gedichte, muss aber aus Versehen das Tagebuch verkauft haben, als ich so viele Bücher aussortierte. Ich mochte es sehr und würde jetzt wirklich gern seine Briefe lesen. Vor allem, da du in dem Buch vorkommst.

Er hatte eine Lesung in San Francisco … in den Achtzigern, frühen Neunzigern? Mein Freund Steve Emerson sagte, ich solle ins Art Institute gehen, um Schuyler zu hören, und war erschrocken, dass ich nie seine Bücher gelesen hatte. (Steve ist der Freund, der deine Arbeit so liebt, großer, vornehmer Kerl, der dich auf deiner letzten Reise endlich kennengelernt hat.) Ich wusste also nicht, was mich erwartete. Der Zuschauerraum war voll. Das waren nicht die üblichen Leute aus der Lyrikszene. Viele ältere, gut aussehende Männer und Frauen, ernst dreinblickend. Kann nicht sagen, worin sich die Zuschauer vom normalen Publikum unterschieden. Die Intensität ihrer Erwartungen? Und ihre absolute Aufmerksamkeit, als er las? Jedenfalls hatte der Junge ein paar ernsthafte Fans.

Es war eine phantastische Lesung. Eigentlich ein Vortrag, da er die Gedichte auswendig zu kennen schien, leise sprach, schüchtern, nie aufsah. Manchmal schien es so, als wollte er lächeln oder sogar lachen. Das tat er nicht, wir aber schon. Natürlich kaufte ich mir am nächsten Tag Schuylers Gedichte.

Ich hätte wirklich gern beide Bücher. Ich bin so froh, dass Joe und James Schuyler deine Geliebten waren. Was für eine perfekte Kombination.

Wäre ich doch ein schwuler Mann und hätte einer deiner Geliebten sein können. Macht das eine Schwulenmutti aus mir? Was ɪsᴛ eine Schwulenmutti?

Kenward ... diese Prosa von dir, diese Welten, die du erlebt hast, schreien danach, veröffentlicht zu werden, DD Ryan!!!! Hast du das erfunden?

Ich habe noch etwa zehn Trollopes, bedauere aber, viele andere verkauft zu haben, wie etwa *Can You Forgive Her?*, wo wir Lady Glencora begegnen. Ich lese gerade Prousts *Swanns Welt*, in der famosen Übersetzung der lieben Freundin Lydia Davis. »On the Pleasure of Hating«, wunderbares Essay. Ich liebe William Hazlitt ... ernsthaft.

Ach, Kenward ... das ist noch ein Brief, in dem ich nicht von Mark geschrieben habe. Er schläft jetzt unter einer Betontreppe hinter einem Möbelgeschäft in San Diego. Letzte Nacht hat es gestürmt und gestürmt, es war so kalt. Er ist trocken geblieben und nimmt Medikamente gegen Psychose, hat 22 Tage rum. Wenn er trocken bleibt und sich für die nächsten zwei Monate jeden Tag meldet, kann er, unter Beobachtung, in einem Haus für Alkoholiker mit psychischen Problemen aufgenommen werden. Seine Brüder und ich wissen, dass er es uns am Ende verübeln würde, wenn wir ihn bei einem von uns einquartieren würden, er würde die Medikamente absetzen und wieder zu trinken anfangen und gewalttätig werden etc. Er und ich telefonieren mehrmals wöchentlich miteinander. Liebevolle Gespräche.

Er ist der Narr im Tarot. Wenn er trocken bleibt und sein Obdachlosenbuch schreibt, es zu Ende bringt, wird es ein gutes Buch sein. Er bekommt monatlich einen (großen, wie es aussieht) Scheck. Wenn er irgendwo einziehen würde, könnte er schreiben, Kurse machen etc. Ich mache mir ständig Sorgen um ihn. Ich glaube, ich muss das Schuldgefühl loswerden – alles mein Fehler – und einfach nur um ihn Angst haben.

Puh. Musste dir das erzählen, es liegt mir so auf der Seele.

Ich habe die gute Nachricht vergessen. Ich schreibe wieder ...

habe meine armen Leutchen aus Chiapas rausgeholt, sie werden jetzt sehr bald aus Mexiko raus sein! Fühlt sich gut an …[35]

Telefonsex!!? Wie kann man in dieses Geschäft einsteigen? Das Atmen beherrsche ich mit Sicherheit …

Hoffe, Woodland Pattern macht Spaß. Erzähl ihnen von der Naropa und den pazifischen Inseln.

Impotenz: Die Art und Weise der Natur »No hard feelings« zu sagen.

Junge blonde Frau ging am Flussufer spazieren … drüben sah sie eine andere Frau … sie rief ihr zu: »Hallo! Wie komme ich auf die andere Seite des Flusses?«
  »Sie sind auf der anderen Seite.«

Tut mir leid. Ich hasste diese weiße Stelle auf dem Papier.

Alles Gute, mein Lieber,
  hab eine gute Reise
  L. A. Loosha

NACHWORT

von Chip Livingston

Lucia Berlin starb an ihrem 68. Geburtstag, dem 12. November 2004, in ihrem Zuhause in Kalifornien. Am 11. Dezember wurde in Boulder, Colorado, das Begräbnis abgehalten. Kenward und ich flogen von New York aus hin und stellten bei der Ankunft fest, dass sich eine von Kenwards Katzen in seinem Koffer eingeschmuggelt hatte. Satie, die Katze, war wie durch ein Wunder in bester Verfassung und lenkte uns von unserer Trauer ab, auch wenn viele Tränen flossen, als Lucias Freunde und ihre Familie zusammen im kalten, leichten Regen des Green-Mountain-Friedhofs zusammenkamen.

Bevor wir zur Bibliothek der University of Colorado zu einem Empfang und einer Gedächtnislesung aufbrachen, kamen Lucias Söhne mit einer braunen Papiertasche auf mich zu. Darin befanden sich einige der bildhaftesten und schönsten collagierten Briefe von Kenward an Lucia. Ich gab sie Kenward zurück, und sie befinden sich jetzt zusammen mit seinen anderen Schriftstücken im Archiv der University of California, San Diego. An diesem Nachmittag würdigten in der Bibliothek der University of Colorado Lucias Söhne, ihre Freunde und ihre ehemaligen Studenten und Studentinnen ihr Leben mit Worten und Musik. Kenward erwies ihr als Letzter seinen Tribut und sang a cappella einen Text, den er für das

Stück *City Junket* geschrieben hatte, Lucias Lieblingslied: »Who'll Prop Me Up in the Rain?«

Ich arbeitete noch sieben Jahre lang als Kenwards Assistent, half ihm mit weiteren Veröffentlichungen und Theaterproduktionen. Seine Musicalrevue *LingoLand* hatte im Januar 2005 im York Theatre Premiere und umfasste auch einige »Briefe an Loosha«.

2015 veröffentlichte Farrar, Straus & Giroux eine Sammlung von Lucias Kurzgeschichten. *Was ich sonst noch verpasst habe* wurde ein internationaler Bestseller und erntete großes Lob von der Kritik. Es wurde von *El Pais* zum besten Buch des Jahres ernannt und war unter anderem in der Top-Ten-Jahresliste der *New York Times* und der *Los Angeles Times*.

Wenn ich jemanden sagen höre, was für eine Schande es sei, dass Lucias Talent zu ihren Lebzeiten nicht genügend gewürdigt wurde, muss ich an das denken, was sie Kenward am 31. Juli 1999 geschrieben hat: »Anerkennung oder Ruhm interessieren mich überhaupt nicht, ich will unsterblich sein!«

DANK

Mein erster Dank muss Lucia und Kenward gelten. Ich wäre nicht der Lehrer, Schriftsteller oder der Mensch, der ich bin, ohne den unglaublichen Einfluss dieser beiden Freunde und Mentoren.

Dank auch an Jeff Berlin und die ganze Familie Berlin. Vielen Dank an Ron und Pat Padgett.

Danke an Katherine Fausset bei Curtis Brown Ltd. und Stephen Hull von der University of New Mexico Press.

Dank an die Bibliotheken der University of California San Diego und der Harvard University, die die Archive von Kenward Elmslie und Lucia Berlin beherbergen sowie die Originale ihrer Briefe.

Dank an Lizzie Davis von Coffee House Press für die Genehmigung, Kenwards Text zu »Who'll Prop Me Up in the Rain« abzudrucken.

Dank an Jenny Dorn, Stephen Emerson, Ivan Suvanjieff, Maxine Chernoff, Paul Hoover, Erik Haagensen, Howard Pollack, Barbara Hogenson, Lori Styler, Bill und Margaret Weir, Sophie Constantinou, Brad Gooch, Allison Hedge Coke, David Groff, Jim Elledge, Kathryn Harrison und Emily Firetog.

Danke y gracias an Charles Dearmond und Felicia Zapata.

Dank an Freunde von Lucias Workshops an der University of Colorado: Cecilia Johnson, Kelly Moore, Dave Cullen, David Yoo,

Mitzi Miles-Kabota, Scott Handy, Ashley Simpson Shires, Jenny Shank, Elizabeth Geoghegan, und Erika Krouse.

Gracias a *La Máquina de Pensar*, Andrés Capelán, Silvia Carrero Parris, Gabriel Insiburo y Lenín Gómez.

»WHO'LL PROP ME UP IN THE RAIN«

Used to be
When it poured down cats and dawgs,
I'd go prop up apple branches, and talk purty to the hawgs.
Laughing at the thunder,
Watching lightning streak,
Naked as a jaybird,
I'd plunge into the creek.
What I want to know is:
When my high times wane,
Who'll prop me up in the rain?

Used to be
I'd find skulls with giant jaws.
I'd find porcypines of bone, and old turkey buzzard claws.
Prowling in the backwoods,
Through a dark ravine,
Naked as a jaybird,
Back when I was green.
What I want to know is:
When I'm dead and gone,
Who'll prop me up in the dawn?

Some bumbling bird,
Who'll pick me up,
Turn me round, peck a bit,
Stare a while and start to smile
At my remains.

What I want to know is:
When my high times wane,
Who'll prop me up in the rain?

All I want to know is:
When the good times end,
Who'll say, come on in, my friend.[1]

ANMERKUNGEN

*von Chip Livingston,
mit wenigen Ergänzungen des Verlags*

TEIL I
1994–2000

1 Kenward Elmslie und Steven Taylor, *Postcards on Parade* (Bamberger Books, 1993). Ein Musical mit Drehbuch und Text von Kenward. Lucia bezieht sich auf eine Aufnahme vom 30. Juli 1994 an der Naropa University.

2 Ivan Suvanjieff, Verleger, Künstler und Aktivist, außerdem Mitbegründer von PeaceJam mit Dawn Engle. Ivan war ein enger Freund von Lucia. Kenward bezieht sich auf einen Anschlag auf Ivan 1995 in Burma.

3 Joe Brainard, amerikanischer Künstler und Dichter, 1942–1994. Joe war über 30 Jahre lang Kenwards Lebensgefährte. Joes Werke hingen in Kenwards Häusern in New York und Vermont, die Lieblingsstücke wurden verpackt und mit umgezogen, hin und zurück, je nach Kenwards Winter- und Sommerquartier. Kenwards Buch *Bare Bones* und sein Musical *Postcards on Parade* drehen sich beide um Joes Tod. Er starb 1994 an einer mit Aids in Zusammenhang stehenden Lungenentzündung.

4 Ursprünglich als kleiner Verlag mit Literaturmagazin von Kenward gegründet, entwickelte sich Z Press zu einer Non-Profit-Organisation zur Förderung von Kunstschaffenden.

5 *The New Censorship* ist ein Literaturmagazin veröffentlicht von Ivan Suvanjieff, mit den Co-Editoren Charles Bukowski, Anselm Hollo, Anne Waldman und Andrei Codrescu.

6 Bill Corbett, Dichter, Verleger und Lehrer, 1942–2018. Ein Freund von Kenward.

7 Vassar College. »Vassar Girl« wird von UrbanDictionary.com als Slang für »gebildete Frau, die immer kriegt, was sie will« definiert.

8 Ein Granit-Findling in einem Feld auf Kenwards Calais-Grundstück. Der Spaziergang durch den Waldpfad zu Joes Stein wurde zum Ritual nach der Ankunft in Vermont und zum üblichen Spazierweg während des Sommers. Kenward erzählte mir, dass Joe den Stein selbst ausgewählt hatte, von einer anderen Stelle auf dem Grundstück. Nach Joes Tod wurde der Findling zur einer kleinen Kiefernlichtung auf den Berg gebracht.

9 Karole Armitage, amerikanische Tänzerin, Choreographin und künstlerische Leiterin der Armitage-Gone!-Tanzkompanie, geboren 1954.

10 Steven Taylor, amerikanischer Musiker und Dichter, geboren 1957. Freund und Mitarbeiter von Kenward bei Projekten wie *Postcards on Parade*.

11 William C. (Bill, W.C.) Bamberger, Verleger, geboren 1951. Bamberger Books veröffentlichte 1993 ein bibliographisches Verzeichnis von Kenward. Bamberger stellte Kenwards neue, ausgewählte Gedichte zusammen, *Routine Disruptions* (Coffee House Press, 1998.)

12 Die Naropa University ist eine Privatuniversität in Boulder, Colorado. Sitz des »Sommerschreibprogramms« von Jack Kerouacs School of Disembodied Poetics, wo sich Kenward und Lucia 1994 kennengelernt haben.

13 Maxine Chernoff, amerikanische Dichterin und Autorin, geboren 1952. Enge Freundin von Kenward und zusammen mit ihrem Mann, dem amerikanischen Dichter Paul Hoover, geboren 1946, Herausgeberin von *New American Writing*. Lucias Geschichte »Mama« erschien im NAW Nr. 13 (1995). NAW veröffentliche über die Jahre auch viele von Kenwards Gedichten.

14 James M. Cain, amerikanischer Autor und Journalist, 1892–1977. Barbara Pym, britische Schriftstellerin, 1913–1980. Elizabeth Bishop, amerikanische Dichterin und Autorin, 1911–1979.

15 Lucia heiratete 1961 den Jazzmusiker Buddy Berlin. Sie ließen sich 1968 wieder scheiden, blieben aber gut befreundet.

16 *Mildred Pierce* ist eine US-amerikanische Miniserie des Senders HBO, die auf dem gleichnamigen Roman von James M. Cain beruht.

17 Lucia erhielt einen Unterstützungsbeitrag von Z Press.

18 Ed und Jenny Dorn, Tochter Maya Dorn, Anselm und Jane Hollo, Sydney Goldfarb, enge Colorado-Freunde von Lucia und Kollegen der University of Colorado. Alle Schriftsteller*innen.

19 Bobbie Louise Hawkins, amerikanische Autorin von Kurzgeschichten und Monologen sowie Lyrikerin, 1930–2018. Enge Freundin von Lucia.

20 Mark, Jeff, David und Dan Berlin.

21 Die Organisation der PeaceJam Foundation, einem internationalen Non-Profit-Jugendbildungsprogramm, gemeinsam mit seiner späteren Ehefrau Dawn Engle.

22 Ed Dorn, amerikanischer Dichter und Schriftsteller, 1929–1999. Lucias Mentor und enger Freund.

23 Lucia benötigte ab 1994 ein Atemgerät. Aufgrund ihrer doppelten Skoliose war eine Lunge beschädigt worden.

24 Peter Davison, amerikanischer Dichter, Herausgeber und Verleger, 1928–2004.

25 Robert Frost, amerikanischer Dichter, 1874–1963; Frost war 1961 der Antrittsdichter für die Inauguration John F. Kennedys.

26 E. E. Cummings, amerikanischer Dichter, Maler und Schriftsteller, der dafür bekannt war in seinem Schreiben mit Syntax, Grammatik und Diktion spielerisch umzugehen.

27 Lucia schickte ihm einen Ausdruck ihrer neuen Kurzgeschichte »Let Me See You Smile« aus *Where I Live Now* (Black Sparrow Press, 1999). Auf Deutsch erschienen als »Lass mich dein Lächeln sehen« in: *Was wirst du tun, wenn du gehst* (Arche, 2017).

28 Vivien Weir Russe, die Tochter von Kenwards Schwester Cynthia Elmslie Weir.

29 Ralph Weeks, Freund und Handyman in Kenwards Vermonter Zuhause.

30 CW war über mehrere Jahre eine wichtige Bezugsperson für Kenward, eine Art Assistent. Es gibt eine Reihe von Hilfskräften, mit denen Kenward nicht wirklich gut harmoniert hat: CW, Mr. Yu und Mr. Oz tauchen u. a. im Briefwechsel auf. Die Namen dieser Hilfskräfte stehen in den Briefen, weil Kenward und Lucia über sie schreiben, aber ihre Identität soll wegen späterer Anschuldigungen nicht enthüllt werden. Dass vorherige Hilfskräfte Kenward ausgenutzt haben, war einer der Hauptgründe, warum Lucia später vorschlug, ich solle als sein Assistent nach New York gehen.

31 Kenward schrieb zusammen mit Steven Taylor ein Musical über Oscar Wilde mit dem Titel *Night Emerald*.

32 Frau des Dichters Ron Padgett, beide enge Freunde von Kenward. Die Padgetts hatten ein Haus in der Nähe von Kenwards Vermonter Domizil und wechselten ebenfalls wie er saisonal zwischen Calais und ihrem Appartement in New York City.

33 Kenward hat die Opernlibretti zu *Die Möwe* und *Die drei Schwestern*, basierend auf Tschechow-Stücken, geschrieben.

34 Kenwards Mutter, Constance Pulitzer Elmslie, war die Tochter des amerikanischen Publizisten Joseph Pulitzer. Nach ihrer Tuberkulose-Diagnose zogen die Elmslies nach Colorado Springs wegen der Höhenlage und des trockenen Klimas.

35   Gerrit Lansing, amerikanischer Dichter, Verleger und Kritiker, 1928–2018

36   Henry Green, britischer Romanautor, 1905–1973.

37   Lucia bezieht sich auf ihre Kurzgeschichte »Let Me See You Smile«, die sie Kenward im Oktober geschickt hat und die von ihrer Beziehung mit Terry (in der Kurzgeschichte Jesse genannt) handelt. Die Beziehung war dramatisch und tragisch; wie in der Geschichte beschrieben wurden die beiden wegen Trunkenheit in der Öffentlichkeit und tätlichem Angriff gegen Polizeibeamte verhaftet, und Lucia verlor ihre Stelle als Lehrerin. In Wahrheit wurden ihr die Söhne nicht weggenommen, sondern sie verbrachten den Sommer bei ihrem Vater, während Lucia versuchte, ihr Leben wieder in den Griff zu kriegen – einschließlich einer Trennung von Terry. Nachdem er monatelang mit der Trennung gehadert hatte, beging Terry Selbstmord.

38   Jean Boulte, brasilianisch-amerikanischer Künstler, ehemaliger Assistent und Freund von Kenward, der bis 2004 im dritten Stock von Kenwards Townhouse in der Greenwich Avenue lebte.

39   *Routine Disruptions. Selected Poems & Lyrics*, Gedichtband von Kenward (Coffee House Press, 1998).

40   Harold Camp, langjähriger Hausmeister von Kenwards Wohnsitz in Vermont.

41   The Den Diner, an der Ecke Greenwich Avenue und Twelfth Street.

42   Eine von Kenwards beiden Katzen, Rilke und Satie.

43   Anna Achmatowa, Künstlerinnenname der russischen Dichterin Anna Andrejewna Gorenko, 1889–1996.

44   John Martin, Verleger bei Black Sparrow Press, geboren 1930. Hat mehrere von Lucias Kurzgeschichtenbänden publiziert; Black Sparrow Press veröffentlichte auch Kenwards Kollaboration mit Joe Brainard *The Champ* (1968).

45   Graham MacIntosh, Layouter und Drucker, Kooperationspartner von Black Sparrow Press.

46   Claibe Richardson, amerikanischer Komponist, 1929–2003. Enger Freund von Kenward, mit dem er u. a. die Musicals *Lola* und *Die Grasharfe* geschrieben hat.

47   *Die Grasharfe*, Musical von Claibe Richardson, Drehbuch und Text von Kenward, basierend auf dem Roman von Truman Capote aus dem Jahr 1951. Broadwaypremiere am 2. November 1971.

48   *Lola*, Musical von Claibe Richardson, Drehbuch und Text von Kenward. Erste Off-Broadway-Produktion am 24. März 1982, Soundtrack von Harbinger Records, 2001.

49   *Arshile: A Magazine of the Arts*, 1993 von dem Lyriker Mark Salerno gegründete Literaturzeitschrift.

50   Kenwards Schwester Vivien Elmslie und seine Nichte Vivien Russe.

51 Lee Ann Brown, amerikanische Dichterin und Verlegerin, geboren 1963.
52 Evelyn Waugh, britischer Schriftsteller, 1903–1966.
53 Oscar Levant, amerikanischer Pianist, Komponist und Dirigent, 1906–1972.
54 William Hazlitt, englischer Essayist, 1778–1830.
55 Monica Lewinsky, Praktikantin im Weißen Haus. Die Berichterstattung über das Amtsenthebungsverfahren gegen Präsident Bill Clinton aufgrund der »Lewinsky-Affäre« war im Gange.
56 Bezieht sich auf ein Collagenbüchlein, das Kenward für sie erstellt hat und in dem das Gedicht »Screen Treatement« vorkommt, das später in Kenwards Textsammlung *Blast from the Past* (2000) erschien.
57 Bezieht sich auf Kenwards Kontaktaufnahme zu seinem Freund Dyke Benjamin, Banker bei Lazard Inc. an der Wall Street und Vorstandsmitglied der Annie Rensselaer Tinker Association for Women, die einen kleinen Unterstützungsbeitrag an Lucia vergab.
58 Ron Padgett, amerikanischer Dichter, Autor und Herausgeber, geboren 1942. Enger Freund von Kenward.
59 »Carmen«, eine Kurzgeschichte von Berlin, die in *Where I Live Now* und *A Manual for Cleaning Women* (Farrar, Straus and Giroux, 2015) erschien. »Carmen« erschien auf Deutsch in: *Was ich sonst noch verpasst habe* (Arche, 2016).
60 Ted Berrigan, amerikanischer Dichter, 1934–1983.
61 Boulder Museum of Contemporary Art, BMoCA, wo Judy Hussie-Taylor künstlerische Leiterin war.
62 Louise Andrews Kent, amerikanische Autorin der Kochbuchreihe *Mrs. Appleyard*, 1886–1969. Freundin von Kenward.
63 Alice Notley, amerikanische Dichterin, geboren 1945. Joanne Kyger, amerikanische Dichterin und Schriftstellerin, 1934–2017.
64 »La Barca de la Ilusión«, eine Kurzgeschichte von Lucia, die in *Homesick* (Black Sparrow Press, 1977) und später in *Evening in Paradise* (Farrar, Straus and Giroux, 2018) [dt. *Abend im Paradies* (Kampa, 2019)] erschien.
65 Annie Rensselaer Tinker Association for Women, eine Stiftung mit dem Zweck, berufstätige Frauen im Ruhestand finanziell zu unterstützen.
66 Ken Tisa, amerikanischer Künstler, geboren 1945. Freund und Kollaborateur Kenwards. Tisas Sammlung kleiner Porträts von Kenwards Leben und Tisas Keramiken und visuelle Werke wurden stolz in Kenwards New Yorker und Vermonter Wohnungen ausgestellt.
67 Berlin, *Homesick. New and Selected Stories* (Black Sparrow Press, 1990).
68 Paul Theroux, amerikanischer Schriftsteller, geboren 1941. V.S. Naipaul, briti-

scher Schriftsteller und Nobelpreisträger, 1932–2018. Renata Adler, amerikanische Journalistin und Schriftstellerin, geboren 1938. Pauline Kael, amerikanische Filmkritikerin, 1919–2001.

69 Barbara (Babs) Martin, Covergestalterin der Black Sparrow Press.

70 Berlin, *So Long* (Black Sparro Press, 1993).

71 Nachdem Lucia mit Nancy Houghton der Tinker Association gesprochen hatte, begannen Kenward und sie Persönlichkeiten und Charaktere für »Nancy« und andere Tinker Belles zu erfinden, aus deren Perspektive sie einander Briefe und Postkarten schickten. Hier taucht zum ersten Mal eine solche fiktive Nancy-Figur auf.

72 James Schuyler, Dichter, 1923–1991, enger Freund von Kenward, der hier auf Schuylers Hospitalisierung nach einem Nervenzusammenbruch während eines Besuchs bei Kenward in Vermont anspielt.

73 Katherine Hepburn in ihrer Rolle im Film *Am Goldenen See* (1982).

74 Dupe ist eine Figur, die die beiden als Nancys Mann erfunden haben.

75 Michael Silverblatt, amerikanischer Kritiker und Radiomoderator der sehr langlebigen Sendung *The Bookworm*, geboren 1952.

76 Das Beyond Baroque Literary Arts Center ist ein literarisches Kunstzentrum in Los Angeles, Kalifornien, gegründet 1968.

77 Janet Reno war aktuell Justizministerin der Vereinigten Staaten und Vorsitzende im Amtsenthebungsverfahren gegen Präsident Bill Clinton.

78 Desmond Mpilo Tutu, südafrikanischer anglikanischer Geistlicher und Menschenrechtsaktivist, der mit dem Friedensnobelpreis ausgezeichnet wurde, 1931–2021.

79 Dawn Engle ist die Mitbegründerin und ehemalige Geschäftsführerin der gemeinnützigen PeaceJam Foundation, geboren 1957.

80 *Lizzie Borden*, eine Oper von Kenward und Jack Beeson. Premiere an der New York City Opera am 25. März 1965.

81 Jack Beeson, amerikanischer Komponist, 1921–2010.

82 Laurie Flanigan, Opernsängerin, geboren 1959.

83 Allen Ginsberg, amerikanischer Dichter und Schriftsteller, 1926–1997. John Ashbery, amerikanischer Dichter und Kunstkritiker, 1927–2017, Freunde von Kenward.

84 Ann Lauterbach, amerikanische Dichterin, Kritikerin, Essayistin, geboren 1942, enge Freundin von Kenward.

85 Rhoda Levine, amerikanische Choreographin und Opernregisseurin.

86 Ein 25-seitiger Brief, der ausführlich mit Collagen und Gedichten über die *Liz-*

zie-Borden-Oper sowie die TV-Übertragung inklusive eines Interviews berichtete.

87 Beverly Sills, amerikanische Opernsopranistin, 1929–2007. Sills moderierte die TV-Sendung »Live from Lincoln Center« zu *Lizzie Borden* und interviewte Kenward und Jack Beeson sowie die Stars der Oper.

88 *Lucia di Lammermoor* war eine italienische Oper von Gaetano Donizetti aus dem Jahr 1835. Barbara Stanwyck, amerikanische Schauspielerin, 1907–1990.

89 Robert (Rob) Creeley, amerikanischer Dichter und Schriftsteller, 1926–2005.

90 Michael Price, Dale Smith and Hoa Nguyen, Dichter*innen und Schriftsteller*innen, Herausgabe des Literaturmagazins *Skanky Possum*.

91 »A Love Affair«, Kurzgeschichte von Lucia Berlin. Auf Deutsch erschienen als »Eine Liebesaffäre« in: *Was ich sonst noch verpasst habe* (Arche, 2016).

92 *House of Flower*, Musical von Harold Arlen (Musik und Text) und Truman Capote (Text und Buch) nach Capotes Kurzgeschichte. Broadwaypremiere 1954.

93 Elizabeth Bishop, amerikanische Dichterin und Schriftstellerin, 1911–1979.

94 Ivy Compton-Burnett, britische Romanautorin, 1884–1969

95 *First Intensity*, Literaturmagazin gegründet von Lee Chapman.

96 John Latouche, amerikanischer Lyriker, 1914–1956, Kenwards Mentor und Partner.

97 Duke Ellington, amerikanischer Jazzmusiker und Komponist, 1899–1974.

98 Eine Textsammlung von Kenward trägt später einmal diesen Titel.

99 Schriftsteller*innen, die 1999 am Sommerschreibprogramm der Naropa University teilnahmen: Kevin Killian, amerikanischer Dichter, Schriftsteller, Herausgeber und Bühnenautor, 1952–2019. Michael Ondaatje, sri-lankisch-kanadischer Schriftsteller, geboren 1943. Joanne Kyger und ihr Ehemann Donald Guravich, kanadisch-amerikanischer Dichter und Künstler. Außerdem Lucias Freunde Robert Creeley und Bobbie Louise Hawkins.

100 Clark Coolidge, amerikanischer Dichter, geboren 1939. Bill Berkson, amerikanischer Dichter und Kunstkritiker, 1939–2016.

101 Elaine Equi, amerikanische Dichterin, geboren 1953 und ihr Ehemann, Jerome Sala, amerikanischer Dichter und Kritiker, geboren 1951.

102 James (Jim, Jimbo) Morgan war Leiter des York Theatre und hat mit Kenward bei mehreren Musicalproduktionen zusammengearbeitet.

103 Verse von »Taking a Chance on Love« von John Latouche und Ted Fedder, Musik von Vernon Duke, geschrieben für Latouches Broadway-Musical *Cabin in the Sky*.

104 Stephen Sondheim, Komponist und Lyriker, 1930–2021.

105 Elmslie, *Bare Bones* (Bamberger Books 1995). Erzählt als Prosagedicht die Beziehung zu Kenwards Lebensgefährten Joe Brainard.

106 Margaret Edson, *Wit*, Pulitzer-Preis 1999. Premiere in Costa Mesa, Kalifornien, 1995, danach wurde es an Regionaltheater gespielt, bis es 1999 zum Off-Broadway-Stück wurde.

107 *Oklahoma!*, Musical von Richard Rodgers und Oscar Hammerstein, das in der Geschichte des Musicals einen Meilenstein markiert, da es die Songs und Tanznummern nicht als Einlagen nutzte, sondern dazu, die Handlung weiterzuführen.

108 Barbara Martin, Covergestalterin der Black Sparrow Press.

109 *Where I Live Now*, ein Kurzgeschichtenband von Lucia (Black Sparrow Press, 1999).

110 Ed Sanders, amerikanischer Dichter, Sänger, Herausgeber und Aktivist, geboren 1939. Wie Steven Taylor Mitglied der Band The Fugs.

111 Rezension zu Lucias Kurzgeschichtenband *Where I Live Now* im *Publisher's Weekly* vom 1. März 1999.

112 Jeff Clark, amerikanischer Dichter und Layouter, geboren 1971.

113 *Publisher's Weekly.*

114 Peter Michelson, amerikanischer Dichter, geboren 1935.

115 Rezension zu Lucias Kurzgeschichtenband *Where I Live Now* im *Publisher's Weekly* vom 1. März 1999.

116 Aus der Kurzgeschichte »Abend im Paradies« in *Where I Live Now* und *Abend im Paradies* [dt. *Abend im Paradies* (Kampa, 2019)].

117 Rikki Ducornet, amerikanische Schriftstellerin, Dichterin und Künstlerin, geboren 1943.

118 *Rain Taxi*, eine in Minneapolis ansässige Buchrezensions- und Literaturorganisation, gegründet 1996.

119 Jack Graves, ein Vermonter Bekannter von Kenward.

120 Kenneth Koch, amerikanischer Dichter und Bühnenautor, 1925–2002. Mentor und Freund von Kenward.

121 Ann Mikolowski, amerikanische Künstlerin. Zusammen mit ihrem Ehemann, dem Dichter Ken Mikolowski, gründete sie in den sechziger Jahren in Detroit die Alternative Press.

122 Steven Clay, Verleger und Gründer von Granary Books (1985) in Minneapolis.

123 Elmslie und Trevor Winkfield, *Cyberspace* (Granary Books, 2000)

124 Trevor Winkfield, britischer Künstler und Schriftsteller, der mit vielen Dichter*innen zusammenarbeitete, geboren 1944.

125 Paul Metcalf, amerikanischer Dichter und Schriftsteller, 1917–1999.

126 Lydia Davis, amerikanische Schriftstellerin und Übersetzerin, geboren 1947. Davis schrieb das Vorwort zu Lucias Kurzgeschichtenband *A Manual for Cleaning Women* (2015). Im Film *Love, Lucia – Remembering Lucia Berlin* von Ann Kathrin Doerig und Benedikt Schnermann spricht Lydia Davis über ihre intensive Brieffreundschaft mit Lucia.

127 Charles Kenneth Scott Moncrieff, schottischer Schriftsteller und Übersetzer, 1889–1930.

128 Sammy Sosa, dominikanisch-amerikanischer Profibaseballspieler, geboren 1968.

129 Neuer Assistent von Kenward.

130 Julian Schnabel, *Before Night Falls* (2000). Basierend auf der gleichnamigen Autobiographie von Reinaldo Arenas, dem kubanischen Dichter, Roman- und Bühnenautor, 1943–1990.

131 Arenas, *Der Palast der blütenweißen Stinktiere* (Luchterhand, 1977).

132 Elmslie, *Blast From the Past* (Skanky Possum Press, 2000). Gesammelte Kurzgeschichten, Gedichte, Songtexte etc. Lucia und Pat Padgett gewidmet.

133 Reed Bye, amerikanischer Dichter, Schriftsteller und Musiker.

134 White Anglos-Saxon Protestant [dt. Weißer angelsächsischer Protestant]. Die Abkürzung steht für die Angehörigen der protestantischen weißen Mittel- und Oberschicht der USA, deren Vorfahren hauptsächlich englische Siedler in der Gründungszeit waren.

135 Marge Champion, amerikanische Tänzerin und Schauspielerin, 1919–2020, war mit dem amerikanischen Schauspieler/Regisseur Gower Champion verheiratet, 1919–1980.

136 *Miss Julie*, Oper von Kenward (Libretto) und Ned Rorem, basierend auf dem Stück von August Strindberg. New-York-City-Opera-Premiere 1965.

137 *Hello, Dolly!*, Musical von Jerry Herman (Musik und Gesangstexte) und Michael Stewart (Drehbuch). Premiere 1964 im St. James Theatre in New York, Regie führte Gower Champion.

138 John Ruskin, englischer Schriftsteller, Philosoph und Kritiker, 1819–1900.

139 *Nite Soil* ist eine Sammlung von 41 collagierten Postkarten von Kenward, die 2000 als Set bei Granary Books erschienen sind.

140 Teachers and Writers Collaborative (NYC), 1967 gegründet. Ron Padgett war Programmverantwortlicher.

141 Dagmar von Reinicke und Ilse Haar, *Der Schwarze Jumbo* (Alfons Bürger, 1948). Das englische Original erschien 1899 unter dem Titel *The Story of Little Black Sambo*], geschrieben und illustriert von der schottischen Autorin Helen Bannerman. Hauptfigur des Kinderbuchs ist der südindische Junge Jumbo/Sambo, der ein Abenteuer erlebt: Er begegnet vier hungrigen Tigern, denen er seine neuen

Kleider als Ablenkung schenkt. Die eitlen Tiger streiten sich darum, wer am besten gekleidet ist, und jagen sich im Kreis um einen Baum, bis sie sich in Ghee verwandeln, mit dem Jumbos Mutter später Pfannkuchen anbraten kann.

TEIL II
2000–2001

1. Christo Wladimirow Jawaschew, bulgarischer Installationskünstler, der vorwiegend für seine Verhüllungsaktionen bekannt ist, 1935–2020.
2. Lucia beginnt mit ihrem Memoir *Welcome Home. A Memoir with Selected Photographs and Letters* (Farrar, Straus and Giroux, 2018) über die Orte, an denen sie gelebt hat. Auf Deutsch erschienen als *Welcome Home. Erinnerungen, Bilder und Briefe* (Kampa, 2019).
3. Der Verleger von Granary Books Steven Clay hilft Kenward seine Dokumente zu ordnen, damit sie im Archiv der University of California San Diego verwahrt werden können.
4. In einem vorangegangenen Brief schrieb Lucia von einem Tagebuch für ihr Langzeit-EKG, in dem sie körperliche Tätigkeiten und allfällige Beschwerden festhalten sollte, und dass es bisher allerdings nichts Aufregendes oder Irreguläres zu vermelden gab.
5. Poets House war ein nationales Literaturzentrum mit Lyrik-Bibliothek in New York City.
6. Kurt Julian Weill, deutscher (später amerikanischer) Komponist, 1900–1950.
7. Paul Green, amerikanischer Autor und Dichter, 1894–1981. Kollaboration mit Kurt Weill für *Johnny Johnson* (1937). Greens eigenes Stück trägt den Titel *The Lost Colony* (1934).
8. Jimmy Tampubolon, Freund von Kenward aus Indonesien, der auch in künftigen Briefen vorkommt.
9. Ishmael Reed, amerikanischer Dichter, Schriftsteller, Songwriter, Herausgeber und Verleger, geboren 1938.
10. Ayana Lowe, amerikanische Jazzsängerin und Lehrerin.
11. Roger Clemens, amerikanischer Profibaseballspieler, spielte damals für die New York Yankees in der World Series 2000 gegen die New York Mets.
12. Bobby Valentine, amerikanischer Profibaseballspieler, Trainer und zu dieser Zeit Manager der New York Mets.

13 Dale Smith, Dichter und Skanky-Possum-Verleger. Veröffentlichte den Gedichtband *American Rambler* (Thorpe Springs, 2000).
14 Charles Olson, amerikanischer Dichter, 1910–1970.
15 Eine Kunstinstallation der amerikanischen feministischen Künstlerin Judy Chicago (geboren 1939), bei der 39 unterschiedlich gestaltete Gedecke auf einer Festtafel angerichtet sind. Jedes davon ist einer mythisch oder historisch bedeutsamen Frau gewidmet.
16 Kenward ist nach San Francisco gereist, um sich *Joe Brainard: A Retrospective* anzusehen, eine Ausstellung im Berkeley Art Museum, 2000.
17 Bezieht sich auf verschiedene Gemälde, die Brainard von Kenwards Hund Whippoorwill erstellte.
18 Lyriklesung von Joe Brainards Freunden zur Feier seines Werks, parallel zur Ausstellungseröffnung.
19 Robert Haas, amerikanischer Dichter, von Staats wegen ausgezeichnet, geboren 1941.
20 Barbara Guest, amerikanische Dichterin und Schriftstellerin, 1920–2006.
21 Dick Gallup, amerikanischer Dichter, 1941–2021.
22 Charlie Parker, amerikanischer Jazzmusiker, Bandleader und Komponist, 1920–1955.
23 Stephen (Steve) Emerson, amerikanischer Schriftsteller, geboren 1950. Enger Freund von Lucia; schrieb die Einleitung zu ihrem Band *A Manual for Cleaning Women* (2015).
24 Tom Clark, amerikanischer Dichter und Schriftsteller, 1941–2018.
25 Tom Raworth, anglo-irischer Dichter, Verleger und Herausgeber, 1938–2017.
26 Dave Yoo, amerikanischer Romanautor, geboren 1974. Ehemaliger Student und Freund von Lucia.
27 Ai Ogawa (geb. Florence Anthony), amerikanische Dichterin japanischer, afrikanischer, amerikanischer, amerikanisch-indigener und irischer Herkunft, 1947–2010. Ai war Gastautorin an der University of Colorado von 1996–1997.
28 William Makepeace Thackeray, *The History of Henry Esmond* (1852).
29 Bezieht sich auf eine Collage von Joe Brainard.
30 *Furtive Edna*, ein Einakter von Kenward, der auch in der Sammlung *Album* (Kulchur Press, 1969) veröffentlicht wurde.
31 *Sniper Logic* Nr. 9 (2001), in der Lucias Kurzgeschichte »B. F. and Me« enthalten ist. Auf Deutsch erschienen als »B. F. und ich« in: *Was ich sonst noch verpasst habe* (Arche, 2016).
32 Das Zitat stammt aus E. M. Forsters *Auf der Suche nach Indien* und lautet im Original: »a friendliness, as of dwarfs shaking hands, was in the air.«

33 Steven Crane, amerikanischer Dichter und Schriftsteller, 1871–1900.
34 Ron Padgett, *Joe. A Memoir of Joe Brainard* (Coffee House Press, 2004), damals noch in Manuskriptform.
35 Kenwards Bruch mit Mr. Yu fiel damit zusammen, dass Kenwards Kreditkarten unerlaubt zum Einsatz kamen.
36 Elmslie und Winkfield, *Snippets* (Tibor de Nagy Editions, 2002). Poetisches und visuelles Gemeinschaftswerk.
37 Mary Kite, amerikanische Dichterin.
38 Elmslie und Kite, *Spilled Beans: A Conversation* (Skanky Possum Press, 2001)
39 Kenward nennt sein Vermonter Zuhause Poet's Corner.
40 Harry Mathews, amerikanischer Dichter und Schriftsteller, 1930–2017. Edmund White III, amerikanischer Schriftsteller und Essayist, geboren 1940.
41 Jonathan Williams, amerikanischer Dichter, Verleger, Essayist und Fotograf, 1929–2008. Zusammen mit Brainard veröffentlichte er *gAy bcs* (Finial Press, 1974).
42 Caroline Stuart (Brainard), amerikanische Kochbuchautorin und Restaurantkritikerin, war mit Joe Brainards Bruder John verheiratet.
43 *Welcome Home.*
44 Das Poetry Projekt in der St. Mark's Kirche wurde 1966 im New Yorker East Village vom Dichter und Übersetzer Paul Blackburn gegründet und ist seit mehr als fünf Jahrzehnten ein wichtiger Ort für neue und experimentelle Poesie. Das Projekt beinhaltet Lesereihen, Schreibwerkstätten oder ein Audio- und Dokumentarchiv und ist von Künstler*innen selbst organisiert.
45 Grace Paley, amerikanische Kurzgeschichtenautorin, 1922–2007. Penelope Fitzgerald, britische Dichterin, Schriftstellerin und Biographin, 1916–2000. Muriel Spark, britische Dichterin und Schriftstellerin, 1918–2006.
46 Lucia schreibt in der Kurzgeschichte »Del Gozo Al Pozo« über den Tod ihrer Schwester. Erstveröffentlichung in *Sniper Logic* Nr. 4, 1996, gesammelt herausgegeben im Band *Where I Live Now*.
47 Ivan Suvanjieff und Dawn Engle sind für ihre Non-Profit-Stiftung PeaceJam siebzehnmal für den Friedensnobelpreis nominiert worden.
48 Von 1963–1978 erschuf Joe Brainard über hundert Kunstwerke unter Verwendung der Nancy-Figur aus Ernie Bushmillers Comic, der seit 1938 bis heute besteht. Brainards ausgewählte Bilder wurden in *The Nancy Book* (Siglio Books, 2008) veröffentlicht. Die Blumen sind Brainard-Collagen.
49 Kuratorin Constance Lewallen, 1939–2022, seit 1998 verheiratet mit dem Dichter Bill Berkson.

50 The New School, Privatuniversität in New York City.
51 Frank Bidart, amerikanischer Lyriker und Hochschullehrer, geboren 1939.
52 Elmslie, *City Junket* (Adventures in Poetry, 1972; wiederveröffentlicht bei Bamberger Books, 1987).
53 Steve Katz, amerikanischer Schriftsteller, 1935–2019. Lucias Kollege an der University of Colorado.
54 Lucias Memoir *Welcome Home* erzählt von den verschiedenen Orten, an denen sie gelebt hat [dt. *Welcome Home* (Kampa, 2019)].

TEIL III
2001–2003

1 Die gesammelten Aufzeichnungen von Joe Brainard und Kenward Elmslie werden an der University of California in San Diego Library's Special Collections & Archives verwahrt.
2 William Saroyan, armenisch-amerikanischer Schriftsteller und Bühnenautor, 1908–1981.
3 St. Mark's School in Southborough, Massachusetts.
4 Fielding Dawson, amerikanischer Schrifsteller und Künstler, 1930–2002.
5 Martha King, amerikanische Schriftstellerin, geboren 1934.
6 Susan Maldovan, Herausgeberin und Ehefrau von Fielding Dawson.
7 Mark Salerno, amerikanischer Dichter und Gründer und Herausgeber der Literaturzeitschrift *Arshile*, geboren 1956.
8 Leslie Scalapino, amerikanische Dichterin, Bühnenautorin, Essayistin und Herausgeberin, 1944–2010.
9 Amy Gerstler, amerikanische Dichterin, geboren 1956. Benjamin Weissman, amerikanischer Künstler und Autor, geboren 1957.
10 Mr. Oz, Mr. Wogga Wogga, Mr. ww, ein weiterer von Kenwards Assistenten, der in Kenwards Leben ein paar Jahre lang immer wieder auftaucht und verschwindet.
11 The Irish Repertory Theatre wurde von Ciarán O'Reilly und Charlotte Moore 1988 in New York City gegründet.
12 Elaine Stritch hat 1966 bei Kenwards Musical *Die Grasharfe* mitgewirkt.
13 Mac McGinnes, Schauspieler und Regisseur. Hat Regie bei Produktionen von *City Junket* in Pasadena und New York City geführt.

14 »Andado: Ein Schauermärchen«, Lucias Kurzgeschichte, die zunächst in *Safe and Sound* (Poltroon Press, 1988) erschienen ist. »Andado: Ein Schauermärchen« erschien auf Deutsch in: *Abend im Paradies* (Kampa, 2019).

15 Richard Eyre, *Iris* (2001). Basierend auf dem Leben der Autorin Iris Murdoch.

16 »La Vie en Rose«, eine Kurzgeschichte von Lucia. Erstveröffentlichung in *Safe and Sound* (Poltroon Press, 1988), erneut veröffentlicht in *So Long* (1993) und *A Manual for Cleaning Women* (2015). »La Vie en Rose« erschien auf Deutsch in: *Was wirst du tun, wenn du gehst* (Arche, 2017).

17 Tom Clark, *Edward Dorn. A World of Difference* (North Atlantic Books, 2002).

18 Margaret Weir und Sophie Constantinou haben Lucia für Kenwards Website interviewt.

19 Briefe, die Kenward Lucia aus der Perspektive ihrer imaginierten Nancy-Figur schrieb.

20 Edna Ferber, amerikanische Roman-, Kurzgeschichten- und Bühnenautorin, 1885–1968.

21 *Y tu mamá tambièn*. Die Regie führte Alfonso Cuarón, der den mexikanischen Film gemeinsam mit seinem Bruder Carlos geschrieben hat. Lucia kannte die beiden.

22 Amerikanisches Songwriter-Team, Komponist Richard Rogers, 1902–1979, und Textautor Lorenz Hart, 1895–1943.

23 Matt Cowles, Bürgerrechtsanwalt an der ACLU und Jura-Professor, enger Freund von Kenward.

24 Die Schauspielerin, Kabarettistin und Moderatorin Rosie O'Donnell hatte den damaligen Gouverneur von Florida, Rick Scott, bei der Fernsehsendung *The View* 2001 ein »Arschloch« genannt.

25 The Drawing Board ist ein Laden für Künstlerbedarf in Montpelier.

26 Kenward verwechselt den Titel von Lucias Buch *Homesick*.

27 Ron Padgett, *You Never Know* (Coffee House Press, 2002).

28 Larry Fagin, amerikanischer Dichter, Herausgeber, Verleger und Lehrer, 1937–2017.

29 Daniel Spoerri, *Anekdoten zu einer Topographie des Zufalls* (1968).

30 Brenda Lewis, amerikanische Opernsopranistin, Musicalschauspielerin, Opernregisseurin, Lehrerin, 1921–2017. Trat in Kenwards Oper *Lizzie Borden* auf.

31 *Call Me Madam* war ein mit dem Tony Award ausgezeichnetes Musical von Irving Berlin, Russel Crouse und Howard Lindsay. Ethel Merman, amerikanische Schauspielerin, 1908–1984. Perle Mesat, amerikanisches Gesellschaftsgirl, 1889–1975.

32 Als der Verleger John Martin in Ruhestand trat, wurde Black Sparrow Press nicht mehr weitergeführt. Er verkaufte die Textrechte von Charles Bukoswki, John Fante und Paul Bowles an HarperCollins / Ecco.

33 Louise Erdrich, *The Last Report on the Miracles at Little No Horse* (HarperCollins, 2001).

34 Lyle Russell Cedric »Skitch« Henderson, Pianist, Dirigent und Komponist, 1918–2005.

35 Arnold Weinstein, amerikanischer Dichter, Bühnenautor und Librettist, 1927–2005.

36 Ron Padgett, *Oklahoma Tough. My Father, King of the Tulsa Bootleggers* (University of Oklahoma Press, 2003).

37 Joanne Kyger, *As Ever. Selected Poems* (Penguin Books, 2002).

38 John Waters, amerikanischer Filmemacher, Schauspieler, Schriftsteller und Künstler, geboren 1946.

39 Hans von (H. V.) Kaltenborn, amerikanischer Radiokommentator, 1878–1965.

40 Ben Jackson, amerikanischer Dichter und Lehrer.

41 Vicente García-Huidobro Fernández, chilenischer Dichter, 1893–1948.

42 Christopher Isherwood, englisch-amerikanischer Schriftsteller und Tagebuchschreiber, 1904–1986.

43 Charlie Rose, amerikanischer Journalist und Fernsehmoderator, geboren 1942.

44 Elinor dei Tos Pironti, amerikanische Künstlerin, die für Kenward von 2002 bis 2007 an seiner Kunstsammlung gearbeitet hat.

45 Ruth Ford, amerikanische Schauspielerin, 1911–2009. Hat bei einer Produktion von Kenwards *Die Grasharfe* mitgewirkt.

46 Kenward bezieht sich darauf, dass er Material für die Website sammelt.

47 Thomas Pasatieri, amerikanischer Komponist, geboren 1945. Hat für die Opern *Die Möwe*, *Washington Square* und *Three Sisters* mit Kenward zusammengearbeitet.

48 Robert Wilson, amerikanischer Filmemacher, Regisseur und Bühnenautor, geboren 1941.

49 *Wozzeck* ist die erste Oper des österreichischen Komponisten Alban Berg (1885–1935), uraufgeführt 1925.

50 Bezieht sich auf Robert Wilsons Umgang mit Zeit und seinen manchmal sehr langen Theaterperformances von sieben Stunden bis zu sieben Nächten, beispielsweise die 24-stündige *Ouverture*.

51 Das ist der Moment, wo ich Teil der Geschichte von Lucia und Kenward werde und auch häufig ihrer Korrespondenz auftauche. Lucia hasste das »Rocky«-Ge-

dicht, das nicht in der *Kenyon Review* erschien, sondern in der Anthologie *Bar Stories* (Alyson Publications).

52   Walter Edward Guinness, 1. Baron Moyne, anglo-irischer Politiker und Geschäftsmann, der englische Staatsminister im Nahen Osten, 1880–1944.

53   Ruth Landshoff-Yorck, deutsch-amerikanische Schauspielerin und Autorin, 1904–1966. Enge Freundin von John Latouche und Kenward.

54   Diana Mitford, englische Politikerin und Schriftstellerin, 1910–2003.

55   Mr. Magoo (J. Qunicy Magoo) ist eine Zeichentrickfigur, die 1949 im Animationsstudio United Productions of America entstanden ist.

56   Hollywoods Schwarze Liste, im Original *Red Channels: The Report of Communist Influence in Radio and Television* war ein antikommunistisches Dokument, das Anfang der fünfziger Jahre in den Vereinigten Staaten veröffentlicht wurde, ein pamphletartiges Buch, das 151 Namen von Schauspieler*innen, Autor*innen, Musiker*innen, Radiomoderator*innen und anderen umfasste, die in Zusammenhang mit kommunistischer Manipulation in der amerikanischen Unterhaltungsindustrie gebracht wurden.

57   Gore Vidal, amerikanischer Schriftsteller, 1925–2012.

58   John Reed Clubs (1929–1935) war eine Vereinigung von lokalen Organisationen, die marxistische Schriftsteller*innen, Künstler*innen und Intellektuelle ins Visier nahm, benannt nach dem amerikanischen Journalisten und Aktivisten John Reed.

59   Stella Adler, amerikanische Schauspielerin und Schauspiellehrerin, 1901–1992.

60   Merle Oberon, indisch-englische Schauspielerin, 1911–1979.

61   Ich war misstrauisch gegenüber Mr. Oz und seinen Motiven, was Kenward betraf, insbesondere, als sie gemeinsam nach Australien reisten. Kenward hatte später selbst einige Zweifel bezüglich dieses »Helfers«.

62   Dennis Cooper, amerikanischer Dichter, Schriftsteller, Kritiker und Herausgeber/Verleger, geboren 1953.

63   Es gab eine Unterbrechung der Korrespondenz, als Kenward mit Mr. Oz nach Australien reiste. Lucia und Kenward hatten telefonisch miteinander ausgemacht, sich in Kaliforniern zu treffen. Lucia war verletzt, dass Kenward nie bei ihrem Appartement vorbeikam. Kenward kehrt nach Vermont zurück und nimmt den Briefwechsel wieder auf, als wäre nichts geschehen.

64   Der *New Yorker* vom 13. Oktober 1997, in dem George Plimptons »Capote's Long Ride« und Annie Proulx' Kurzgeschichte »Brokeback Mountain« enthalten waren.

65   *Young in the Hamptons: Photographs of the 1950s and 1960s* (Xlibris, 2003) von dem amerikanischen Kritiker und Fotografen John Gruen, 1926–2016. Auf dem

Cover sind Kenward und Gruens Frau zu sehen, die amerikanische Malerin Jane Wilson, 1924–2015

66 Künstler und Dichter der New York School und Kenwards Freunde sind in dem Fotoband enthalten.

67 Er bezieht sich auf Lucias Sauerstofftank, den sie auf Meereshöhe in Kalifornien viel weniger dringend braucht, als es noch in Colorado der Fall war.

68 Alex Katz, amerikanischer Künstler, geboren 1927. Larry Rivers, amerikanischer Künstler, 1923–2002. Freunde von Kenward. Kunstwerke beider Künstler waren in Kenwards New Yorker Zuhause prominent platziert.

TEIL IV
2003–2004

1 Kenwards Gedicht »Venus Preserved«, das er Lucia widmet und das in *Agenda Melt* (Adventures in Poetry Press, 2004) erscheinen wird.

2 Kenwards Gedicht »Sibling Rivalry«, 2003 veröffentlicht in *New American Writing*, wurde ausgewählt für die Anthologie *Best American Poetry 2004*.

3 Kenwards Lösung für den »Holiday-Blues« war, sich über Weihnachten in einem Hotel von Miami einzuquartieren, Zimmerservice zu bestellen und zu schreiben. »Sibling Rivalry« entstand so ein Jahr zuvor.

4 Sir Noël Coward, britischer Bühnenautor, Komponist, Regisseur, Schauspieler und Sänger, 1899–1973.

5 Lilian Smith, amerikanische Schriftstellerin, 1897–1966.

6 Vidals Roman *Geschlossener Kreis* erschien zuerst 1948 bei E. P. Dutton, aber wurde dann 1965 überarbeitet und neu verlegt, wiederum bei Dutton, aber mit einem anderen Ende.

7 Kenwards englischer Vater, William Gray Elmslie, war ursprünglich Tutor von Joseph Pulitzers Söhnen, aber um Constance Pulitzer zu heiraten, kehrte er nach England zurück, um selbst Geld zu verdienen.

8 Kenwards Gedicht/Song »Touche's Salon« handelt von Latouches Appartement und den ganzen berühmten Komponist*innen, Schauspieler*innen und Schriftsteller*innen, die dort ein und aus gingen. Lena Horne, amerikanische Schauspielerin und Sängerin, 1917–2010. Horne trat in Latouches *Cabin in the Sky* auf. Carol Channing, amerikanische Schauspielerin und Comedienne, 1921–2019, spielte bei Latouches *The Golden Apple* mit.

9   Felicia Zapata, langjährige Betreuerin von Kenward und Haushälterin seines New Yorker Domizils.
10 Bill Hayward, *Bad Behavior* (Rizzoli Press, 2000).
11 So sah es dann tatsächlich bei der Revue *LingoLand* aus. Kenward saß auf der Bühne am Schreibtisch, von wo aus er sang und sprach, und vier Tänzer/Schauspieler*innen traten um ihn herum auf.
12 Elmslie, »They«, ein Song veröffentlicht in *Routine Disruptions* (1998).
13 Edwin Denby, amerikanischer moderner Tänzer, Tanzkritiker, Dichter, Librettist und Filmschauspieler, 1903–1983.
14 George Jean Nathan, amerikanischer Theaterkritiker und Magazinherausgeber, 1882–1958. Kenneth Tynan, englischer Theaterkritiker, 1927–1980.
15 Die zwei Feste beinhalten ein Essen zum 75. Geburtstag und eine Feier von Kenwards Leben in Musik und Briefen im Poetry Project.
16 Bei Kenwards 75. im Poetry Project, bat mich Kenward seinen »Vermonter Brief an Loosha« zu lesen, eine überarbeitete Version des Briefes vom 11. Juli 1999, den er Lucia geschickt hatte, und in dem auch das Skript für seine Revue, *LingoLand* enthalten war.
17 Anselm Berrigan, amerikanischer Dichter, geboren 1972. Ehemaliger Leiter des Poetry Projects, Sohn des Dichterpaars Alice Notley und Ted Berrigan.
18 Elmslie, *The Orchid Stories* (Doubleday, 1973), Kenwards einziger Roman.
19 Während dieser Sommerperiode gab es Unterbrüche im Briefwechsel. Kenward war mit Mr. Oz und Jimmy Tampubolon in Vermont und beantwortete Lucias Briefe nicht so fleißig wie zuvor. Lucia hatte die Beendigung der Z-Press-Förderung angesprochen und war besorgt, ob die Distanzierung Kenwards durch ihre Thematisierung von Geld ausgelöst worden war. Sie fährt fort, von ihren Erlebnissen zu berichten.
20 Memorials für den ehemaligen Präsidenten Ronald Reagan, der am 5. Juni 2004 gestorben war.
21 Tom Brokaw, amerikanischer Journalist und Autor, geboren 1940.
22 Jimmy Tampubolon tauchte einfach unerwartet mit seinem Gepäck vor Kenwards Tür auf. Später macht er es mit Lucia in Kalifornien genauso.
23 Kenwards Lesung im Woodland Pattern Book Center, eine NGO in Milwaukee, Wisconsin, gegründet 1979.
24 Das Watermill Center in Water Mill, NY, 1992 von Robert Wilson gegründet.
25 Helene Dorn, amerikanische Künstlerin, 1927–2004. Ed Dorns erste Ehefrau, Freundin von Lucia.

26 In der Zeit zwischen diesen Briefen ist Kenwards Freund Jimmy Tampubolon nach Kalifornien geflogen und mit seinem ganzen Gepäck bei Lucias Einzimmerwohnung aufgekreuzt. Er sagte ihr, Kenward habe ihn geschickt, damit er sich um sie kümmere. Lucia rief mich panisch in New York an, um herauszufinden, wie sie Kenward in Vermont erreichen könne. Dieser nächste Brief kündigt Jimmys Ankunft an, und Kenward erklärt ihr seinen Vorschlag – falls Jimmy ihr eine Hilfe wäre. Er schrieb ihr dann am selben Tag einen zweiten Brief, und als er am Ende angekommen war, rief Jimmy ihn an und erklärte, Lucia habe keinen Platz und auch keinen Bedarf für einen hilfreichen Mitbewohner.

27 Siobhán Padgett.

28 Lucia rief Kenward und mich an, völlig außer sich wegen Jimmy Tampubolon, der mit seinen Koffern bei Lucia aufgetaucht ist und behauptet hat, Kenward habe ihn geschickt, damit er bei ihr einzieht und sich um sie kümmert.

29 Zitat aus dem Gedicht »Daddy« von Sylvia Plath, amerikanische Dichterin und Schriftstellerin, 1932–1963.

30 William Russel Grace, irisch-amerikanischer Politiker, Bürgermeister von New York City und Gründer des Chemieunternehmens W. R. Grace & Co., 1832–1904.

31 Amerikanische Präsidentschaftsdebatte vom 8. Oktober 2004 zwischen John Kerry und George W. Bush.

32 Kenward muss ein Vorab-Leseexemplar der *Letters of James Schuyler to Frank O'Hara* gehabt haben, herausgegeben von William Corbett, das 2006 bei Turtle Point Press erschien.

33 D. D. Ryan, Herausgeberin von *Harper's Bazaar*, 1928–2007.

34 Damit ist Schuylers Nervenzusammenbruch und Hospitalisierung gemeint.

35 Lucia arbeitet an ihrem Memoir *Welcome Home*.

»WHO'LL PROP ME UP IN THE RAIN«

1 Elmslie, »Who'll Prop Me Up in the Rain«, Songtext publiziert in *Routine Disruptions* (Coffee House Press, 1998).

EDITORISCHE NOTIZ

In den Briefen zwischen Lucia Berlin und Kenward Elmslie finden sich einige rassistische, ableistische oder homophobe Ausdrücke und Beschreibungen von Vorurteilen, die in der amerikanischen Gesellschaft zu der Zeit, in der die Briefe geschrieben wurden, verbreitet waren. Diese Vorurteile waren damals falsch und sind auch heute noch falsch. Der Verlag hat sich dazu entschieden, diese Stellen weitestgehend stehen zu lassen, um die Einstellungen der beiden Schreibenden authentisch wiederzugeben.

Die englischsprachige Originalausgabe erschien 2022 unter dem Titel
Love, Loosha. The Letters of Lucia Berlin and Kenward Elmslie
im Verlag High Road, University of New Mexico Press, Albuquerque.

Der Film
Love, Lucia – Remembering Lucia Berlin mit David Berlin und Lydia Davis ist unter
https://akiverlag.com/ books/lucia-berlin-und-kenward-elmslie-love-loosha-briefe.html
zu sehen.

www.aki-verlag.ch
@akiverlag

Gedruckt auf säurefreiem und chlorfrei gebleichtem Papier
zur Unterstützung verantwortungsvoller Waldnutzung,
zertifiziert durch das Forest Stewardship Council.
AKI-Bücher werden klimaneutral gedruckt.

Copyright © 2022 by the Literary Estate of Lucia Berlin LP;
the Kenward Gray Elmslie Revocable Turst; and Chip Livingston
All rights reserved
Für die deutschsprachige Ausgabe
Copyright © 2024 by AKI-Verlag, Zürich
Lektorat: Sarah Altenaichinger
Covergestaltung: Naomi Baldauf
Covermotiv: Lucia in Greenwich Village, New York,
Copyright © 2018 by the Literary Estate of Lucia Berlin LP. Foto: Helene Dorn.
Satz: Herr K | Jan Kermes; Lara Flues
Gesetzt aus der Stempel Garamond LT / 240120
Druck und Bindung: Friedrich Pustet, Regensburg
Auch als E-Book erhältlich
ISBN 978 3 311 35020 0